U0824862

中国电影家传记丛书
编 委 会

主　任：康健民
何志云
副主任：柳秀文
李梦学
委　员：康健民
何志云
程季华
李国民
柳秀文
李梦学
汪菊平
陈若颖
翟建农
主　编：程季华
副主编：翟建农

往事如烟

严寄洲自传

严寄洲／著

CFP 中国电影出版社　2005·北京

严寄洲像

严寄洲幼年时(左)和母亲在一起

全国解放后严寄洲返回故里与家人合影。前排：父母、外甥，后排左起：严寄洲、严寄群、沈凡

严寄洲在书房

1977 年在中国电影家协会主办的联欢会上。左起：导演陈怀皑、林杨、作家梁信、冯牧、王亚平、叶楠、导演严寄洲、演员张金玲

1998 年时的严寄洲

2003 年在“王晓棠参军从艺 50 周年研讨会”上，严寄洲（中）与王晓棠、于洋合影

目录

出版前言

2005年是中国电影诞生100周年。在漫漫的历史长河中，中国电影走过了艰苦卓绝而又辉煌灿烂的路程，涌现出一大批杰出的电影艺术家。他们与历史相伴，无论是在清末民初重大的社会变革时期，还是在战火纷飞的抗日战争、解放战争中，特别是在新中国成立后的和平建设年代里，他们勇于开拓，勇于创新，克服各种困难，拍摄了众多的享誉世界的经典之作，创造了举世瞩目的业绩。毫无疑问，追寻他们的艺术足迹，描绘他们的多彩人生，展现他们的宽阔胸怀，对于全面推进中国电影的研究工作，增强民族的凝聚力，加强爱国主义教育，都具有重要的意义。为此，在庆祝中国电影百年华诞的喜庆日子里，中国电影家协会组织编纂了《中国电影家传记丛书》，并授权由中国电影出版社出版该套丛书的首批图书。

《中国电影家传记丛书》首批图书，选择约20位电影家为对象，包括从事编剧、导演、表演、摄影、事业管理等工作的电影家。通过对于他们流金岁月的回顾、生活历程的展示，描述他们的人生阅历，记录他们为中国电影发展所做出的卓越贡献。同时，也可以对一些重要的电影历史进行过滤和补正，增加电影研究史料的积累，达到以史鉴今之功效。

首批图书以每人一部著作的形式，总计出版约20本。作者将在对传主深入采访以及搜集补充相关的历史材料的基础上，以纪实文学的笔法，对传主的演艺生涯、政治生活、家庭生活等方面，进行往事的梳理和不脱离事实范围的文学描写。因此，全书既有一定的学术性，又具有较强的文学色彩；既有个人传记的纵向特点，又不完全拘泥于琐碎细节，而注意展示所述重要作品、重大事件横切面的宽阔历史背景；既严格尊重历史事实，又大胆进行具有一定想像力的文字发挥。

首批图书中的各本著作，本着形式多样的原则，根据传主的情况和意愿，在口述实录、自传和普通传记等多种传记形式中，确定不同的体例。

在酝酿首批图书的传主人选时，优先考虑从未出过传记者是一个重要因素；此外，突出反映电影艺术创作中主要部门的著名电影家的成就，更是整套丛书的出发点、着眼点。由于传主各自的情况不同，相对应著作的文字与图片数量也将有所不同。

特别需要说明的是，《中国电影家传记丛书》是一项长期选题，也是一项民族电影学术工程，今后在适当的时机，还将陆续出版丛书的其他电影家传记图书。

《中国电影家传记丛书》编委会

2005年6月

一、不安分的少年时代

京剧《沙家浜》里提到一个常熟城,常熟县别称虞山,因为常熟有一座小山就叫虞山。山的一部分围在城墙之内,另一部分则逶迤盘绕在城外苍翠的山岭之间。常熟有闻名遐迩的两大特产,一是阳澄湖的大闸蟹;一是石屋涧的绿毛乌龟。常熟城里有许多纵横交错的小河浜,通行着各种小船,因而城内到处是大小不等的石拱桥,几条大街都是石板铺路,风景优美、环境静谧,人民勤劳忠厚。但在旧社会,这山清水秀的小城,却是非常封建、迷信和落后。交通工具除了两人抬的轿子,连黄包车都没看见过。我的童年和少年时期,就是在这片土地上度过的。

我从小就喜欢绘画和唱歌,还爱看书。在家中我居住的寝室后屋的壁橱里放着许多线装书,开始只是好奇促使我随便取出来翻阅翻阅,谁知道这一看就看入了迷。几年里我几乎把这些线装书看了个遍,什么《水浒传》《荡寇志》《三国演义》《西游记》《封神榜》《七侠五义》《小五义》《彭公案》《施公案》看得津津有味,爱不释手。可就是不爱看《红楼梦》之类的悲哀婉转,缠绵悱恻的书。

我特别喜好的是看影戏(无声电影),由于这一喜好与我后来干电影这行有关,故不揣冒昧多啰嗦几句。

那时常熟县城里没有电影院,只是在石梅场的一座大宅院临时改造的地方放影戏。记得我第一次跟着父亲母亲和妹妹去观看这新鲜玩意儿时,买了门票走进影院,母亲和妹妹是从左边门上写着“女宾”两字的门进去,我和父亲则从右侧门上写着“男宾”两字的门进场。戏院里正中拉着一条粗麻绳,一侧是男观众,另一侧是女观众,不得混坐(这种男女分坐的规矩到1935年之后取消)。我坐的位置靠近放映机(那时没有放映间,而且放映机和银幕距离还不能太远),但见那位放映员满头冒汗的不停地摇动着摇把,影片才能在银幕上活动起来,更有趣的是他一边忙活着摇把放映,另一边有两个人从河浜里挑来河水灌进放映机上的喇叭口,用来冷却放映机。

那天银幕上放映的内容是：孙中山在群众大会上演讲，洋人自行车比赛；最好看的是一个西洋胖女人在花园里用皮管浇花，一条小狗不断在身旁捣乱，一不小心皮管的水浇到刚下车的大胡子绅士身上，看得观众不禁哈哈大笑起来。看完了影戏，我们仍从男女有别的两个门里出来会合到一起回家。

到了1935年，城里有了两家电影院，放映的故事片都是黑白片无声的，我最喜欢看的是《水上英雄》《济公活佛》和十余集的《火烧红莲寺》。这些影片令我看得如痴如醉，从此迷上了电影这门玩意儿。

我在常熟“县立中学”读初中一年级的时候，看到别的同学办了不少壁报，花花绿绿很吸引人。我和班里几个同学商量也想办一张壁报，办报还需要起一个报名，看到别的壁报的刊名叫什么《春苗》呀，《野草》呀，《蓓蕾》呀，《虞山》呀，总觉得太一般化。所以考虑起一个别致一点的能引人注目的才好。想来想去我们想出了一个很有刺激性的名称叫《血刊》。意思是鲜血是人身上最宝贵的，既响亮又不一般。我画报头时，还画上了几滴鲜红的血滴。谁知道这个报名惹出了大乱子，我们几个办壁报的同学都因此被学校开除，理由是不安分。为什么别的同学办报没事，我们办报就不安分呢？心里一直不明白。很久之后才悟出了其中原因，很可能毛病出在这个“血”字上，“血”不就是“赤”吗？“赤”不就是国民党整天骂的“赤匪”吗？啊呀！共产党在国民党办的学校里出壁报那还了得，所以要将我们开除。为这事，我还挨了父亲一顿狠揍，其实那个时候我连共产党这个名称都没有听说过。

当时常熟有三个中学，一个是“县立中学”，一个是“私立孝友中学”，还有一个是基督教圣公会的“诚一中学”。被“县立一中”开除后，我又考进了“诚一中学”读书。这所学校的校长是英国人，名叫李爱伦，在英国伦敦还是一位小有名气的钢笔画画家。他的美国妻子教我们英语课和音乐课，由于我的图画画得好，赞美诗也唱得好，很受校长和李师母的青睐，我成了校内课外活动的活跃分子。我不但是办壁报的核心人物，还担任了“业余音乐会”的会长，戏剧组的组长和礼拜堂做礼拜时的唱诗班领唱。我在学校的恳亲会上第一次登台演出的节目是从《一千零一夜》中的一个故事《神灯》改编的话剧。为了提高学生的英语水平，这出戏是用英语对白演出的，我扮演剧中那盏灯变的神，全剧中我几次出场，只重复一句话：“Master, I all waiton you”。(主人，我服从你)就完了。演出后居然有人夸我很有表演天才。由此引发了我对戏剧的兴趣，之后我又参加演出过几次戏，那完全是模仿文明戏里的滑稽角色在舞台上插科打诨乱出洋相，博得廉价的喝彩还不知道惭愧。

在学校里，我的图画课、书法课和手工课的表现是全校数得上数的，国文课也不错，我画的地图经常被贴到成绩展览的镜框里边。就是数学、物理、化学差点儿劲，经常不及格。但由于我课外活动积极，仍受到学校的器重。不过有一次我又惹乱子了。教会学校是要上圣经课和做礼拜的，每天早上要早祷，中午开饭前要午祷。我是唱诗班的领唱，虽然不是基督教徒，却经常参加一些宗教活动。不过我总在心里犯嘀咕：究竟有没有上帝呢？每天讲"圣父、圣子、圣灵"，这"圣灵"又是什么呢？我想弄个明白！有一天上圣经课时我问李校长："密斯特李，天上有什么？上帝在哪？我们天天祷告他听得见吗？"这一问可惹怒了校长，他罚我回家忏悔一个星期不许上课，为这事我又挨了爸爸一顿狠揍。

常熟有山有水，有许多名胜古迹，虞山上还有许多庙宇庵观。因之上海的一些影片公司经常来我们县里拍电影。少年时代的我对拍电影充满了好奇和神秘，所以只要听到拍电影的消息，我便逃学跟着去看，他们拍到哪里我就跟到哪里；他们中午在镇子里的饭馆吃饭，我便买几个烧饼吃了蹲在饭馆门口外等候。看拍电影开始我只是看新鲜、看热闹，可是看着看着我似乎也看出了一点门道，好像了解了一些拍电影的奥秘。记得有一次看拍的电影名叫《关东大侠》，我跟着他们来到虞山顶上祖师山的剑门。剑门是虞山十八景之一，但见石壁高约数丈，屹立在危崖峭壁之上，峻险陡峭，直立如刀削。相传这剑门是春秋战国时，吴王夫差在此试剑劈成的石缝。但见电影公司的人忙碌了一阵，要开始拍摄了，只见一个英武的剑客，手执长剑和一个凶恶的和尚在险峻的崖顶上乒乒乓乓厮杀起来，突然那剑客一剑劈向和尚。此时只听到导演对着洋铁皮话筒大喊了一声"卡脱"！（英语"停"的意思），接着服装员脱下和尚的袈裟套在一个稻草假人身上；导演下令："垒对！……开麦啦！"（英语"准备……开始"），只见崖上剑客一剑劈下，那稻草人从悬崖上滚落下来。接着那个扮演和尚的演员再穿上袈裟仰卧在崖底，化装师往他脸上抹了好多黑墨（因为是黑白片，黑墨代替鲜血），导演又拍了一个镜头。这时我心中恍然大悟，连接起来不就是剑客一剑把和尚砍到悬崖底下，满脸鲜血摔死了的情节吗？我看穿了拍电影的"西洋镜"，心中非常高兴。另外一次，拍的电影叫什么片名已经记不清了，地点是在山顶的祖师庙前，拍的又是一个胡子和尚逃进庙里，紧紧闭上了山门。追赶上来的一个女侠推山门推不动，女侠退到围墙边使劲纵身往上一跳，此时导演喊"卡脱"了。接着搬来一架梯子，女侠爬上梯子蹲在墙顶上，导演下令继续拍摄，那女侠猛起一蹦站了起来，镜头就拍完了。我又恍然大悟，把这两个镜头接在一起，只要将头一个镜头中演员往上跳之后往下落的一段剪掉，不就有了这个武艺高强的女侠纵身一跳上了高墙的镜头了吗？在好多次看拍电影中，我虽然并没有妄想将来自己也当电影导演，但我确实对拍电影产生了浓厚的兴趣。

二、上海滩谋生

初中毕业之后，我的理想是到苏州沧浪亭美术专科学校去学习美术。怎奈那是一所贵族学校，不但学费昂贵，还要住宿费、制服费。可惜，我家经济拮据，我的理想无法实现。

1935 年，我随父亲严翊程，母亲严归氏到上海谋生，随去的还有我的妹妹严寄群。一家四口租了虹口区较便宜的弄堂房，为了谋生，我每天的头等大事就是翻阅《申报》《新闻报》上的分类广告，到处去应考。不久我考进了世界书局印刷厂，当了一名练习生，月薪十二元，我除了给自己留下几个零花钱，全部给母亲贴补家用。大上海这个十里洋场的大都市有许多电影院，每天放映的各种中外影片深深地吸引着我。想看电影没有钱，怎么办？我就设法又找了份校对工作。我校的是初校，每校对一千字可以拿三分钱，一个夜班可以校对一万多字拿到四五角钱，吃掉一角钱的夜宵，剩下的几角钱拿来看电影。当然，高档电影院是看不起的，我只能去一两角钱一张门票的小电影院。那时看电影不对号入座， 场连着一场循环放映，只要进了电影院不出来，可以连续重看。这对我来说是一个好事，一部电影可以看上两遍，好的连看三遍。我每看一部片子都要取一张说明书，看完电影后还要写上一篇“观影心得”代替写日记，并把说明书攒起来装订成册，空闲时拿出来翻阅翻阅，感到这是一种乐趣，这是我业余时间里唯一的文化生活。一个星期里我几乎要看四五部电影（绝大部分是美国电影），从 1936 年算起，直到 1938 年离开上海到延安去，看了大约六七百部影片，光说明书就订了厚厚的十几册。

本来我并未在意这段经历有什么意义，也很少提及，只是到 1981 年，有几位编辑要编一本《电影艺术家传》来采访我，有一次谈完了正题后，偶然闲聊时谈到我的这段生活，这几位编辑好像一下子发现了什么宝贝似地说："你青年时的这段经历很重要，和你后来做电影导演工作有着密切的关系。"

的确，青年时代的我爱好文学、音乐、美术、戏剧，虽然也非常迷恋电影，但不敢在这方面有什么奢望。即使参加革命后做了十几年戏剧编导演工作积累了一点经验，也没想到转行做电影工作。只是到了 1953 年奉命调到八一电影制片厂之后才算正式接触到电影导演的工作。初当电影导演困难是很多的，我既没有上过电影专业的学校，又没有系统读过电影专业书籍，不过，面对这全新的工作，又似乎非常熟悉。一方面，电影导演工作需要懂得摄影、美术和音乐，尤其是文学，这方面我有一定的基础，电影是戏剧的姐妹艺术，我已积累了一定的表演和导演经验。另一方面，工作时我脑海里经常涌现出年轻时看过的那些影片的影像记忆，再加上我在旧社会的生活，抗日战争的生活，解放战争的生活积累，给了我从事电影导演工作的很大帮助。

上面谈到的这些，似乎是一种偶然和必然，一种巧合和缘份，但总的说，做任何事情，要干出一番成绩，决不仅仅是靠机会，靠侥幸；高楼大厦是一砖一瓦建筑起来的，所谓"天才"也只是百分之九十五的辛勤劳动和百分之五禀赋和聪慧凝结，如此而已。

三、"国民救亡团"

1937 年 7 月 7 日，日本帝国主义在北平卢沟桥发动了震惊世界的"七七事变"，继又在上海发动了"8·13 事变"，妄图灭我中华。我家住在虹口区的蓓开尔路，我工作的单位在大连湾路，都是在日寇的势力范围之内，因而我们全家不得不匆匆逃到法租界避难。

失业的苦恼和对日寇侵华的愤怒，令我毅然参加了一个群众抗日组织——"上海国民救亡团"。撒传单、刷标语、街头宣传，还到难民收容所分发"光饼"（一种白面烤饼），为抗日救国尽一份力量。

1937 年"七·七"事变前夕家庭合影。前排为父母，后排左起妹妹严寄群、严寄洲、表弟归永年、妹夫沈凡

为了更好地扩大宣传，我们在"上海大戏院"组织了一次救亡歌咏演出，大家分头去义卖入场券，收入用来救济逃入租界的难民。谁知道临演出前，一批中外巡捕(警察)气势汹汹来到后台进行检查，不许我们唱《打回老家去》这首家喻户晓的抗日歌曲，理由是歌中那句"打倒日本帝国主义"的歌词有碍邦交。当时我们理直气壮地问："我们中国人在中国的土地上反对日本帝国主义侵略，凭什么不许唱打倒侵略我们的敌人?"可是对方蛮不讲理，威胁说："如果你们不听巡捕房的话，我们马上通知电力公司拉闸。"此时剧场里观众已经陆续就坐，形势十分严峻。无奈我们只得让步把"打倒日本帝国主义"改唱"打倒××帝国主义"才算勉强过关同意我们演出。演出前向观众说明原委之后，当我们齐声唱到"打倒××帝国主义"时观众自发喊起了口号："打倒日本帝国主义"，那场面令台上台下许多人热泪盈眶，收到了意想不到的良好效果。

另外一次是向坚守"四行仓库"的"八百壮士"进行慰问演出。淞沪抗战爆发后，国民革命军八八师二六二旅二十四团部分官兵在副团长谢晋元率领下坚守"四行仓库"。"四行仓库"位于闸北苏州河边东南方，与公共租界隔河相望。淞沪战斗打响几天后，国民革命军前线部队撤出战场，剩下谢晋元部孤军坚守在"四行仓库"。我在租界里几乎天天要到苏州河边以崇敬的心情遥望矗立在眼前的仓库大楼，听到激战的枪声，我和站在河边观望的群众就会鼓掌欢呼，以示对勇士们的崇敬。然而，他们毕竟是孤军作战，再坚守下去已经没有意义，10 月 30 日上头下令，命令该部队撤过苏州河退入租界。谁知，勇士们一过河就被英军缴了械，并移交给白俄部队看守。

于是，我们“国民救亡团”演出队来到“八百壮士”驻地，用课桌拼凑成一个简易的舞台对他们进行慰问演出。虽然我们演出的节目很简陋，而且缺乏基本训练，但我们唱出了四万万五千万同胞的心声，唱出了同仇敌忾的气势。

通过在“上海大戏院”的救亡歌咏演出，和慰问“八百壮士”的演出，使我深深地体会到艺术宣传的巨大效果。

四、孤岛——圣地

上海沦陷一年，我们在租界里的活动已日趋困难，“国民救亡团”的工作受到了限制，当时领导我们工作的老沈（全国解放后才知道当年他是地下党员）把我们八个积极分子组织起来一个“读书会”，每周秘密集会学习。我这个人过去从未接触过政治，也不关心时事，思想比较简单，当学习艾思奇写的《大众哲学》时，我觉得很生疏，也很吃力。后来学习《苏联英雄传》时，才知道了列宁领导“十月革命”的历史。此外，我们还偷偷阅读延安出版的《解放》杂志，知道了毛泽东、朱德领导八路军坚持抗日战争的事迹。从而增强了我们对中国共产党的敬仰。在老沈的帮助下，我们读书会的几个同志和另外一批青年，决心奔赴革命圣地延安。

这时候上海租界周围已被日军占领，成了地地道道的一座孤岛。想从内地走已不可能，若从海路去香港再转内地，则因港英当局为限制难民涌入，要求带足二百洋钿（银圆）才允许入境的限制，我这个穷青年又无那么多的钱无法成行。后来还是地下党组织想出了一个办法，让我们二十几个男女青年，装扮成离沪返乡的难民，混杂在遣送去内地的人中，乘德国的轮船先去浙江温州，再转道去延安。

1938 年 8 月 18 日这一天，天色阴霾，氤氲弥漫，我们来到杨树浦的一个轮船码头，登上了一艘德国大客轮，坐的是船舱底层，乘客几乎全是难民。底舱里没有床铺，只好席地而眠。我们这二十几个男女青年，大部分是参加过上海"国民救亡团"的团员，其中包括"8.13沪战"爆发前和我一块儿在世界书局任职的赵君肇和邹梦熊两个同事。我离家时，父母亲典当了家中衣服，凑了四块银元。母亲把银元缝在一条布带里系在我的腰上，这就是我平生第一次出远门，长途跋涉的全部盘缠了。

我们最担心的是船到吴淞口，日军要登船检查。离沪时党组织写了一封简短的介绍信，要我们到了武汉到十八集团军(八路军)驻武汉办事处接洽去延安的事。如果被日军搜查出这封介绍信那就麻烦了。于是，大家决定让我设法秘密保存，我弄来一张写了我姓名的牛皮纸，将介绍信夹在牛皮纸下贴在小藤箱的盖上，这就是以后一直延用至今的名字——严寄洲。而我的原名叫严顺源。

轮船行驶得很缓慢，也不知道什么缘故经常抛锚停驶，在海面上晃荡了好几天才到了浙江温州。

战时的温州显得很混乱，有逃难来此的达官贵人，有沿街乞讨的穷苦难民，还有在街上到处游荡的国民党兵，而且不少是伤兵。当时正值国共统一战线刚形成时期，偶尔也能遇到新四军的士兵，他们每人背一顶竹笠，竹笠上写着"新四军"三个大字，还画着一个红五角星。

我们到了温州县政府，说明是"国民救亡团"到内地宣传抗日的，要求安排我们的膳宿。县府派人把我们领到一座大庙里，这里既无床铺，又无被褥，只是在走廊里铺一些稻草，好在天气很暖和，也就这么将就了。县府另外还派来了两个老乡，帮我们做饭，粮食、蔬菜和劈柴也是县府供给的。晚间，几个新四军同志找到我们的住处来了，其中有一个像是领头的军官(那时候我们还不懂称呼"干部"这个名词)。向我们提了一些问题，了解我们的情况，在上海时我们就知道新四军和八路军一样，都是共产党领导的军队，所以就毫无隐瞒地如实告诉他们。他们听了十分高兴，热情地希望我们到新四军工作。

晚上，我们躺在稻草铺上休息，天气很闷热，加上被蚊子咬得无法入睡，大伙儿便你一言我一语地议论开了。有人说：参加抗日到新四军也一样，离家还近些。有人说：虽然新四军和八路军都是共产党领导的抗日队伍，但毕竟八路是老牌，是红军长征到陕北改编而成的，要当兵就得当八路，我倾向后者的意见。

离开温州时，有几个人留下参加新四军去了，我们则搭乘了一辆大卡车继续前行。车是我们向县府交涉后县府派的公差。由温州去青田，通过一条傍山临水的公路，路面年久失修，崎岖逶迤，不少狭窄弯路一边是悬崖峭壁，一边是深谷急流，坐在车上很是提心吊胆，颠簸了整整一天，到了青田。

从青田到丽水，有一条叫大溪的河流。河上的交通工具是一种名叫蚱蜢船的小舟，每条船上只能容纳五六个人。我们分乘三条蚱蜢船逆流而上，一路上青山碧水，风景十分优美。河水清澈见底，河底全是大小不等的鹅卵石，无数小鱼儿成群结队地嬉戏其间。最奇怪的是船夫一到水浅地段便跳到河里推着船走，这也算是一种奇观。

船到丽水之后，照例是到县政府交涉膳宿，照例睡大庙地铺。第二天再乘卡车直奔以出产火腿闻名的金华。

金华非常混乱，人声嘈杂，嚣闹肮脏，火车站更是杂乱拥塞。许多难民乘火车根本不买票，你争我夺，吵嘴打架时有发生。客车根本挤不上去，因为火车顶上也坐满了人，而且也弄不清楚哪趟车去哪儿，什么时候开车？

挨到傍晚，从杭州方向开来一列铁篷车，车上全都是前线下来的伤兵。大铁门一打开，轻伤员便骂骂咧咧地蜂拥而下，重伤员则一个个横七竖八地躺在铁板地上呻吟哀号。红十字会派来接车的人很少，而且大都是年轻的女学生，她们从未见过这种场面，大家手足无措，一筹莫展。见此情景，我们马上行动起来，帮助搬运重伤员下车，又背又抬整整忙了半宿，才算把重伤员全部搬上了救护车和卡车。铁路员工纷纷对我们竖起了大拇指，赞扬我们的爱国热情。一打听这趟车是开往南昌的，于是我们便搭上了这趟车。

到了南昌后，还是先去县政府解决膳宿问题，正好遇上了一个回乡探亲的国民党将军也来到县府，他了解到我们是从上海到内地参加救亡工作的情况后说："欢迎你们这些热血青年到××××训练班去（忘了名称），受训三个月毕业后分配到部队做政工。"他还为我们写了一封介绍信。

从南昌到长沙，又从长沙到武汉，我们搭乘的照例是不买车票的客车，但乘车时老是提心吊胆，只要远远地看见有查票的过来了，我们便从另一端爬上车顶，等查票人查完票从这头出去，我们又从那头爬回到车厢里。就这样捉迷藏似的"逃票"，一路蹭车到达了武汉。

武汉这个战时都市，呈现出一派抗战气氛，墙壁上到处写满了"保卫大武汉""拥护抗日民主统一战线""抗战到底！"等巨幅标语，到处是高唱救亡歌曲的男女青年。

一到武汉我们十几个人就开始分化了，有几个人拿着在南昌遇见的那个国民党将军写的介绍信去找训练班去了，大部分人则仍旧坚持要去延安。

我们找了一家旅馆，大伙挤在一间房内，床上横睡三个女的，男的则全睡地板。

第二天，我们来到十八集团军驻武汉办事处，几个胸前别着抗大校徽的接待人员非常热情地问了我们一些话，便给我们写了一封公函，介绍到西安七贤庄八路军办事处，由那儿负责送往延安。同时还送我们每人几本书，让我们抽空读一读。这些书有《大众哲学》《左派幼稚病》《社会发展史》等。

回到旅馆，那几个投奔训练班的人，带了三个训练班的军官找上门来了，目的是动员我们也去训练班，并且说："延安很苦，吃小米山药蛋，没有菜光吃辣子。冬天洗脸还要到河边砸开了冰块洗，每人每月只有一块钱的津贴，我们训练班吃的是大米白面，一个月十多块钱的津贴，三个月后分配工作。"说了一阵，让我们考虑，明天再来听回音。

他们走后，我们一致认为不听他们那一套，刚才听办事处的同志介绍，这个训练班是国民党"三民主义青年团"的外围组织，和CC特务有联系，我们为了少惹麻烦，决定第二天清早就离开旅馆。

晚上，办事处也来了两个同志，和我们亲密地谈起来，介绍了一些延安的情况，还教我们怎样打背包，怎样打裹腿，彼此非常融洽和投机。

第二天，天蒙蒙亮，我们便到了火车站。武汉的火车站和以前经过的火车站不同，不买车票是不让进站的，好在我们拿着十八集团军的"护照"，"护照"就是通行证，顺利地进了月台。一打听，老百姓买的车票都没有车次，也没有固定行车时刻，只要上了月台便可以随意登车，不论是客车、货车、平板车、铁篷车，南来的、北往的，任凭你乘坐。月台上拥挤不堪，又没有人通报哪趟车是什么时间开往哪里去，所以许多旅客吵吵嚷嚷乱成一团。

我们费了九牛二虎之力才挤上了一列去西安的客车，车厢里早已挤满了人，只得坐在车厢外的遮檐下，这已经心满意足了。但困难的是没吃没喝干熬着，后悔没在武汉时买些烧饼带上，现在也只好委屈肚子了。有时等车子一停，便飞快地奔到车头，求司机放些热水给我们喝。

火车快到潼关时，有的旅客说，这一带离黄河边很近，对岸的风陵渡已被日军占领，火车在这一带行驶经常会遭到炮击。我们听了心中非常紧张，可是也没办法，只好听天由命。

火车正在行驶间，突然来了一个急刹车。大家不知道出了什么事情，正纳闷间忽听的有人在狂喊："快下车！日本飞机来了！"这一喊不要紧，车厢里可炸了窝了，顿时大人叫、小孩哭、挤撞成一团，许多人也不顾危险，从车窗里跳了出去。我们本就坐在车厢外头，所以首先跳下了车，我紧紧抱着小藤箱,向田野里狂跑。飞机的马达声越来越近,还发出刺耳的金属呼啸声,我连忙爬到田埂边抬头一看,只见三架飞机从头顶上掠过,奇怪的是飞机上既没有扔炸弹,也没有打机枪,一会儿便飞远去了。大家长出了一口气,纷纷回到车上,继续向西安进发。

自离沪之日起,一路上日常开支不小,有些人手头逐渐拮据。这种经济上的原因,导致大伙儿情绪上产生了一些微妙的变化。我和赵君肇、邹梦熊三个都是囊中羞涩的穷职工,不想再沾别人的光,一到西安便知趣地和大家分手。由于介绍信只有一封,相约第二天早上到七贤庄八路军办事处门前碰头。当晚我们三个人找了一家最便宜的小旅店住下,这是我平生第一次见到屋子里有一盘土炕。晚饭吃的是名叫"锅盔"的大烧饼,三个人买了四分之一块便吃饱了。

翌晨,到马路边小摊上吃了一顿醪糟和烧饼后,找到了七贤庄八路军办事处,和其他武汉同来的人会合,顺利地办完了手续。但大家填表时各有不同,有的进"抗日军政大学"、有的进"陕北公学"、有的进"鲁迅艺术学院"……填完表,办事处同志问我们有什么困难,我们说去延安的路费不够了。办事处的同志说:"明天早上集合编队时,给你们解决。"这样,我们高高兴兴地回到了小旅店,心情非常愉快,好像一块石头落了地。

中午我们吃了一顿烤白薯,然后把三个人的钱凑在一起付完店钱,就只剩下几角了,三人商议决定:当晚到饭铺里,用剩下的钱美美地饱餐一顿羊肉泡馍。这是自离沪以来最丰盛的一顿美餐啊!吃饱了后我们打趣说:现在咱们成了名副其实的无产阶级了。

第二天清晨,赶紧来到七贤庄办事处门外的一片空地上集合编队,人很多,熙熙攘攘,都是年轻人。据说那时每天要在这儿编好多队去延安,当天入"抗大"的一共有二十几人。办事处同志推荐一个曾经在东北军中当过排副的同志担任领队,还帮我们雇了两头毛驴驮行李。

我们这些未来的抗大同学,排好了一字儿横队等待出发。排在我左边的是两个从广西来的年轻女同学,现在只记得她们一个叫刘治群,一个姓陈,她两个都是拿着全部学费和住校膳宿费,瞒着父母亲偷跑出来的。

办事处的一个负责同志走到我们队列前面问:"昨天哪几位同志说路费不够了,请举手。"我们三个人立即举起手来。身旁的小刘诧异地看了我一眼,用带着浓重广西口音的普通话问:"你们没钱了?"我点了点头。小刘和小陈嘀咕了几句后回头对我们说:"不要举手了,我们带着钱,一路上够用的。"我说:"这合适吗?"小陈抢过来拍了一下我肩膀:"没关系的,都是革命同志么。”我一听，眼泪几乎掉下来，倒不是有钱花了，而是感到一股暖流。啊！革命了！革命同志是如此的亲密无间呀！

小陈看上去比小刘还要小些，她忽然想起了什么事，又和小刘嘀咕了几句。小刘马上回头问我：“你们吃早餐没有？”我坦白地摇了摇头。小刘二话不说，拉上小陈就往广场路边的早点摊跑去，一会儿买了一大堆大饼油条回来。我们早已肌肠辘辘，顾不得道谢便大嚼起来。

出发了。这是我平生头一次长途步行，开始大家觉得挺新鲜，一个个有说有笑，兴高采烈。可是走了不到半天就有些泄气了。走得快的和走得慢的前后拉开了百十米距离，领队排副对这支毫无训练的队伍一点办法没有，一直到傍晚，才到达富平县，投宿在一家驴马大店里，大家不分男女地挤在屋里的两盘大土炕上。我躺在炕席上，虽然非常疲劳，但情绪很高昂，我拿出口琴来吹着，和着琴声大家唱起了救亡歌曲。

开饭了，店伙计端上来一盆煮山药蛋片，一盆黄澄澄的米饭。有人高兴地喊了起来：“嗯！蛋炒饭。”领导排副瞟了一眼，笑着纠正说：“这是小米饭。”大家早已走饿了，每人盛了一碗吃起来。这是我第一次吃小米饭，觉得还挺香。

第二天继续赶路。陕北的黄土高原，贫瘠荒凉，山上不长草，山沟里也难见到几棵树。一条所谓的公路，实际上只是盘绕在山边的黄土路，风一刮尘土蔽日，连眼睛都睁不开。这一带人烟稀少，偶尔能遇到几个赶牲口的老乡。

一路上，走乏了我就吹起口琴，大家便跟着唱了起来，唱的是《义勇军进行曲》、《五月的鲜花》、《打回老家去》……这样走了一天来到了铜川，住进了一座祠堂。

下半夜，大家睡得正香，突然一阵嘈杂声把我们吵醒了。点灯一看，进屋来的是国民党兵，约莫有七八个人，他们一个个端着枪如临大敌，一个小军官模样的人气势汹汹地盘问我们，领队排副给他们展示了西安八路军办事处颁发的通行证。那小军官打量着大家说：“这是军人通行证，你们是老百姓，不能用。”大家一听都嚷嚷起来。我说：“我们是去肤施（当时称延安叫肤施）参加八路军打日本的。现在还没到地方，哪来的军装穿呀？”接着大家你一言我一语地提出了许多质问。那小军官争不过我们，拿着我们的通行证就跑了。

早上，我们选派了几个代表去驻军交涉，可他们怎么说也不还给我们通行证，还说打日本么，哪里都可以，你们可以到我们的随营学校，那里待遇比肤施要强得多。这样一拖拖了两天,大伙非常焦急。怎么办?领队排副说:“没有通行证难不倒咱们,明儿不走哨卡,翻山过去一样到延安。”大家都同意他的意见。

第二天出发时,内部又发生了矛盾:一部分人嫌每天行程太短,耽误日程;一部分人则希望每天少走一些路,体力吃不消。两种意见无法统一,只好分解,我和赵君肇、邹梦熊、小刘、小陈等八个人愿意走慢些,组成一组,自称为“八仙”。

在西安时,我的疟疾就发作过,但比较轻,也没把它当成一回事,可是这天一离开驻地就又犯病了。刚翻过一座山梁便发起抖来,没法走,只得在山路边草地里躺着,我心中非常焦急,怕耽误了大家的行程,等发抖刚刚过去便咬牙上路,虽然头晕晕的四肢无力,但还是装着若无其事地硬挺着往前走去。

洛川是国共双方的分界线,再往北就是陕甘宁边区地界了,所以一到洛川,大家都怀着兴奋的心情和好奇心出去看看。我则躺在大炕上歇息,养精蓄锐以便次日继续赶路。小刘看我几天来吃不下东西,不知从哪里买来一茶缸大米和几个鸡蛋,给我熬了稀粥,蒸了蛋羹。为了解除我的愁闷,还低声唱起了《流亡三部曲》。在这举目无亲的地方,小刘的关怀使我感到万分温暖。

没想到,那天晚上我的病情加重了,第二天根本无法上路,大家只好陪我再歇一天。可是到了第三天我仍然无法上路,有三个同志怕路费不够,先我们而去。留下的就只剩赵君肇、邹梦熊、小刘、小陈和我五个人了。

赵和邹上街打听到了洛川有一个“抗大洛川分校”,对外称“随营学校”。大家商量到分校去交涉,暂时把我留下,等病痊愈再去延安找他们。我虽然舍不得和大家分开,但拖下去也不是个办法,同意按这个办法办。经交涉后,分校同意将我留下,于是又住了一宿趁退烧的间隙我准备去分校报到。早饭后小刘泪汪汪的塞给我两元钱,此时此刻,真有些生离死别的惆怅。

洛川城东有一条田埂边的黄土小路,直通抗大分校,我背上简陋的行李,和大家依依惜别后上路了。他们站在土坡上目送我,然后也要赶路。我怕泪水掉下来,一咬牙头也不回,迈着虚飘飘的双腿往前走去。大约走了不到10分钟的工夫,突然听到背后有人叫喊。我停下脚步回头一看,只见他们四个人气喘吁吁的追赶了上来,小刘头一个走到我跟前,一把抓住我的臂膀,喘着气说:“严!我们刚才计算了一下,我们俩人带的钱,只要节省着用,就是再住几天也够我们五个人到延安的,我们不愿意把你一个人丢下,一定要一块到延安。”她这一席出自肺腑的真诚话语，令我感动得泪水扑簌簌地流了下来，再也没有什么言语可以表达我们五人之间的革命友爱了，我们抱在一起，不约而同地流着眼泪笑了。

“久别相期同笑语，相逢哪忍又分离。”我们五个情同手足的朋友，经历了千辛万苦，终于完成了这次不平凡的旅程。当我们遥遥望到延安宝塔时，距离我们8月18日离开上海将近二十天了。

五、“抗大”生活

到达延安进入“抗日人民军政大学”，已是下午四点多钟了。一个胸前挂着抗大校徽的同学把我们领到了一间门口写着“救亡室”三个大字的大席棚里，棚里两边铺着厚厚的稻草，让我们临时住了下来。“救亡室”正面悬挂着毛主席和朱总司令的画像，两侧一边挂着“三大纪律，八项注意”的条幅，一边挂着署名毛泽东写的“反对自由主义”。我心中很纳闷，我们千辛万苦到延安来，是为了抗日救国和找寻自由平等而来的，怎么共产党却要反对自由呢，待到我把“反对自由主义”的十一条内容读完后才恍然明白，原来反对的是不正派的那种自由。

此时，外面响起了嘹亮的军号声。那位同学说：“这是开饭号，同志们！开饭了！”我们一听便兴高采烈地拿了碗筷走出救亡室。这时我的心中特别兴奋，这军号声意味着我现在已经是一个真正的抗日军人了。

我们来到广场一隅，只见炊事班外的石磨盘上放着一箩筐热气腾腾、黄澄澄的小米饭。

我们十几人一圈蹲在地上，中间放着一只铝皮焊的菜盆，盆里是盐水煮山药蛋，我们盛了小米饭吃了起来。虽然这小米饭并不可口，可是我们吃得很香，因为这是“革命饭”呀！饭后我们三三两两在院里逛了一阵，熄灯号响了。

翌日，一个操江西口音的领导宣布编队名单，我被编入第五期七大队的第九队。当即由队长汪乃荣和政治指导员王元和（都是参加过长征的干部）带头上了路。行军路上，副指导员杨季农（北平“12.9运动”时的地下党员）

不断领头高唱《流亡三部曲》、《大刀进行曲》等革命歌曲，当唱到《打回老家去》时，我想起在上海不让我们唱“打倒日本帝国主义”时的屈辱。现在不一样了，我已是一名抗日军人了，想到此，我兴奋地掏出口琴为大家伴奏。在歌声和笑声中不知不觉到达了目的地蟠龙镇。我们九队分驻到距蟠龙镇三里地远的凹凸村，这仅仅二三十户农民的小村坐落在向阳的山坡上。队长汪乃荣率领着三个区队长(全都是参加过长征的干部)沿着黄土坡在石壁上用白粉笔写上了一班、二班、三班……，汪队长边写边说：“明天开始，各班挖窑洞，哪个班挖得快，哪个班就先住进去，全队来个革命竞赛。这几天么，我已经向村公所交涉好了，各班住在本班旁边的老乡家，老乡睡炕上，你们抱些柴草睡地铺。”第二天一清早，全班十二人借了老乡的镢头、铁锹、箩筐热火朝天地挖了起来。陕北高原的土质好，我们挖了四天就把窑洞挖成了，挖的时候留了当大炕用的土炕，再用高粱杆扎上门窗，糊上高丽纸，一孔新窑洞就完成了。看着新“建成”的家，大伙兴高采烈地搬了进去。

我们的伙食几乎是天天小米干饭煮山药蛋，生活虽艰苦但大家情绪高涨，乐观向上，整天歌声不断，而且每天有大队的教员在打谷场上给我们上课。大约过了半个多月，一天区队长宣布今儿中午改善伙食吃白面馒头，大家一听高兴极了，盼着开饭时间早点儿到来。中午听到开饭哨响，大家跑步来到伙房院内，只见一筐箩雪白雪白、热气腾腾的大馒头已经摆在碾盘上，同学们一个个喜笑颜开大口大口地吃了起来。有几个南方同学不习惯北方的面食，不知怎地吃之前把馒头皮剥掉了，当时大家光顾着自个儿享用没有人注意这些，谁知道这一下可惹了大祸了。开晚饭的时候，老红军炊事班长手里托着那些被扔掉的馒头皮，愤怒地吼着：“这是哪个王八羔子扔的？啊！你们大家瞧瞧，把这样好吃的东西都扔了，我们长征的时候连树皮草根都吃不上，可是你们吃馒头还要剥皮，有良心没有？吃不了苦，那就滚你妈的蛋。”老班长眼里噙着泪花的一顿训斥，吓得大家缩着脖子一声都不敢吭。幸好这时区队长来解了围，大家也纷纷责怪那几个剥馒头皮的同学不应该浪费。

新的棉军装发下来了，是老乡用灰色土布手工缝的，虽然有些人穿着不太合身，但穿上身十分暖和。穿上新军装大家你看我，我看你非常兴奋，因为现在才算是一个真正的革命军人了。

发棉军装的同时，还发了每人每月一块钱的津贴费。这津贴费不是银圆，也不是法币，而是一张油印的代用券，上面写着：抗日人民军政大学代用券，中间画着镰刀斧头，两边是校训“团结、紧张、严肃、活泼”八个字，听说那时每个战士每人每月都是一块钱，干部两块钱，朱德总司令最高也只发五块钱。不过这种代用券只能到“军人服务社”用,而且一次花不完不找钱。星期日我和三个同学到蟠龙镇军人服务社,买了一副线手套,一本拍纸薄,三个人每人吃了一碗面条就花完了。

在学习期间,我是办墙报和歌咏队的积极分子,常和副指导员杨季农接触。由于他是北平来的,我是上海来的,都是城市青年有共同语言。不久,他介绍我参加了“民族革命先锋队”,接着又介绍我填了“入党申请书”。

七大队在蟠龙镇上召开动员大会,罗瑞卿副校长(当时校长林彪在苏联养伤)鼓励大家说:“我们要到敌后抗日根据地去,要从战争中学习战争!”

出发前,我被调到大队新成立的宣传队工作。宣传队的任务是行军路上作宣传鼓动和刷大标语。写美术字是我的强项,大标语就由我来负责写。为了保密,标语上的落款是“华北游击宣传大队”。我们要到的目的地在哪里谁也弄不清楚,只听说是到山西的五台山。出发时我们宣传队的徐曙写了一首歌(徐明作词):

同学们走啊走啊!
我们走向五台山。
敌人逼着我们后退,
我们偏要向前。
不怕那山高水深路途远,
不怕那风雪严寒行路难。
……

我们走一路唱一路,虽然行军很辛劳,但大家情绪高涨。12月底,我们到达陕北重镇绥德县城,准备休整两天过了元旦再继续前进。宣传队长交给我一个任务,要我写个戏参加“元旦军民联欢晚会”时演出。尽管那时写剧本对我来说是“大姑娘上轿头一回”。但我还是大胆动笔编写了一个独幕剧,剧名叫《枪口对外》。剧本的内容是一个青年农民下地劳动去了,家中突然闯进来了一个日本鬼子,企图糟蹋农民的妻子,正在危机之时,那青年农民回来了,见状气愤地一扁担把鬼子打倒在地,夺了他的步枪决心去参加八路军,打鬼子保家卫国。剧本写出来了,离演出还有一天工夫,于是由我自任导演赶紧排练,我还在剧中扮演那个日本鬼子。元旦晚会上,我编导的这幕剧演出时居然还博得阵阵掌声。或许是命中注定,从此,我和文艺工作结下了不解之缘。

过了元旦,队伍继续行进。这一天我们来到了咆哮如雷的黄河之滨,这是我平生头一次见到如此壮观的大河,但见波浪翻滚,声如万马奔腾,站在河边有一种地动山摇之感。我胆颤心惊地登上了渡船,船体很大可容五六十人,可是在硕大的河面上犹如一片小树叶,在波浪中上下颠簸,一下子被推上浪尖,一下子又跌入浪谷,船身比船旁的浪峰还要低,十分惊险。

渡过黄河,便进入了阎锡山统治的山西地界的晋西北地区。又经过了几天行军,我们来到一个不知名的小山村。上级命令,白天休息睡觉,晚上要越过“同蒲铁路”封锁线。连日来行军感觉很疲劳,我们一到老乡家里,爬上热炕头便呼呼大睡起来,一直睡到日落西山。饱餐了一顿小米饭和煮山药蛋后,每人又砍了一根树枝,既可当拐棍,遇到情况还可以当武器便出发了。临出发时还发给每人一个大白馒头,这个馒头可不是用来改善生活的,其用途是过同蒲铁路封锁线时,万一憋不住要咳嗽,就赶紧往嘴里塞馒头咽下去就不咳了。

出发前,领导来检查准备工作,让我们每个人蹦跳几下,看看有没有声响。还让大家把白毛巾拴在背后的皮腰带上,这是为了夜行军时紧跟着前边的人不致迷失方向。

我们的队伍像一条长龙,一个人跟着一个人静悄悄地走着,走了约莫两个来小时,前边一个传一个地轻声传下话来说:“快到封锁线了,不许说话,不许咳嗽,不要掉队,完毕。”随后,我们开始小跑步,跑了一阵跑到了一条横在面前的铁路边,月光下铁轨泛着闪闪银光。这一晚上夜行军几乎走了近一百多里地,真把人累得够惨,脚底板都打起了血泡疼痛难忍。过了封锁线不久,我们进入了河北地界,那便是“晋察冀边区”了,原来我们奔赴的目的地不是五台山,而是太行山。

六、跨入艺术门槛

到了“晋察冀边区”,大队人马驻扎在河北省的灵寿县(县城已被日寇占领)陈庄镇的牛庄村。以七大队为基础成立了“抗大”第二分校,由曾经担任过红军军长的陈伯钧出任校长，当过“闽浙赣军区”司令员的邵式平任副校长。1938 年腊月，我被正式调进新成立的二分校文化工作团当团员，从此正式跨入了文艺工作者的行列。

“文化工作团”的成员来自五湖四海，全团十三个男团员，四个女团员，全都是文艺爱好者。其中有朱丹（全国解放后历任“西北艺校”和“西南艺校”校长，空政文化部部长，总政话剧团团长）、徐曙（作曲家）、林韦（女，后任北京军区话剧团团长）、陈群（女，后任北京军区歌舞团团长）等人。最初我们排演的是丁玲创作的三幕话剧《河内一郎》，我扮演负伤的日本战俘河内一郎。那时我根本不懂得表演，在绥德过年时演的《枪口对外》只能说是“光屁股打狼”——胆大不怕羞，这次由宣传科的蔺子安科长亲任导演排练了好几天才演出的这幕话剧，使我体会到演戏不光是好玩，而是一次严肃的艺术创作。

过了好几天蔺子安科长告诉我们，又调来一位副团长，和我们住一起。那时我们住的那间房的炕已经睡满了人，徐曙建议在炕边支一块门板给副团长睡。

中午，在暖洋洋的阳光下，科长领着一个身材魁梧、声音洪亮的年轻汉子来了。他背着一个沉甸甸的大包，脚蹬一双缀着绒球的布草鞋大踏步跨进门来，一见面就好像惟恐别人听不见似的大声用苏北口音自我介绍说：“你们好！我叫汪洋！”

汪洋（全国解放后任北京电影制片厂厂长，电影事业家）比我大一岁，可当时觉得他比我大得多，是个老大哥。其实那时他才二十三岁，可是看起来他比我们这几个毛头小伙成熟得多，老练得多。汪洋看了看给他准备的床铺，把大包往门板上一搁，接着从挎包里掏出一根大钉子，捡了块砖头，“砰！砰！”几下，把钉子钉在床头土墙上，然后从被子里抽出一张放大的自己的照片，悬挂了起来。顿时让我感觉到，他是一个热爱生活的人。

那些天我们正在排练一个独幕话剧《火》，内容是描述一些反战的日本人的故事，剧中主要角色由我、陈播、赵森林和陈群扮演。汪洋问：“谁是这个戏的导演？”我说：“没有，在一块瞎凑吧。”汪洋说：“那怎么行？好吧，下午先看看你们排练。”

我们在村头的打麦场上，把《火》排练了一遍，汪洋皱着眉头说：“这个戏很有分量，可是就这个样子拿不出手的。这样吧，明天开始重排，我来当导演。”听他这么一说，我们知道来了个懂行的，大家都非常高兴。

我在《火》中扮演的是日本诗人小泉山村，这是我正式从事表演工作后所扮演的第一个角色。谁知头一回就碰上了一个极为严格的导演。汪洋排戏一丝不苟,对演员要求很严格,一遍一遍不厌其烦。我的台词特别多而且长,直喊得嗓子冒烟,疲惫不堪,可是汪洋还不满意,他告诉我表演要有感情,念台词不要喊,要进入角色,你就是这个日本人。通过这次排练,使我渐渐懂得了什么叫念台词的轻重音,什么叫潜台词,什么叫分场分段的目的和任务,也懂得了什么叫进入角色。

汪洋同志工作中极富创造性。《火》的布景内有一只沙发,可是河北农村哪儿能找到沙发呢?汪洋找来一只小木箱,把牲口驮子倒过来搁在木箱上又弄来一块木板做靠背,再把我们几个人的小棉被包在上面,外面再包一块花布,一只沙发就完成了。看到这个道具,我们对汪洋佩服极了。我们身上穿的西服也是在汪洋指导下用麻袋布缝制的,在汽灯光下还挺漂亮。他的工作作风使我喜欢上了这个年轻的领导。

七、调入“战斗剧社”

1939年,一个秋风萧瑟的早晨,八路军一二〇师战斗剧社的政治指导员王可(后更名王克,“文革”后曾历任广西军区副司令员,广东军区副司令员)奉贺龙师长之命,骑着一匹老黄马,赶到“抗大”二分校调我去战斗剧社。我把还不到十斤重的小行李驮在马背上离开了牛庄。一路上我们牵着老黄马边走边谈,王可是红军老干部,他给我简单介绍了战斗剧社的历史,使我了解到八路军一二〇师战斗剧社是红军三个方面军之中留下的唯一一个文艺团体,它的历史可追溯到1926年。

我们走了一阵走到了陈庄镇,王可说:“咱们先到师部去,老总要见见你。”我问:“老总是谁?”王可说:“老总就是贺龙么,我们都叫他贺老总。”啊!贺龙!这个著名的传奇式的将军的名字,我早就知道,而且听过他不少叱咤风云的故事,想不到今天我能亲眼见到他,心中有说不出的高兴。

在一座很气派的地主庄院里,我见到了贺老总。只见他身材挺拔,神采奕奕,身穿一套整洁的灰布军装,脸上露着慈祥的笑容,嘴唇上蓄着一簇浓

抗日战争时期的贺龙(左一)

黑的小胡子,显得威严而洒脱。当时我二十三岁,在我眼里,贺老总已经是个老将军了,其实那时候他不过四十三岁。

那天,屋里除了贺老总外,还有政治委员关向应、参谋长周士第和政治部主任甘泗淇。

王可向在座的首长们介绍完我后,贺老总劈头一句便问:“你是上海来的,你是不是电影明星?”我答:“不是。”贺老总又说:“你的戏演得不错么,现在把你调到战斗剧社,好么?”我说:“好!”

贺老总点燃了烟斗吸了两口烟又说:“我们的战斗剧社是红军时期建立起来的,过去做了很多工作。因为是长期行军打仗,缺少建设。把你们调来加强实力,是要你们把剧社建设好,提高艺术水平。我还要跟罗瑞卿商量,把欧阳山尊(原“抗大”总校文艺工作团团长)也调来,请你们大家一起把剧社搞出个样子来。”贺老总这里指的是从鲁迅艺术学院调来的成荫(已故著名电影导演)、莫耶(已故著名作家,《延安颂》词作者,解放后任《甘肃日报》副主编)、王元方(已故原音乐家协会秘书长)和二分校文工团调来的朱丹(已故原总政话剧团团长)。

贺老总指了指站在一边笑得像弥勒佛似的甘泗淇主任对我说:“以后有什么事,就去找甘主任。”甘主任笑嘻嘻地抓住我的手说:“对,找我,找我。”

贺老总见我身上穿的军装很单薄,皱了一下眉头,马上叫特务员(那时不叫警卫员)拿来一件刚从陈庄战斗中缴获的日军黄呢大衣给了我。这件呢大衣面料很好,像是日本军官穿的。从那以后我每年都穿这件大衣过冬,一直穿到 1947 年。可惜,一次到三五八旅深入生活,参加大同攻坚战时丢失了。以后每当我想起这件伴随我八年之久的纪念品,总是非常惋惜。因为它倾注着将军对一个普通文艺兵的爱护和对部下的关怀。

告别贺老总离开了司令部,来到目的地七祖院。王可指着一座颇为气派的院门对我说:“这就是咱们剧社的社部。”我举目一看,只见院门口两边站着两个个头不高,但却气宇轩昂的少年卫兵,他们手持小马枪,服装整齐,绑腿打得整整齐齐上下一般粗。看上去他们约莫十五六岁左右,可是穿草鞋的脚丫子却特大,原来他们都是经过两万五千里长征的红小鬼,现在是战斗剧社歌舞组的小演员。后来我听说他们由于未成年就经历了艰难困苦的长途跋涉,加上营养不良,所以个子都不高,脚板却特别发达,加上正在发育期的年龄就整天整夜打着绑腿行军,所以没有腿肚子。别看他们年龄不大,可精神抖擞,十分威武,一见到指导员王可,立即大喊口令:“立正!敬礼!”一副训练有素的样子。看到他们我感到我要进去的不是文艺团体,倒像是什么军事机关。

到剧社之后我被任命为戏剧教员,那年我二十三岁。教员班里一共有五个人,一个是从延安“鲁迅艺术学院”调来的成荫(解放后任北京电影制片厂导演和北京电影学院院长),一个是从“抗大”二分校先我调来的朱丹,一个是文学教员莫耶,还有一个音乐教员王元方。

为了参加晋察冀军区成立两周年纪念大会的戏剧会演,战斗剧社决定排练四幕话剧《警觉》,由成荫同志执导,主要演员有我、朱丹、冯一夫(解放后任八一电影制片厂故事片室主任)和女演员陈凯。一天,我们正在一个小山村的打谷场上排戏,突然接到司令部通知,要我和王可立即去见贺老总。

贺老总一见到我们,便让特务员拿来两支小手枪,他笑眯眯地吩咐道:“你们到骑兵连去拉两匹马,带上这两支手枪,到华北联合大学去送给崔嵬(已故电影导演)和丁里(已故戏剧家,原总政文化部副部长),你们要把他们两个人中的一个动员到战斗剧社来。”

我和王可骑着那两匹调来的马,来到了华北联合大学文艺部驻地,崔嵬一见到马和手枪,高兴得像小孩见了新玩具一样,立即把手枪挂在腰带上,一抬腿就跨上了马背。谁知道这匹马又老又瘦,经不住这位身高体重的山东大汉的重压,一下子就趴了下来。弄得我和王可很尴尬。

回到司令部,我如实地向贺老总禀报了那匹老马的事。贺老总一听,胡子一噘,大声命令:“乱弹琴,去,告诉骑兵连长,把他自己骑的马带去换那匹老马。”

在河北阜平地区召开的晋察冀军区成立两周年纪念大会活动开始了,戏剧大会演也随之开幕,参加会演的有军区抗敌剧社、一二〇师战斗剧社、西北战地服务团以及各军分区的火线剧社、战线剧社、七月剧社、冲锋剧社等单位。那几天天气骤然变冷,不断地下着鹅毛大雪。晚间温度降到零度以下,因此影响了观众看戏的积极性。每天开戏前军民都是整队入场,观众还较多，可是越看越冷，观众坐不住，也就越看越少了。轮到我们演出那天，又下了一场大雪，气温比前几天更低，我们开始担心晚上的演出效果。

天渐渐黑下来了，观众纷纷唱着歌进入了会场，我们这天是借用抗敌剧社的“帐篷舞台”演出，北风呼呼地吹着，整个帐篷好像要被掀起来似的。

一阵热烈的掌声中，贺老总叼着大烟斗，陪着军区司令员聂荣臻同志来了，边区的一些党政领导也跟随而到。贺老总习惯于开演前到后台转一转问上几句话。这晚也不例外，他邀请聂司令员一起来到后台。

贺司令员见了剧社的同志说：“怎么样？今天这么冷，可是戏一定要演好，不能给一二〇师丢人。我把聂荣臻司令员都拉来了，他们的抗敌剧社水平很高咧！你们要跟他们比赛噢！”说罢回头对聂司令员打招呼：“走，看戏！”

“咚”的一声锣声响，大幕徐徐升起，我们新排的四幕话剧《警觉》开演了。台下观众鸦雀无声。演出当中，气温越来越低，可是贺老总坐在前排巍然不动，聚精会神地看戏，贺老总不走，聂司令员当然不好走，其他领导也不会走。首长们不走，广大军民也就不走了。直到戏全部演完，贺老总才站起来和聂司令员等领导同志一块儿离去。

那一夜在我的心里留下的记忆是难忘的，它不仅是我在战斗剧社首次登台演出的纪念，更是贺老总对我们这些文艺工作者的重视。

八、重返晋西北

1940 年春，蒋介石发动了全国性的反共高潮，山西军阀阎锡山暗里勾结日寇，发动了罪恶的“晋西事变”。一二〇师主力奉命挥师从晋察冀重返晋西北。我们战斗剧社跟随贺老总冒着严寒踏上了征程。

在一个风雪交加的日子，部队艰难地翻越了一座空气稀薄的大山，黎明时到了山麓的一个小山村宿营。按照命令，我们大家吃了顿小米饭便睡觉休息，因为晚上要夜行军百多里越过日军占领的同蒲铁路封锁线。听人说这晚我们要通过封锁线的地段离日军的据点不远，路侧有日伪军的碉堡，碉堡上的探照灯整夜对着铁路扫来扫去，还不断有日军的铁甲列车来往。如果被日军发现，后果将不堪设想。我听了心中很紧张。

傍晚，我们饱餐了一顿小米饭便整装上路了。队伍排成单行一字长蛇，每人腰带后系了一块白手巾，作为夜间行军的标志就出发了。走了约莫四个来小时，前边一个个地小声往后传达命令说，"快到封锁线了，注意肃静，不许抽烟，不许咳嗽，跟上！"队伍开始了小跑。越跑我越感到背包的沉重，棉袄里被汗水浸湿的衬衣，经冷风一吹冻成了铠甲，冰凉透骨。

一会儿前边又传下命令来了："封锁线到了！注意跟紧！"

下山的道路非常难走，坡地上尽是碎石块，一不小心就会滑个跟头，跌跤成了大伙儿的家常便饭，剧社有病的女演员陈凯更是连人带马滚到了山沟里。疲劳、饥饿和寒冷交相袭来，加上神经上的紧张，我觉得快支撑不住了，就在这时，我的眼前，突然出现了振奋人心的景象——铁路边有一个小小的土坡，土坡前头最高处，伫立着一个威风凛凛的高大身影，身上的棉大衣随风飘动，嘴上叼着的大烟斗里冒着丝丝青烟。啊，贺老总！贺老总怎么站到这危险的地方？看到这副木刻画似的画面，我紧张的心情一下子稳定了下来，好像有一股巨大力量推动着我似的。什么疲劳、饥饿、寒冷，一股脑儿地全忘了。

贺老总看着剧社歌舞组的红小鬼过铁路，小声喊着："快跑呀，小鬼，小心被日本鬼子抓了俘虏呀！"

一个红小鬼一边跑着过铁路一边对贺老总说："老总，那你还站着不走！"一句话逗得大家几乎笑出声来。

在贺老总的鼓舞下，我们战斗剧社的同志们上气不接下气地狂跑着，终于安全地通过了封锁线。

贺老总率领一二〇师主力挥师返晋，在山西新军决死队的配合下，一举将阎锡山的顽军打得龟缩到他们的老巢去了。反顽固斗争胜利后，我军坚持统一战线，尽力争取愿意与我军共同抗日的进步力量并肩作战，并开始筹建晋西北军区。

宣传部徐文烈部长要求战斗剧社绘制毛主席、朱总司令以及阎锡山三幅大画像，为军区成立大会在主席台上悬挂之用。这期间我除了担负剧社的演出主任外，还兼任新成立的美术股长，因而画像的任务责无旁贷地落到了我的头上。画毛主席和朱总司令的画像不难，因为有现成的画像，只要依样画葫芦放大就行了。可是阎锡山的头像却无处可找。那时候我们每个月发两元山西票当津贴，恰好钞票上印有阎锡山的像，老百姓把这种票票叫"大花脸"，我只有按照这个模样来画了。由于我对阎锡山没有好感，所以画起来心里很别扭,画得也很粗糙就马马虎虎交了差。

晋西北军区的成立大会在兴县蔡家崖举行,会场主席台上就悬挂着我画的三幅画像。开会之前,贺老总陪着担任军区副司令的续范亭来了。续范亭是国民党的左派元老,当时是山西决死队的总指挥。他们是来检查会场布置的。当贺老总一眼看到主席台上的画像时眉头立刻皱了起来,他问我们剧社社长欧阳山尊:"这阎锡山像是谁画的?"此时我正在指挥搞舞台工作的同志搬运晚上演出的布景,欧阳山尊把我叫贺老总面前。

贺老总嘶着胡子问:"严寄洲,这阎锡山的画像是你画的?"我说:"是的,怎么?""画成这个样子,乱弹琴。"我为自己辩护说:"嗨,我是照'大花脸'上的阎老西画的,没他的照片。"贺老总严肃地说:"现在我们搞统一战线,阎锡山还是我们这里第二战区的司令长官,你画成这个样子,妨碍团结嘛。"我有些委屈地说:"那……怎么办? 重画又来不及了。"贺老总的态度缓和了:"这次就算啦。"说时用烟斗指了指我的鼻子:"下次可不行,这可是政治问题噢。"

毛泽东同志在《延安文艺座谈会上的讲话》发表前,我们这些从大城市来的戏剧工作者,对文艺为谁服务? 怎么个为法? 普及和提高的关系等一系列关键性的问题还没有弄清楚,不顾环境条件和观众对象,竞相排演大戏和外国戏。我们也存在这一问题。那段时间,我也想翻个新花样,经过苦思冥想,产生了改编苏联小说《第四十一》的念头。《第四十一》是联共的同路人拉甫列涅夫的名著,但他的观点却表现出明显的阶级调和倾向。

经过二十几个日日夜夜的努力,我终于把小说改编成三幕五场话剧,由欧阳山尊担任导演,不久就公演了。由于这个戏的内容和边区军民的生活距离较远,因而演出效果并不理想。当时我不但不觉得自己的文艺创作思想不对头,反而埋怨边区观众欣赏水平太低,不懂得艺术。

不久,贺老总来观看《第四十一》了,我心想这个戏一定会博得他的赞赏。谁知道贺老总看后不但没有表扬,反而狠狠批了我们一顿。

贺老总批评《第四十一》的意见是:戏中表现的一个穷苦出身、觉悟很高的女红军战士玛柳特珈,怎么会对一个态度傲慢、思想反动的白军军官古特奥特罗产生爱情。当然,现实生活中可能会发生这样的事,但是作者持的不是批判态度,而是欣赏态度。最后白军军官不顾女红军阻拦,定要跑回白军方面,无奈之中,女红军开枪打死了他。这是对的,可是偏偏让女红军跑过去,抱起白军军官尸体,悲痛哭叫:"我的蓝眼睛。"那么作者又是站在什么立场呢?

贺老总对《第四十一》的批评,一针见血地击中要害,他的教导,使我在以后的创作实践中受益匪浅。

1943年秋，晋西北的日寇从白文镇、寨子村出动，分两路奔袭我军区所在地兴县。我军在贺司令员指挥下，与敌人在几个县转战周旋，最终将日军八十五大队八百余人包围在“甄家庄”，经过三天三夜激战，将这股日军全歼，粉碎了日寇的“扫荡”。

当时我们剧社全体同志正在一个小山沟里开荒。听到这个胜利的捷报后，我按捺不住想采访这次战斗事迹的冲动，征得领导批准，我背起背包翻了几座大山首先来到了参加这次战斗的特务团。听团长杨家瑞和参谋长向黑婴给我介绍了战斗的过程后，我便深入到参战的连队，采访了一些基层指挥员、战士、炊事员、马兵(饲养员)和民兵。然后又搜集了三十六团、十七团、二十六团的一些英雄模范的事迹。回到剧社突击写出了五幕九场话剧《甄家庄战斗》。由于此戏反映了当时边区军民协力抗日的真实故事，演出后深受广大观众的欢迎，成为战斗剧社经久不衰的保留节目。

一天，在蔡家崖召开的群众大会上，遇到了贺老总，我抓紧时机征求他对《甄家庄战斗》这出戏的意见。

贺老总不假思索谈了起来，他说：“这个戏我看了三遍，可以嘛。也有些地方写得不好。”我忙问：“那些地方不好?”贺老总说：“戏里老是提贺司令员、贺司令员，说得太多了，我看不好。”我反驳道：“这甄家庄的战斗不是你指挥的吗? 不提你提谁呀?”贺老总立即说“提毛主席嘛。我们打仗之所以能打好，就是在毛主席的军事思想指导下打好的吆。还有，这仗是前方将士和群众流血牺牲换来的胜利，应该多写他们呀!”

后来，在“七七事变”七周年之际，晋绥边区举办了一次“七七七文艺奖金”评选活动，我创作的五幕话剧《甄家庄战斗》和秧歌剧《开荒一日》均获得了文艺奖金的乙等奖。这本是一件值得庆贺的事，对我的事业也是一次鼓励，对战斗剧社本身也是一种荣誉。不过，就在这个时候一股冷风吹了起来，那些莫名其妙的流言蜚语传到了我的耳朵，说什么严寄洲个人名利思想太严重，别人早就在创作同一题材，严寄洲抢先不应该。我听到之后心中非常不平静，我根本不知道还有谁在写这个题材。而且即使大家都在写，革命竞赛也并非不可么。我创作这两个戏，一无私心，二非剽窃，也不知会获奖，完完全全是为了歌颂参加甄家庄战斗的英雄，和宣扬开荒大生产的伟大意义。我不明白为什么要遭此非议，由于当年我还年轻，懵懂地弄不明白这是由于自个儿太出风头了，所以被人嫉恨的恶果。这是我最早遭遇的“枪打出头鸟”的惩罚。

九、司马懿和周朴园

1941年,贺老总建议举行全军区的戏剧大会演。几乎所有晋绥军区的部队剧团都云集到军区所在地兴县,其中有战斗剧社、战火剧社、战线剧社、战力剧社以及新军决死队的吕梁剧社和长城演剧队等单位,一时间盛况空前。我们战斗剧社拿出的剧目是曹禺名著《雷雨》,由成荫导演。那时我虽年仅二十五岁,饰演的却是老年的周朴园,戏剧家欧阳山尊年龄比我大好几岁,反而饰演周朴园的大儿子周萍。

那一天演出的地点是在军区司令部所在地蔡家崖。太阳刚落山,观众就纷纷从四面八方拥向"剧场",有正规部队、有游击队、有民兵、有老乡,粗略估算足有三千多人。几盏雪亮的汽灯把舞台照得如同白昼。不一会贺老总来了,他披着一件灰布薄棉大衣,嘴里叼着大烟斗,陪伴着军区副司令、国民党元老、山西新军总指挥续范亭来到前排落坐。"咚!"的一声锣响,演出开始了。谁知道演到第二幕突然刮起了阵阵大风,刚好此时我在台上表演到需要划火柴点雪茄烟抽这一动作,可是被风吹得一连划了好几根火柴,怎么也无法点着雪茄烟,我心里十分着急,因为排练时我设计了不少"戏"在这根雪茄烟上,怎么办,我心里越着急越是点不上,忽然我的灵机一动,一眼看到沙发边的茶几上放着蓝色灯罩的台灯(当时根据地没有电源,台灯里点着的是三支蜡烛),我没有别的办法,掀起台灯罩凑上去便点起烟来。就在这时,我耳边响起了一个洪亮的、熟悉的声音:"唉!严寄洲呀!不对头,这是电灯呀!"台下的观众哄的一下子全都笑了,站在我身边饰演周萍的欧阳山尊社长也几乎笑出声来。啊!贺老总在说我呢,怎么办?灯罩已经掀起来,再放下已经不行了,干脆,先把雪茄抽着了再说,反正我现在是剧中周朴园,决不能跟台下的司令员对话。就这样一直把这幕戏演完了。幕一闭,贺老总便走到后台来,一见到我就哈哈大笑着说:"你这个家伙乱弹琴,电灯怎么可以点烟呀?"我说:"风太大,火柴划不着,我这雪茄烟又是拿烟叶子卷的,不好点呀!没关系,反正观众不会注意的。"贺老总一听,连连摇头,摸了一把胡子说："那可不行呀，不能这样对待土包子观众呀！"说着从警卫员手里要过来几支雪茄烟放到我手中："这是苏联朋友送的，你那个不像，也不容易点着，下次可再不要出洋相了。"接着又和大伙说笑了几句，下台继续看戏去了。

贺老总非常喜欢看平剧（京剧），在他提议下筹建了一个战斗平剧团。经过一番物色、抽调人员，终于把生、旦、净、末、丑各行当演员配齐了，文武场面和戏箱则是缴获阎锡山部队一个戏班子的锣鼓道具和行头，从此在边区除了山西梆子也能看到京剧了。一天，军区要召开一个祝捷大会，贺老总指示搞一个平剧晚会。我平时爱好唱两句，自认为嗓子还不错，老想着登台"票"上一出。这次演出四个折子戏，其中一折就是《空城计》，平剧社同志邀我扮演司马懿，我欣然答应了。别看我在舞台上话剧已经演了好几年了，可是在平剧舞台上，锣鼓点一响，心里还有点发慌。这晚上，贺老总又来看戏了，他依旧披着大衣，叼着烟斗，坐在观众席的前排。演出开始了，我按照平剧社老师教我的一招一式，认真严肃地演了起来，由于我勤学苦练的结果，演出还算顺利，心眼里也乐滋滋的非常舒服。谁知道眼看戏快完了，却出了纰漏。司马懿感慨的念白，我刚念了一句："司马懿呀司马懿，你的胆子嘛也忒小了！"糟！忘了上句了，我灵机一动，等到锣鼓点敲毕，接着又把前面一句补了上去："诸葛亮呀诸葛亮，你的胆子嘛也忒大了！"这样，我总算把戏糊弄过去。可是当我洋洋自得回到后台卸装，贺老总突然出现在我的面前，他喷了一口浓浓的烟问道："你刚才为什么要把两句念白倒过来念？"我说："不是故意倒过来的，是我忘了头一句，先说了第二句。"贺老总一听笑了起来，接着又严肃对大家说："你们不要以为观众好欺骗，我这个观众你就没骗过去嘛。"说着举起烟斗冲着我的鼻子指了指，做了一个笑眯眯的但又是生气的表情转身下台去了。我好像听见他没说出来的"潜台词"："演戏跟别的工作一样，不能弄虚作假，你再这样，下次可得批评你了……"

十、受命当了回总工程师

剧社接到通知，要我马上去司令部，贺老总找我有事。贺老总一见到我就说:“交给你一个任务,在蔡家崖北山沟里要盖一座大礼堂,由你来设计,要能坐下一千人。还有,万一鬼子来扫荡时烧不着。”我一听吓了一跳,连忙说:“不成,我设计不了。”贺老总说:“你不是常常设计房子吗?”我说:“那是舞台上的布景,这盖真家伙要找建筑工程师。”贺老总把手一摊:“哪里去找工程师。你就是工程师,去吧,先搞个方案。”

我回到剧社向社领导汇报了情况,并从兴县县城请来了一个木工,买了一些木料,在毫无资料的情况下,凭我的想象绘制了设计图。两个星期以后,大礼堂的模型制作出来了,由于跨度太宽,我又不懂建筑工程,只好加了两排大柱子。

大礼堂工程就要动工了,由军区司令部调来了兴县和临县的一批盖房子的老师傅,并由这些老师傅招来了一批瓦工、木工、泥工。另外还调来一个主力团做小工。由于边区大都是荒山秃岭,缺少成材的大木料,所以和地方上商量拆山里的几座大庙,这拆庙和搬运工作就由司令部、政治部和后勤部的干部义务劳动来完成。也许当时我还年轻,也不知道胆子怎么这样大,居然当起了现场建筑的总工程师,真的把这座土礼堂盖了起来,并且在所有露木头的梁柱上全都包上了专门烧制的厚瓦,目的是防火烧。

大礼堂正在紧张施工的节骨眼时,一天突然接到通知,让我马上去蔡家崖司令部。说是周参谋长找我有事谈。我不敢怠慢连忙前去,一路上我心中直嘀咕,不知道周士第参谋长找我什么事?到了司令部,周参谋长一见到我连忙拉我到窑洞里说:“六分区打下了一个日军的据点,解救出来两个洋人,也不知道他们是哪国人,叽里呱啦的话我们听不懂,老总说你是上海来的洋包子,快去问问他们到底是哪一国家的人?是干什么的?为什么日本人抓他们?”

我由一个参谋领着,硬着头皮来到一间大石窑,一进门只见两个碧眼黄发的洋人用惊异的眼光望着我。我试着用英语问:“May you speak English?”(能说英语吗?),那两个洋人耸耸肩连连摇头表示不行。这下子可把我难住了,怎么办呢?我正在为难之际,忽听到那两个洋人对话中有“上海”两个字音。我灵机一动立即用上海话问:“你们会说上海话吗?”洋人一听我说上海话高兴得几乎跳起来:“对,我们在上海工作好些年了。”我问:“你们是哪国人?”答:“法国。”我问:“你们在上海干什么?”答:“工程师,建筑工程师。”我问:“为什么被日军抓起来了?”答:“我们到天津办公事,在火车上被日军抓住关了起来,他们违反了国际公法。”

我和那两个法国人在窑洞里用上海话对谈,可乐坏了窑洞外边的参谋和特务员。不久,传开了关于我的神话:“严寄洲的法国话,说得得儿得儿的。”

不久,大礼堂终于落成了,我们战斗剧社在这儿首场演出的是五幕话剧《把敌人挤出去》(刘莲池、林杨、严寄洲编剧)。当晚,贺老总陪同一批美国军事观察组的洋人前来观看我们的演出。贺老总环顾了一下大厅,颇为得意的告诉美国人:“这个大礼堂,是我们自己新盖起来的,今天在这里演出欢迎各位朋友们来看戏。”美国人听后环顾礼堂连连称赞。

十一、“贪污”了一条裤子

1942年,抗日战争进入到相持阶段最艰苦时期,我们战斗剧社奉命东渡黄河,进入陕甘宁边区重镇绥德整训,准备不久到延安汇报演出。此时贺老总已经调任“陕甘宁晋绥”五省联防司令,他命令我们在绥德待命,先由战斗京剧团和战斗儿童演剧队到延安演出。

绥德是陕北一个比较繁华的县城,列绥(绥德)、米(米脂)、葭(葭县)、吴(吴堡)、青(青涧)五县城之首。1938年岁末我们“抗大”七大队离开蟠龙奔赴敌后经过绥德过年时,我的处女作《枪口对外》还在这里演出过呢。绥德城内有两条主街,街上有一些商店营业,在大街上最显眼的是一些旧货摊,特别是估衣摊,这是因为国民党对边区封锁,服装无法进货,只得买卖旧衣服以补不足。

绥德城里有一座小山坡,坡上有一座可容纳六百余人的大礼堂,这里成了我们剧社活动的最佳场所。礼堂楼上可以排练,楼下可以演出,这可比野台子演出效果好多了。

我们到绥德之后的头场戏是法国莫里哀的著名四幕喜剧《悭吝人》,由成荫导演,我在剧中扮演主角阿巴公。由于这是一出令人捧腹的大喜剧,而且又是满头黄发洋装的洋人,吸引了大量观众,一时间盛况空前,久演不衰。

剧社领导决定在这里就地来一次大轻装,把用不上的服装统统卖掉以减轻负担。我是剧社戏剧股长兼演出主任,责无旁贷地负责这件工作。我指定了四个同志每天上集市去卖服装,卖的都是剧社演出使用不上的大褂旗袍之类的服装,其中有一条缎面夹裤很漂亮显眼。这四个人每天出去讨价还价卖服装,回来后把卖了的清单和钱款交给我,再由我汇总统一开单交给管理员肖志谦。那个卖缎面夹裤的同志多了一个心眼,在肖管理员处发现他卖的那条裤子没有上账,怀疑是我贪污了,便向指导员成荫作了汇报。嘿!这还了得,那年头部队作风是非常廉洁的,吃几颗从树上掉下来的红枣都算违反群众纪律。成荫听了汇报之后,也没经调查研究,便认定我贪污了,而且立即在一座小山神庙里召开支部大会,指名我犯了贪污罪,当时弄得我莫名其妙,不明白是咋回事。那年头边区已经好几年没有发津贴了,大家都分文全无,我也是名正言顺的"无产阶级"哪来的贪污呀?会上,那位卖裤子的同志振振有词地说:"裤子是我经手卖的,钱是我亲自交给严寄洲的,可是管理员那里的账单上却没有写这条裤子,你这不是贪污是什么?"管理员肖志谦站起来说话了,他是一位老红军,说话比较实在,他说:"账单上是没有写那条裤子,可是老严交的钱却交了那条裤子的数目,我看不算贪污。"他这么一说一下子把会场的气氛改变了,主持会议的成荫指导员也觉得很尴尬,情况有出入这会怎么开下去呢?那年头党内斗争可真是"左"得出奇,越"左"越革命。此时一位"高明"人士站出来说话了:"严寄洲虽然把卖裤子的钱交了,可是没有上账,其性质还是贪污的性质。另外我还听说严寄洲帮'绥德人民银行'画了一张广告挂在大街上,银行给了他一笔酬金,你上交了没有?"我说:"没有。"他又问:"那,钱哪去了?"我答:"广告是我和美术股另外两个人一起画的,银行给的辛苦费一共买了六个油圈(当地一种油酥烧饼)全都吃光了,你们可以问他们两个人么。""高明"人氏又发挥了:"这就是严寄洲资产阶级腐化堕落思想的表现。"就这样,全体党员表决给我党内劝告处分。因为晚上还要去大礼堂演出,会议便匆匆收场了。那时我真是有口难辩,也无处申诉,就这样莫名其妙地当上了"贪污分子"。

十二、到延安演出

在绥德这一段时间里,《悭吝人》演得十分红火,趁热打铁还得找一个有分量的剧目接着再演。经过研究确定再排一出大戏,那就是曹禺的另一部名剧《北京人》。仍由成荫担任导演,我扮演剧中的袁人耿。准备将来到延安时拿出这两出戏。

正在我们紧张排练之时,社长欧阳山尊参加完"延安文艺座谈会"之后,奉贺老总之命赶回绥德。先是传达了毛主席《在延安文艺座谈会上的讲话》精神,使大家明确了"文艺为什么人?","怎么个为法?","普及和提高的关系"等一系列重要论点,继而又传达了贺老总的指示,要我们到延安演出时要演反映敌后抗日根据地内容的节目。剧社立即召开干部会讨论如何落实贺老总的指示。《悭吝人》和《北京人》是不能拿出去了,那么拿什么节目到延安去演呢?经过反复讨论,觉得最好是拿过去曾经在晋察冀和晋绥演出过的反映边区军民抗击日本帝国主义的三幕话剧《丰收》比较合适,记得当时在边区演出时曾经有几个农民看了戏当场跳上舞台要求参加八路军。不过这个戏当时在前方是个"急就章",比较粗糙,还须要加加工才行。可是《丰收》的三位作者莫耶、刘萧芜、张客皆在前方,没法请他们来修改,怎么办?最后确定由编辑股的石丁来执笔修改。石丁是从华北联合大学文艺部调到战斗剧社来的专业剧作家,由他改写再合适不过的了。

石丁接受任务之后,以最快的速度将三幕话剧《丰收》修改了出来,随后进行突击排练。由成荫导演,冯一夫、朱丹、肖孟和申伸主演,我原来在剧中扮演日本小队长,可是石丁的修改本中把我这个人物删掉了,所以我只担任舞台监督。戏排出来之后剧社于秋冬之交到延安演出。演出地点在"边府大礼堂",后在"中央大礼堂"。由于这次演出是在"延安文艺座谈会"之后的首次演出节目。过去延安演出的不少都是大戏、外国戏,如《雷雨》《日出》《北京人》《蜕变》《马门教授》《铁甲列车》《带枪的人》及《忠王李秀成》等或外国或历史的剧目。如今我们演出的《丰收》,内容反映的是敌后的故事,给观众耳目一新的全新感觉。因之观众十分踊跃,延安的《解放日报》连续发表评论员文章。鲁迅艺术学院和青年艺术剧院等单位纷纷召开座谈会,肯定我们演出的成功。

我们在中央大礼堂除了演出《丰收》之外,还演出了活报剧《晋察冀的乡村》等现实题材的节目,一次毛主席及其他中央领导观看了我们的演出后,亲笔写了一封信给剧社。信中写道:

欧阳山尊、朱丹、成荫:

感谢你们,你们的信收到了,你们的剧我以为是好的,延安及边区正需要反映敌后斗争生活的戏剧，希望多演一些这类好戏。敬礼。

毛泽东

十一月二十三日

（见军事科学出版社出版的《贺龙与战斗剧社》）

毛主席的信，极大地鼓舞了我们。更坚定了我们今后创作应当以反映敌后现实题材为主的信心。而那种脱离边区群众的大戏、外国戏的演出更要慎重。

春节过后不久，剧社社长欧阳山尊调离战斗剧社到联防政治部的联防宣传队去了，由朱丹接任社长，成荫仍为指导员。这一天，刚吃过晚饭，突然接到联防政治部下达给剧社一个新的任务命令：中央即将召开一个重要的会议，指定要我们剧社拿出一个晚会的新节目为大会演出。我们一听，先是觉得非常高兴，延安有那么多的文艺团体，单挑我们去演出，说明对我们剧社的信任。可是问题来了，我们拿什么新节目呢？而且还一定要反映敌后抗日根据地斗争生活内容的节目，当时剧社正在排练一个独幕剧《回头是岸》，是朱丹社长自编自导自演的，反映伪军反正内容的戏，还不够半个晚会的长度，怎么办？讨论了好久，别无他法，只有赶写新的剧本。此时距离演出只有七天的时间了，朱丹社长当机立断，把编演新戏的任务交给了成荫和我两个人来完成。此时已是黄昏日落时刻了，朱丹批准我去伙房领了一斤白面、一两油、几根大葱和一撮咸盐，以便开夜车工作时做夜宵之用，这些东西在当时的困难条件下可以说是奢侈品了。就这样我们两人被关进一眼小窑洞内不许任何人来打扰。

小窑洞内一盘土坑，灶内已经烧着了火很温暖，我们两人盘腿坐到炕上。因为小油灯实在太暗，我又从化妆组拿来了两支蜡烛。烛光下我和成荫在小炕桌两边相对两坐，开始回忆敌后的斗争故事，幸好成荫的小本本上搜集有不少素材，我脑子里也有一些对敌斗争的小故事。最后我俩从中筛选出了三个戏剧性较强，并带有喜剧色彩的故事写三个独幕剧，同时还确定为了增强真实感，剧中人的台词用晋西北农民的方言为主，日寇则用日语通过翻译来传达内容。当我们讨论完三出戏的结构列出提纲后，已经是午夜了。成荫便趴在小炕桌上就着昏黄的烛光奋笔疾书起来，我便下炕和面做葱花圪塔汤。成荫写出一幕，我拿来润笔一幕，最后由成荫再统一修改。一直到雄鸡高唱，朝阳爬上宝塔山，山坡下剧社开始早操跑步时，三个独幕短话剧脱稿了。经过讨论又修改了一天，随后立即投入紧张的排练。我作为这个戏的导演，一天排一幕，三天排完，第四天统排，再修改细排一天，然后如期演出。这便是当年在中央大礼堂、边府大礼堂和鲁迅艺术学院小礼堂等单位与另一个独幕剧《回头是岸》一块儿演出的《求雨》、《虎列拉》(霍乱的旧称)和《自家人认自家人》三个独幕短剧，统称叫《敌我之间》。

由于这几个戏反映的都是当时敌后抗日根据地发生的真实故事，编、导、演全部熟悉生活，台词都带有浓郁的方言土语，具有浓厚的生活气息，而且剧情一反往常，从前在舞台上演的对敌斗争戏，总是写日寇凶残狠毒，一口一个"八格雅鲁，死了死了的。"写群众总写成被污辱被损害的、屈辱在日寇淫威之下的可怜虫。而这三个小戏不同，描写了敌人由于人地生疏成了睁眼瞎，而群众则用聪明和睿智要弄得鬼子晕头转向，使观众在笑声中感受到人民的力量是无穷的，也是不可战胜的。所以我们的这一次演出大受欢迎。老乡欢迎、部队欢迎、同行欢迎、首长也欢迎。尤其是在鲁迅艺术学院礼堂的演出，闭幕后鲁艺戏剧系的实验剧团的同行纷纷到后台来向我们祝贺，庆祝我们演出成功。实验剧团的团长田方问我："老严，你在《敌我之间》中扮演的日本小队长讲的日语台词那么流利，你是什么时候学的日语呀?"我笑着回答说："我根本不懂日语，我的台词是学着日本话的语音腔调胡说的，剧本里的台词全都是由翻译说出来的。"说得大家哈哈大笑起来。

演完《敌我之间》就快过农历大年了。鲁迅艺术学院根据"延安文艺座谈会"精神，编排了一台大秧歌及一些精悍的小节日，如快板剧《二流子转变》、秧歌舞《挑花篮》，秧歌剧《赶骡运盐》以及一直留传至今的小歌剧《兄妹开荒》等等。秧歌队走到哪儿演到哪儿，打谷场上可演，村头大院内也可以演，边区老百姓非常欢迎这种通俗易懂、贴近生活的节目，每到一处都是人山人海，热闹非凡，我对这种使群众如此喜闻乐见的演出形式也产生了浓厚的兴趣。心想我们过去的演出群众为什么不欢迎?那是因为我们没有找到为群众服务的钥匙。所以当我们剧社重返晋绥边区时，也学着闹起了大秧歌，走一路演一路，也受到广大群众热烈欢迎。

十三、成了“日本特务”

1942年，延安开展全党“整风运动”，这个运动被当时的中央社会部部长康生扩大化了。原来按照毛主席提出的“整风”是指“整顿三风”，即“反对主观主义以整顿学风；反对宗派主义以整顿党风；反对党八股以整顿文风”而言。

可是到了康生手里却变成了“抢救失足者运动”。运动波及到敌后各个抗日根据地，我们“晋绥边区”紧挨着仅一条黄河之隔的“陕甘宁边区。”“整风”运动很快就在我们军区展开了。1943年腊月寒冬，战斗剧社除了经过长征的歌舞组的红小鬼之外，全体奉命渡过黄河，就在河边的彩林镇参加整风。其它大单位司令部、政治部、后勤部以及各军分区的部分干部也纷纷来到彩林报到。各军分区来的这部分人都是做敌工工作，或者是长期在敌占区工作的干部。

原本我以为“整风”嘛，就是学习文件，展开讨论，提高认识，进行总结，时间不会太长。谁知根本不是那么一回事，我的估计完全错了。

参加整风的人员全部报到后召开了一次全体会议，在会场上，发给每人一本“抢救失足者”的小册子。据说在延安整风中，挖出了不少国民党、三青团、复兴社、CC(中统)以及日伪特务，他们潜入延安打入革命队伍专门施行破坏活动，此外还有托派分子、叛变分子也乘机兴风作浪，所以要进行这次“审干”。当时我认为“审干”是正常的，也是必需的，因为潜入革命队伍的阶级敌人会破坏革命，但把它扩大化就值得商榷了。

我们晋绥军区“整风”的主要领导人之一，锄奸部李部长是一个水手出身的红军干部，此公身处高位，出语惊人。他在大会上公然叫嚷：“如今是特务社会化，从南京到北京的路上随便抓一个人都可能是特务，连“童子军”(国统区中学生都要参加这个组织)也已经成了特务组织了。今天我们号召所有有问题的人赶紧向组织坦白交待，交待了就可以保留军籍，保留党籍，保留工作；要是不坦白交待，揭发出来，那就是枪毙的罪。而且你想要逃跑是跑不了的，前面就是黄河，如果你跳黄河畏罪自杀，那你是死特务！想活路只有一条，坦白交待，既往不咎。”

在会场上，一些早已秘密布置好的“积极分子”手里拿着小本本偷偷看一眼就举起拳头大喊大叫起来：“某某坦白交待！”会场上立刻就会响起有一阵“欢迎自新悔过的失足者！”“坦白从宽，抗拒从严！”“不坦白交待死路一条！”的口号声，火药味十足。被点了名的人个个手足无措，脸色苍白。我被这场面吓懵了，在那些被点了名的人中间，有的是我的老战友，有些是我不认识的干部，尤其是那些战斗在敌占区做敌军工作的同志，几乎都被诬为“叛徒”。更令人震惊的是那些从大后方来到解放区的几乎全都是国民党特务，从日本占领区来的全都是日本特务，真成了特务、汉奸、叛徒、托派的社会化了。看到当时的场景我还天真地认为自己太不警惕，太没有头脑了。

这头一天被抛出来点了名的还算不多，只有七八人。会场上狂喊了一阵口号之后，接着各个班组回到各自的窑洞里，各自抢救本班被点了名的人。我所在的班里被点了名的是文化娱乐科的靳科长。我庆幸虽然也是从上海来的，可是并没有被点名，我们班除那位靳科长，还有的是政治部的，其他的就很陌生了，据说其中还有一个是“河防司令”。小组会开得很特别，所谓“帮助”失足者，其实都是逼、供、信。那位靳科长矢口否认自己有政治问题。按政策规定不许打骂，可是却变成了又推又搡又摇晃。虽然不许谩骂，可是却变成了比骂还难听的贬词。最令人难以忍受的就是那些由领导安排到班里轮流帮助被点了名的“反革命”的所谓积极分子们，每当熄灯大家就寝后，由一个积极分子带着那个“反革命”来到雪地里，迎着寒风进行“帮助”，大约“帮助”了个把小时，换一个人来接替，前者回去睡大觉，后者又开始了“帮助”。一连好几个晚上被帮助者不得休息，直熬得头昏脑涨，疲惫不堪，加上寒冷中站得太久，冻得全身冰凉。这种奇特的“帮助”方法非常奏效，一些被帮得实在忍受不了的人，在无奈之中只得承认自己参加过敌特组织。以为会“坦白从宽”么，承认了不是还能保留军籍、保留党籍和保留工作么。

过了几天，又要开大会了，会场由各队宣布本单位的被点了名的坦白交待的“战果”，同时也指出不交待的“顽固分子”赶紧悬崖勒马，会上则由坦白者亮相，登台讲自己“陷入泥坑”的经过。

我们队上有一个独立二旅战线剧社的社长董小吾，他紧绷着脸，沉重地跨上土台子，在众目睽睽下说道：“我是国民党三民主义青年团派来的桃色特务，我的编号是×××号，我的任务是专门破坏高级干部的夫妻关系。”主持大会的领导插上去高呼口号，台下群众鼓掌欢迎，那领导还过去和董小吾握手庆贺他的“新生”。我听得傻了眼，董小吾是我的老朋友，他多才多艺，工作积极，怎么他原来是敌人派遣进来的特务呀？

紧接着第二个、第三个登台坦白，此时又听到会场里喊起了新的口号："朱丹赶紧交待坦白。""回头是岸，既往不咎！"

朱丹是我们剧社的社长，他坐在我的前排，我从侧面看到他此时脸色苍白，紧锁双眉，双手发抖，在一张小纸片上写着什么，我好奇地伸头一看，啊！他写的是："我坦白，我是复兴社派进来的。"咦，不对头呀，朱丹和我先后调到二分校文化工作团时，他就公开说他参军前在国民党部队当军需时，集体加入过复兴社，怎么也是派遣特务？

此刻"抢救大会"获得了第一战役的"巨大胜利"。主席宣布休息片刻，大家走出会场，只见有人兴高采烈，有人垂头丧气。我心中却是狐疑，怎么多年的战友倾刻间都成了特务啦？这时政治部管理处长老廖(长征干部)走近我问："严寄洲呀！大会开得怎么样呀？"我说："真没想到，太可怕了。"老廖又问："你也该考虑考虑自己的问题向组织交待呀！"我说："我的思想落后，应该深刻检讨。"老廖摇摇脑袋说："不，不是要你思想检讨，是要交待你的政治问题。"我一听脑袋"嗡"的一下几乎要炸了，我连忙分辩说："我有什么问题？我从上海到延安入了党，都是清清楚楚的。"老廖打断了我的话："不要把门封死么，组织上有你的材料，你要争取主动才对呀！"我还想争辩，开会的哨音响了，大家急忙一窝风向会场涌去。此时此刻我的脑袋里混乱极了，心急如焚地跟大家进了会场，我感觉到好像掉进了茫茫大海，又像是跌落到万丈深渊。

主席宣布开会了，紧接着那些早已布置好的"积极分子"又吼叫起来了："欢迎某某坦白交待！""拒绝坦白，死路一条！"正在此时一个尖锐的声音突然刺激着我的神经："欢迎严寄洲坦白！""严寄洲要老实交待！"我一听顿时浑身冒汗，紧张得直发抖。就在这一瞬之间，我忽然恍悟，难道那些坦白交待的人都是被逼出来的吗？

晚上我所在的小组分成两个组，对我和文娱科靳科长进行"帮助"。围着我的四个人要我详细交待怎么从上海到延安的，以便他们从中挑刺找漏洞。四个人几乎都是大个子，他们对我推来搡去不断提出疑问，纠缠得我语无伦次，连自己也觉得漏洞百出，不能自圆其说。那位"河防司令"操着陕西口音问："我问你，你在上海吃什么饭？"我答："大米饭。"问："延安什么饭？"我答："小米饭。"问："大米饭和小米饭哪个好吃？"答："大米饭好吃。"问："那你为什么大米不吃，要跑到延安来吃小米？"我有点火了："为了抗日救国！"旁边一人冷冷地说："你算了吧，谁相信你那套屁话。"我也豁出来了说："你们有材料拿出来好了，我要有问题可以枪毙么。”组长装着笑脸说：“不要这样么，我们都是为你好么。”就这样闹到半夜才宣布休会就寝。

我躺在地铺上怎么也睡不着，心想这些天不断有“捷报”传来，谁谁谁交待了，谁谁谁也坦白了，我们战斗剧社的人从社长朱丹起也已经“坦白”了一大半人，别人称我们是“特务团”。我脑子里又闪过那个疑团：真会有那么多特务叛徒托派吗？

第二天白天继续开小组会，锄奸部李部长身披一件羊毛领棉大衣亲临现场督战来了。这个部长真是个不可一世的风云人物，他曾经在会上耸人听闻地叫嚣：“我们八路的三个师，要整出一个师的特务来。”当时我听了心想要这样，这八路军还怎么打日本呀。有一次他在女生队当众谩骂一二〇师关向应政委的夫人马同志说：“要我们尊重你们女性，什么女性？××性。”今天他来到我们组，身背后一个秘书手里抱着一摞鼓鼓囊囊的大信封。我心想今儿个不会有好果子吃。

李部长一见我就开门见山地说：“严寄洲，这些天你很顽固，这对你个人没好处，党的政策你不是不知道，你干么还要抗拒坦白呢？”我说：“我没有可交待的，叫我交待什么呢？”李部长哼了一声，伸手拍拍秘书手抱的那些材料：“这些都是别人检举和你进行秘密联系的揭发信，你没有想到吧？”我一听吃了一惊，心中十分纳闷，也非常气愤，这大信封里头究竟装了什么玩意儿呢？是谁揭发陷害我呢？当时我也不知道哪来一股子犟劲豁出来了：“我说了几百遍了，我不是特务，不信，把材料亮出来好了，要枪毙、杀头由你们啦。”李部长强装笑脸说：“严寄洲，你不要激动么，我们不是要杀你，是要救你呀！”

我们小组住的这眼窑洞里，人员分成两半，一半坐在炕上“帮助”那个比我年长的文化娱乐科靳科长，另一半坐在地铺上“帮助”我。正在针尖对麦芒的节骨眼时刻，突然，坐在炕上的靳科长“噌”地一下蹦了起来，慷慨激昂地大声说：“老严！党要挽救我们，咱们不能再顽固硬顶下去了。现在我坦白，我是国民党复兴社派进来的特务，老严！今天我和你比赛，看看咱们谁交待得好，谁交待得彻底。”那李部长接上话茬说：“严寄洲呀！听见没有，你要向靳科长学习，机会难得，就看你的了。”我一听几乎气昏了过去，其他人跟着喊起了口号：“坦白从宽！抗拒从严！”此时我再也无力分辩了，心想算了吧，大势所趋，反正交待了也不杀头，我违心说：“我，我交待，我是从上海派到延安来的日本特务！”话一说完我几乎瘫倒在地，耳边却响起了一片欢呼声和鼓掌声，李部长带着胜利的喜悦走了，小组长提议休息十分钟，大家打平伙去老乡家买醉枣来庆祝胜利。

我憋着一泡尿，赶紧走出院子来到一片小树林里撒尿，靳科长也跟着来撒尿，我四顾无人低声问："老靳！你真是派进来的吗？"靳科长苦笑着长叹了一声："我要是特务，就不是人生父母养的。"

醉枣买来了，大家吃着甜甜的略带酒味的枣儿，可是我却觉得这枣儿是苦涩的。

几天后，整风队新建立了一个抢救队，把各队已经"坦白交待"了的人统统集中到一块儿，我想这回可好了，不再天天无休止地被"抢救"了。可以安稳地等待整风一完再回到工作岗位好好工作。可是我的想法太天真了，其实我们是刚脱离苦海又陷入深渊。抢救队的任务是继续深挖狠刨老根，要深入追挖是如何参加反动组织的？是谁介绍你参加的？谁派你潜入边区的？来了和谁联系？发展了什么人？等等。啊呀！这可难了，我总不能信口开河乱交待牵连无辜呀。经过几天的冥思苦想，依靠我已经有几年编剧的经验，我编出了一套绝妙的"戏"作为交待材料，我说："我父亲是上海的日本特务，是他派我到延安来的，暂时没有给我任务，也不许我跟任何人联系，也不许发展组织，等我站住脚之后会有人来接头，接头的暗号是'大米饭好吃，小米饭不好吃。'至于剧社的其他特务，我们没有直接联系，仅仅是彼此心照不宣。"

"交待"后我的生活轻松多了，除了吃饭、睡觉再就是"帮助"别人"放下包袱"。谁知道祸不单行，这期间又发生了两次意外。一次是剧社编剧石丁，那天在去门诊部看病的路上，他偷偷对我说："老严，我实在没辙儿了，他们逼我交待谁是我的领导，我实在交待不出过不了关，我想交待你是我的上级领导，反正你已经交待了。"我一听连忙表态说："不行！不行！我已经交待过没有发展过别人。"回到班里后，我一直心惊肉跳，幸亏石丁没有把我牵连进去。另一次是年终时整风队领导把我们一批剧社的人集中到一块儿，任务是组织一个新年晚会。到各单位整风队巡回演出。朱丹让我写一个反映失足青年悔过自新的广场秧歌剧。我接受任务后构思了一个剧本，描写上海特务头子李先生强迫一个青年加入了特务组织派到边区搞破坏，整风时，这个青年坦白交待后回到了人民的怀抱。剧名定为《失足恨》。大年初一《失足恨》演出后，听说锄奸部李部长责问："严寄洲为什么把特务头子也姓我的姓？"我一听吓了一身冷汗，这还了得，我在剧本里把特务头子竟然姓了李，牵连了姓李的锄奸部长，一上纲一上线，这还了得呀。我连忙把剧中李先生改为水先生，心想这个姓比较保险，不会有哪位姓水的人了。那时我不知道"百家姓"里还真有姓水的。

十四、重返“战斗剧社”

后来中央发现这个运动搞得过头了，很快发下来一本“甄别工作”的小册子，纠正肃反扩大化的“左”倾错误。因之彩林整风队总算收场了。可是我们这一大批被揪出来的戴着反革命帽子的受害者没人来摘帽子便回到了各自单位。

回到剧社后，我与其他和我同样遭遇的同志默默投入工作，彼此都不敢交流，可是我的心中实在憋得难受，戴着“日特”这顶帽子总不是个事儿。一天我鼓足勇气，找到锄奸部李部长的窑洞里。李部长也不像在彩林整风时那样盛气凌人了。他让我坐下，问我有什么事，我开门见山说：“李部长，我在彩林坦白交待是日本特务的事都不是事实，是被逼出来的，今天来向部长汇报，希望组织重新审查我的历史。”李部长和颜悦色地说：“好的，关于你的问题领导会慎重考虑的，你先回去好好工作，你放心，组织一定会按实事求是的精神弄清楚的。”

离开李部长的窑洞，我似乎感到轻松了不少。回到剧社，我憋不住直奔剧社社长朱丹的窑洞，朱丹是我参军后在“抗大”二分校文工团时同住一个窑洞、同台演戏、朝夕相处的老战友。见面后我把找李部长谈话的事一一对他说了。朱丹听完我的话后笑着说：“我也已经找过李部长，他也是这样答复我的，耐心等着吧。”

过了不久，刚从宣传科调到剧社来担任指导员的文山找我谈话说：“你在整风中交待参加‘日特’一事，经调查应予否定，这是组织上做的结论，希望你今后一如继往的好好工作。”啊呀！一桩冤案总算烟消云散了。

同年秋，一天我们正在打谷场上排练新戏，突然接到政治部一个电话，传来了一个惊天动地的特大喜讯——日本鬼子于 8 月 15 日宣布无条件投降了！我们全剧社顿时沸腾起来了，大家笑呀！跳呀！欢呼呀！还拿出锣鼓打击乐器敲了起来，没有抢到乐器的同志找来脸盆茶缸等所有打得响的东西敲打。朱丹社长还命令把剧社喂养的准备过年会餐的大肥猪杀了以示庆祝。此时此刻我的心中也是乐开了花,心想自从 1938 年离开老家到延安参军至今已经整整七个年头了,该回家去看看爹娘了。我离沪时妹妹严寄群刚怀孕不久,到今天大侄子也已经七周岁了,真是想念他们呀。

从那以后,我们剧社同志日也盼、夜也盼,盼望早日下山进太原,那里一定有大剧院供我们演出,那里有电灯电话,还有汽车火车,也该让咱们这些钻在山沟沟里的人开开洋荤了。

此时我们晋绥军区的领导已经易人,司令员是吕正操。一天接到政治部通知,要我们全体去司令部所在地蔡家崖听报告,我心想有门了,去司令部听报告,肯定是与日本投降之事有关,我朝思暮想的一天终于来临了。

蔡家崖村边的河滩地上黑压压地坐了一大片人,既有部队,还有一批地方干部。会上,吕正操司令员挥舞着右臂,操着一口东北腔讲话了。没料到吕司令员讲的内容出乎我的意料,既不是准备下山进太原,也不是什么去别的城市,而是要随东北纵队到东北去。我听后非但不觉得突然,反而非常兴奋,我们唱《流亡三部曲》之时,早就向往东三省这块宝地,想不到如今轮到我们要去那里,这不是天赐良机么。

接着,我们忙碌了起来,整理服装道具和幕布,轻装各自的行李,后勤给每个人发了三双妇女老乡纳的双鼻梁布鞋……然后便跟着挺进东北的大部队出发了。经过几天的行军,部队来到了雁门关,这是我头一次看到雄伟壮观的长城,不禁感叹古人在建筑艺术上的伟大创举。出了关就算离开晋西北老根据地,进入了绥远(今"内蒙古")地界。我们剧社刚进驻到左云县城,突然接到要我们停止前进就地待命的命令。我们不知道发生了什么情况,只好安顿下来待命。

翌日,左云城外大路上远处一标马队,挟着滚滚黄土飞驰而来。啊,是贺老总来了!到了近处。贺老总很兴奋地对朱丹说:"你们战斗剧社不去东北了,我已经跟吕司令员打过招呼,今后你们的建制归晋绥野战军了。"

贺老总的命令在全剧社传达后,大家都很平静,除了几个东北籍同志略感有些遗憾之外,大家都觉得我们战斗剧社重归到老一二〇师部队的建制也是理所当然很正常的事。

我们在左云城一个戏院子里演了三天戏,在城边广场演出了一场大秧歌后。便行军来到了凉城。和我们一块儿行动的是野战军政治部的后方单位,约有三百多人,另外还配属了一个特务连。

凉城说是县城,实在不太像,它既无城墙,又无像样的街道,倒很像一个大村庄。我们刚到凉城便接到了通报,说有一小股傅作义的骑兵,流窜到距凉城不远的地方,可是我军的主力部队已推进到了卓资山一带去了,万一这股骑兵窜到凉城他们无法支援我们,只能由我们组织起来自个儿保卫自个儿了。经过一番讨论,朱丹社长宣布:由严寄洲统一指挥,组织剧社里身强力壮的男同志担负阻击这股骑匪的任务。当即社部把演出用的步枪、大砍刀、红缨枪,日军战刀、手榴弹和钢盔拿了出来分发给大家,那个特务连也配属给我统一指挥。

也许我年轻好胜,当上了这个"指挥"非但不感到紧张,反而觉得非常兴奋和骄傲。我头戴钢盔,腰挂洋刀,皮带上别着一颗手榴弹,和特务连长一块儿先巡视了一趟,做好了分工,我还让把挂幕布用的粗铁丝拿来,在几条路两侧树上拉起"绊马索",等骑兵一到,他们天黑看不清"绊马索",便会马失前蹄被绊倒,我们便可以狠狠地揍他们一顿。

夜深了,冷风飕飕地吹着,除了树枝上的残叶被风吹得沙沙作响之外,大地一片寂静,令人感到大战将临的那种恐怖感。

到了下半夜,朱丹社长带领全剧社的女同志把刚刚烙好的一筐热气腾腾的葱花烙饼送到我们手中,我们这些无功受禄的"战斗员"吃着香喷喷的烙饼,情绪特别高涨。

鸡叫三遍,天空呈现出鱼肚白。空等了一宿,连个骑兵的影子都没有看见。因为今天还要出发,我们从"阵地"上撤了下来,而我这个干了一个晚上的"指挥官"也就算自动解职了。

晋绥野战军旗开得胜,在距省会归绥(今呼和浩特)东十五公里的卓资山,全歼六十七军何文鼎二十六师四千余人。当我们赶到卓资山时,只见车站月台上到处是一堆一堆被抓获的俘虏兵,到处是缴获的武器弹药。敌工部的一个科长一见到我们就喜出望外地说:"你们来得好,这里人手不够简直乱了套了,这样吧,前面小学校里关着十几个团级以上军官,交给你们去跟他们谈谈,讲讲政策,再把每个人登记一下,拜托了。"朱丹回头对我说:"昨儿晚上仗没打成,今儿这个任务还是交给你吧。"我说:"就我一个人咋行?"朱丹想了想:"让石丁和你一块儿去。"

我和石丁带着剧社四个武装同志一块儿来到小学校,只见教室里有二十来个垂头丧气的军官或坐或蹲或站,样子很狼狈,见我们进来脸上露出疑虑的神情。石丁嘴上留着两撇小胡子,颇有长官风度,我说:"你先谈谈。"于是石丁摆出一副长官架式大讲了一遍优待俘虏的政策,然后和我分两组一个一个登记。

我们在卓资山呆了两天,剧社一些从农村来的同志从未见过火车这新鲜玩意儿，整天到车站上去看火车，其实他们看到只是铁棚车、货车、平板车，因为当时这里没有旅客列车，所以大家认为火车就是这个样子的。

这个时候，剧社没有条件进行演出，便分散做战勤工作，向地主富农动员借粮借草，给俘虏兵(那时还没有“解放战士”这个名词)上课，到商户搞调查研究。当时最难的是动员老乡抬担架运送伤员，由于国民党欺骗宣传长期说共产党把你们骗去，耳朵里灌上洋蜡，赶着你们去打头阵，你们后头是民兵，民兵后面才是八路，他们拿当地的老百姓当炮灰等等，因此当地的老百姓对这些谣言信以为真，只要我们一进村，男性老百姓就跑出村，躲得离我们二百多米远。我们大声喊：“老乡！不要跑，我们是共产党领导的中国人民解放军，咱们军民是一家人。”我们往前走，他们就往后退，我们停下，他们也停下，总之不让我们靠近。后来我们想出了一个办法，半夜三更翻墙进到窑里去动员他们出来抬担架，于是男人便不再住在家里，这样一来实在让我们无计可施了。

一天傍晚，我和指导员杨戈在铁路边散步，走到一节平板车旁，我无意间推了推车子，感到平板车震动了一下，我又试着推了推没有推动，杨戈似乎得到了启发，跑回去叫来了五六个壮小伙，大家合力推平板车，车轮慢慢滚动起来，只要平板一动，两个人便可以推着走了。我高兴地大声说：“人常说牛皮不是吹的，火车不是推的，今儿个我们把火车推动了”。从此我们便用平板车来运送伤员，一节平板车上可躺下二三十个伤员，那该用多少民工才能抬得走呀。

十五、咖喱粉和灭虱粉

我们剧社同志沿着“绥包”铁路线，一路经过陶卜齐、察素齐、毕克齐，一直到离包头不远的萨拉齐。此时包头还在我们野战军部队的围困之中。根据野战军政治部的指示，战斗剧社把分散到各处做战勤工作的同志全部召回来在萨拉齐休整，待命准备下一步的工作。

萨拉齐城内国民党政府官员全都跑光了，县政府里静悄悄的没个人影。

老百姓对我们倒并不惧怕，商店照样开业，小学校照旧上课。我和几个搞创作的同志想寻找一些县志和档案一类的资料，经部队批准我们走进了这个人去楼空的县衙门。只见院子里一片狼藉，我在一间办公室里，发现门旮旯里有一只小木箱，打开一看，呀！小木箱里全是高级的白色纸张，我一见如获至宝，因为我们常年纸张奇缺，要想写个剧本什么的，用的纸张都是杂凑，如今有了这一木箱白纸那真是太好了，于是派人拿了回去。

歌舞队的小同志一听说我们发了"洋财"，他们去社部要求去县政府搜查搜查，看看有什么有用之物，后来他们也发现了一只木箱，拿回来撬开一看，只见木箱里边整齐地排放着一包包粉面状物品，估计可能是药品。他们拿了一包找到我问："你是大地方来的洋包子，看看这是什么药？"。我拿回去拆开一包一看，里面全是黄面面，这到底是什么玩意儿呀？我凑近闻了闻，好像有点咖喱味儿，我试着到伙房拿了几个山药蛋(土豆)削了皮和黄面面一块儿煮了起来，等煮熟后一揭锅盖，一股浓浓的咖喱味香气扑鼻，我尝了尝果真是咖喱无误。当晚全剧社同志美美吃了一餐咖喱山药蛋。

不久，指挥部转移到归绥(今呼和浩特)城郊，我们剧社则进驻到一个小村子，这儿原本是日本鬼子投降前的红部(指挥所)。我们住下后，几个歌舞队的小鬼又在碉堡里发现了一只木箱，他们以为这一定又是什么美味佳肴，几个人赶紧抬到我处，还让我这个"万事能"检验一下是什么好吃的东西。我打开了一袋闻了闻有些呛鼻子，但不知道是什么东西，木箱上的日文我也不认识，我拿了一袋子找到了敌工部懂日文的翻译，他一看笑着对我说："哈，老严，这可是好东西。"我问："能吃吗？"对方摇摇头说："……只要把这些粉面撒在炕席底下，这一夜跳蚤虱子就不再来侵扰人的睡眠了。"我一听觉得这可比咖喱粉还重要，建议社部把这些宝贝分发给大家，好让大家每次行军到了宿营地睡个安稳觉。

十六、升官和挨骂

丰镇，归绥到张家口之间必经的一个县市，它紧靠着铁路线，是塞外较为繁华的城市之一。我们野战军司令部和政治部便驻扎在这里,这是我们剧社离开延安后,进驻的第一个像样的城市。进城后我们被分配在原国民党的地方法院所在地,一座灰色的大院。

丰镇城内有一座戏院,是专门演山西梆子的场所,我们不能去占领。城内还有一座大礼堂,礼堂位置适中,非常适合作为我们演出的场所。可是进去一看,里边空空如也,一个座位都没有,要安装几百个坐椅别说没那么一笔经费,就是时间也来不及,解决不了我们的燃眉之急呀?怎么办?大家都看着我这个负责演出的拿主意。我左思右想突然想到火车站上不是排放着许多旧枕木吗?把这些枕木弄到礼堂里边来排放起来不就是坐位吗?虽然没有靠背,有总比没有强呀。于是我请司令部派一个连的战士把那些闲置的旧枕木搬来,架在礼堂里,虽然外表不怎么美观,但总可以坐吧。

接着我们头一炮公演的是五幕话剧《把敌人挤出去》,是我和刘伍、林杨合作写成的,这部戏是我们战斗剧社的保留节目,内容新颖,情节紧张非常受观众欢迎,而且常演不衰。果然,在丰镇贴出海报公演以来,天天爆满,盛况空前,获得了良好的效果。

正当我为演出成功心中高兴之际,没料到被迎头打了一闷棍。事情是这样的,有一天剧社一个领导向我透露上级准备要提升我当剧社的副社长。我一听吓了一跳,非但没有高兴,反而发了愁,我这个人是干业务的,自知没有当官的兴趣,也就从无当官的欲望。因而马上表态希望领导谅解,另选高明。后来领导撤消了我当副社长的考虑,不过不是因为我不想干,而是有人向上级反映说:严寄洲在彩林整风中交待了自己的政治问题还没有弄清楚。平时他又骄傲自大,目中无人,生活散漫,思想落后等等。听到了这些诽谤之词我并不生气,但却万分伤心,有些人为啥总要在背后捅我一刀?

十七、当了七天连长

从 1938 年参军到 1947 年,我在部队里已经当了九年文艺兵。作为一个战士我却未曾拿枪打过一次仗,心中不免有些遗憾。

日本投降已经两年了，国民党反动派破坏停战协定，发动了全面内战。此时我们战斗剧社在丰镇经过一段时间演出后正在休整排戏，不久，我获悉野战军即将攻打山西第二大城市大同，心中暗想如果再不参加这一次战斗，恐怕过了这个村就没有那个店了。机会难得，我立马向剧社领导申请，经批准，匆匆来到大同城郊的野战军主力部队三五八旅旅部，找到了旅政委余秋里，他告诉我这次攻打大同的突击部队是七一五团，正巧，七一五团的团长罗昆山是我的老熟人（新中国成立后任东北军区副司令），也是一位英勇善战的老红军。到七一五团后他听了我的来意，派特务员（当时很长一个时期不叫警卫员叫特务员，警卫团叫特务团）把我送到该团的尖刀连三连，三连连长欢迎我的到来，发给了我两颗手榴弹。

天渐渐黑下来了，我们饱餐了一顿小米干饭。战士们一个个摩拳擦掌，许多班都写了决心书，士气特别高昂。

连队在苍茫的暮色之中，悄悄地到达冲锋出发地，趴在一片蓖麻地里等待出击。连长命令一班长带着我一块儿行动，此时我的心怦怦直跳，不是怕，而是激动，我终于要成为一个真正的战士了。

我们静静地趴在蓖麻地里，天刚擦黑，我望见树梢头一轮圆圆的明月冉冉升起。啊！今天是农历八月十四，中秋节的前夜，我突然想到现在战士们在想什么呢？明儿就是八月十五了，想家吗？会不会想到自己在这次突击中会战死呢？不，不会的，用我切身体会说我既没想家，也没有想到死。我只有一个念头：一定要胜利，一定要打下大同。

中秋的圆月照得大地一片银白。突然“叭叭叭”三颗信号弹升向天空，三连长举起驳壳枪一挥，率领战士像箭也似地射将出去。顿时大同的城楼上敌人机枪步枪一齐开火，枪声就像炒豆子似地噼里啪拉响成一片，我跟着老班长弯腰往前奔跑。但听到头顶上子弹声“嗖嗖”直响，我本能地缩了缩脖子，老班长轻声说：“不要慌，这声音，子弹还高着呢，没事。”跑了一阵，又听到头顶上的子弹“哧哧”之声，我又有些紧张，老班长又安慰我说：“这子弹离地面还高不碍事。”我放心地继续跟着老班长往前小跑。突然我听到子弹“卟哧卟哧”之声。老班长迅速将我一头按倒在草地里，原来这是子弹已经打到我们的身边来了。这时候我眼前的这个瘦瘦的小老头似的班长忽然高大起来，他是那么可亲可敬，那么认真负责关心着别人。一个可爱而高大的好班长形象展现在我的眼前，我顿时感到危险之中的一种安全感。

这次攻城，由于我们掌握的情报不准确，大同城里的守军，除了阎锡山所部的楚启春部队之外，他们还留用了大批投降的日本兵，城周围的环城铁路上还有日本的铁甲列车边行驶边向我们扫射。我们的步枪和轻重机枪打到铁甲列车的乌龟壳上冒着火星当当直响却无济于事。我们三连由于暴露在最前头伤亡很大,突击受阻无法前进,旅指挥部命令暂时退守到城边的一座天主教的修道院据守待命。

这次突击,我们的连长和一排长牺牲了,指导员和二排长挂重花(受重伤)也抬了下去,战士的伤亡将近一半。我那可敬可爱的老班长也牺牲了,他是被日本歪把子轻机枪打死的,他牺牲前我来不及问他的姓名,只听出他的口音是山西人,我永远怀念他。

修道院是一栋法式的建筑,四周厚厚的围墙却是西北常见的干打垒,看上去足有三十厘米厚。此时连里已经群龙无首有点儿乱,我责无旁贷地担起了临时领导,我指挥尚存的六十余名战士在四周土墙上挖了枪眼,每个枪眼的里侧挖了一个坐坑,以便天亮后对付可能出城骚扰的敌人。

修道院的法国神父和修女们早已跑光了,我带领连部的通讯员、司号员和理发员沿着土墙巡视了一圈,然后走进院内一个庞大的地下室。地下室内除了书报、纸张、布匹,还有许多大米和洋面,以及各种罐头食品。我自作主张抽调了几个战士到厨房生火做饭,给每个轻伤员发一听猪肉罐头。我依据过去红军长征时的规矩,将吃了多少白面,多少罐头,烧了多少煤炭一一开具了借条,以便战后偿还。

拂晓,天际露出了鱼肚白,罗昆山团长冒着零星的冷枪来到修道院了解部队伤亡情况。我说:“老罗呀!你赶快派个连长来吧。”罗昆山瞟了我一眼粗声粗气地说:“你让我到哪里去找连长呀?”我说:“那咋办?”罗昆山打量我一眼说:“你就是连长。”话音一落拍屁服就走。这下子可把我急坏了,这可怎么办?万一打起来,我可怎么指挥呀?三连还有几十号人,这可不是闹着玩的。无奈之中我把三排长叫来,我说:“一有战斗任务由你指挥,我负责。”

当了这个临时连长,我觉得肩上扛了千斤重担,一遍一遍地检查周围的布防情况,一遍一遍地检查伤员情况,还督促炊事员尽可能把伙食搞得好一点儿。一天终于熬过来了,天也全黑了,我望着星空,望着那一轮皎洁的明月,想想这个不平凡的中秋佳节,真是我一生中最最难忘的一个节日呀。

由于我们三连伤亡过大,团部命令第二天午夜撤出修道院,由一连接防。我们连撤到外围安全地带整顿补充,所谓安全地带其实并不安全,敌机轮番前来扫射轰炸,三连又伤亡了几个战士。在这期间,我几乎天天找罗昆山团长纠缠,要他赶快派新连长来,一直挨到第七天,终于盼来了新的连长,我赶快交待了工作,离开了生死与共七天的三连。

我这小段经历档案袋里没有，而且鲜为人知。若不是在野战军总结大会上，贺龙司令员提到文艺工作者也参加战斗并提到了我的名字，恐怕很多人都不会知道我还有当了七天连长的这一段短暂的经历。

十八、土改宣传队

晋西北山区那年的风雪特别大，山沟沟里的坑坑洼洼几乎都被积雪填平了，太阳一出来，把一片银白色的山峦涂得闪亮闪亮的，呼呼的西北风刮在脸庞上，就像刀子扎一样疼痛。

就在这西北高原的严寒季节里，出现了一支小小的宣传队，三十来个男女青年背着背包，携着乐器，抬着汽灯，扛着道具，冒着狂风大雪，翻山越岭，活跃在穷山僻野之间，展开了土地改革运动的宣传工作。

1947年，晋绥军区政治部所属战斗剧社的全体同志，分散到临县各个乡村去参加土改革工作。由于当时农民普遍地掀起了自发性斗地主分土地的高潮，还来不及等到工作团派人下去指导，群众运动已如火如荼地展开了。为了能够广泛及时地宣传党的政策，上级决定组成一个宣传队，于是，集中了战斗剧社的一部分同志的土改宣传队便应时而生了。大伙推荐我当队长，我坚决推辞说干不了，同时极力推荐董小吾当队长，他曾经在独立二旅战线剧社当过社长，搞行政工作有经验；我负责演出的副队长，原独立一旅战力剧社的社长刘莲池担任指导员。

土改宣传队成员的组成非常简单，十余人的小乐队，二十余名男女演员，轻便灵活，走到哪里演到哪里。因为晋西北山区地广人稀，所以一天走五六十里路，演上两三场戏是常有的事。同时为了适应这种演出条件，演出的方法也力求简单。演出时采用了戏曲的“出将”、“入相”式的三面幕形式，在两边的侧幕上挖两个洞，装上纱幕，当作“文武场”乐队的位置。这样的舞台，十分钟就可以装好。打过三通锣鼓，就演出了；白天演，黑夜也演；有煤油就点汽灯演，没有时点麻油灯也演。有庙台，在庙台上演；没庙台，广场、大院子也可以演。遇上市镇赶集时，观众多至数千人；遇上穷乡僻壤，观众少到几十人。记得有一次在一个小乡村演出时，观众人数还没有我们宣传队的人数多，可是我们照样兴高采烈地进行演出。我们演出的节目大多是短小精悍的“急就章”，那时的节目，主要有这么一些：秧歌剧《进瓦房》（羊路由编剧），描写翻身农民搬进分得的新居后的新生活；秧歌剧《张宝山的末路》（集体创作），揭露恶霸地主抗拒土改运动；《霸王鞭》（孟贵彬词），宣传《告农民书》的歌舞表演；讽刺小喜剧《装穷》（严寄洲编剧），揭露地主隐瞒成份；秧歌剧《长工高来旺》（张元方编剧），描写贫雇农吐苦水挖穷根；《对口唱》（董小吾词），宣传《土地法大纲》的演唱；小歌舞剧《小放哨》（刘莲池编剧），描写土改中组织起来的农村儿童团捕捉了不法地主；秧歌剧《外来户》（魏敏编剧），宣传天下农民是一家的思想；秧歌剧《不要上当》（张逊仁等集体创作），揭露地主垂死挣扎，破坏土改。

以上这些不过是我们演出节目中比较受农民欢迎和演出次数较多的一部分。我们不断地演出，节目也就不断地丰富增多。我们每到一处，根据当地的情况，除了演出最适宜的节目之外，还随时突击编写当时农村所迫切需要解决的问题的新节目。我们的演出是紧紧配合着当时的政策宣传的，演的是农民自己的事，解决的是农民要想解决的问题，因此农民非常欢迎我们。我们土改宣传队成立还没有多久，到处都希望我们去演出，这村写信来请，那村派人来叫，有的竟套上大车来接，还经常在行军时，路过一村，就被热情的农民截住了，非演上一场不放你走。那时候真感到我们和农民之间的脉搏是那么一致，呼吸是那么融洽，感情是那么接近。

群众来看我们的演出，并不是单纯抱着娱乐的目的，他们说：“我们来看戏是为了学习翻身道理来的！”“你们是来上翻身课的，”他们还把我们宣传队叫作“翻身剧团”，把节目《霸王鞭》称作《翻身棍》，往往在演出时，观众边看戏边讨论，戏一停止台下便纷纷议论开了，哪一点好像是自己，哪一点道理过去没解下（土语：没懂得），哪一点政策过去弄糟了。曾经有这么一件事：郭家沟的翻身农民有一天讨论阶级成分时发生了争执，一时无法解决，听说我们“翻身剧团”在临县前甘泉村演出，于是决定会不开了，赶二十里路来看我们演出，演出结束后他们向我们道谢说：“你们演得太好了，听得清，记得牢，把我们的问题给解决了。”再例如麻峪村有些农民，为了使自己多分点胜利果实，发生排挤外来户的现象（在其他村也有类似情况），不久前他们把两家外来户给排挤走了，剩下的三家外来户也准备送回原籍去。那天我们到麻峪村演出时，当《外来户》这个剧目演到农民大翻身后欢天喜地，被排挤的外来户悲悲惨惨地流浪山野时，好多观众都难过得掉下了泪来，翻身委员会立即召集会议,检讨本位主义,并且立即纠正错误,不但把未走的外来户留下来,而且立即派人把已经排挤走的外来户又接回来,同样分给房屋和土地。类似这样的事例还很多。总之,这些短小精悍的小节目的演出虽然很粗糙,也很简陋,但在配合土地改革运动上,却起了很大的作用,正因为它密切地配合了当时的政治任务,和农民的呼吸相连,所以受到农民群众热烈的欢迎和喜爱。

十九、成了阶级异己分子

1946 年冬,部队开展"三查三整"运动,其内容是查阶级、查思想、查作风和整顿组织、整顿思想、整顿作风。

我们战斗剧社不例外,同样掀起了"三查三整"运动的热潮。我这只"出头鸟"首当其冲,成了挨整的对象。要想整我不难,小辫子多得很:查我的阶级吧,我是地主阶级出身,虽然祖父时已经破落,我想上高中连学费都交不起,可是破落地主的帽子照戴不误;查我的思想吧,据说我的思想属于资产阶级范畴,因为我在上海混了几年还有洋奴思想;查我的作风吧,自然是一无是处。就这样批了我整整两天,最后确定我乃"阶级异己分子",必须开除出党,名曰纯洁党的组织。当时我真是有口难辩,无处申诉,只好硬咽下这只苦果。

我们住处是距与兴县城不远的深山沟沟里一个小村庄,名叫大坪头,出门见山不是上坡就是下坡,可谓地无三尺平。那段运动的日子里,我常孤单地爬上山坡坐在向阳的山岩边,痛苦地问自己,入党八年了,咋就这样把我排除出了组织?我究竟犯了什么与党势不两立的错误?

"三查三整"中受到影响的基本上全都是剧社的业务骨干,我是其中"出类拔萃"之徒。不过我心想挨整归挨整,开除归开除,我不是党员可还是革命军人。叶挺将军脱了党,可是他还是"新四军"的军长么。该干啥我还得照干,不能马虎,我每个月照交党费,党小组长也照收。我自诩自己是党外"布尔什维克"。可告慰的是剧社内不少同志并没有另眼看待我,有的还对我表示同情。

不久,我们战斗剧社划归第一野战军建制,当即离开了晋绥军区渡过黄河奔赴西北前线,为前方作战部队演出。

剧社从部队巡回演出后返回到野战军司令部和野战军政治部的所在地,第二天下午为司政及警卫部队演出,我作为演出主任在演出中间从侧幕布条缝中观看台下观众的反映,突然我发现在观众前排坐着野战军政治部的甘泗淇主任,啊!他也来看演出了,他是我的老上级,等演出完毕散场时我赶紧追上甘主任,委屈地说:"甘主任,你知道吗?我被开除出党了。"甘主任依旧是那笑哈哈的神态拍着我的肩膀说:"错了,错了,没事,没事,你放心。"

过了几天,剧社党小组长刘莲池(全国解放后担任"西南艺术剧院"和"中国歌剧舞剧院"院长)对我说:"我代表党支部通知你,恢复你的党籍,从今天起过组织生活。"

二十、险些被枪毙在舞台上

很多人都知道,北京电影制片厂的著名电影演员陈强过去在舞台上演歌剧《白毛女》中的恶霸地主黄世仁,演到他污辱喜儿时,台下的战士气得忘了是看演出,举起枪来要打台上的黄世仁。其实像陈强遇到的这种事,我也有相同的经历。

1948年,我们战斗剧社集体创作了一部歌剧《女英雄刘胡兰》,在剧中我扮演阎匪军(阎锡山部队)的大胡子连长。这出戏的内容是写阎匪军偷袭文水县云周集村,大胡子连长在村里抓不着共产党恼羞成怒,在庙台上要女共产党员刘胡兰交待村里哪些人是共产党员,刘胡兰横眉冷对怒言相斥,表现了一个共产党员的气节。

演出时,我演的大胡子连长气急败坏,狗急跳墙,要用铡草的铡刀铡死刘胡兰,戏演到这里,台下一个战士气极了,忘了是看戏,把子弹推上膛瞄准我就要射击,幸好被身旁的班长发现阻止了一场流血事件的发生。事后我

第一野战军“战斗剧社”1949年进京公演歌剧《女英雄刘胡兰》
(乔英饰刘胡兰,严寄洲饰匪连长)

一听说吓得出了一身冷汗,真险呀!后来每当演到这一段我都不禁有些心惊肉跳。部队的领导恐怕再出现类似的问题,下命令看戏的部队一律不许带武器,也不许坐在砖头或石头上,怕拿砖头砸到台上,而只许坐背包。

另外一次演出更玄,剧社排出了一出秧歌剧,内容描写阎匪军到一个村子里抢粮,被民兵游击队消灭的故事。我扮演剧中的阎匪军军需官,正在指挥阎匪军在村子里为非作歹,被突然出现的民兵们围住,扮演民兵队长的宣海池(后来成都艺术剧院教员)举起三八大盖对准我的脑袋要我缴枪投降,吓得我高高举起双手求饶,宣海池大喝一声:“走,老实点,不然就毙了你。”我乖乖地走向后台,到了后台,宣海池本能地冲着房顶扣了一下扳机,谁知枪膛里压着子弹,只听“砰”的一声把大家吓了一跳,当时我和宣海池都傻了,真玄呀,要是在舞台上扣一下扳机,那我这条小命可就算报销了。

这两次演出的惊险经历,想起来心里就发毛,也算是我的命大,两次险遭枪毙,却两次都化险为夷,实在是万幸。

二十一、招生差点招了暗娼

1949年,战斗剧社就要进北平公演歌剧《女英雄刘胡兰》和话剧《九股山的英雄》,大家欢欣雀跃,一是许多人从没进过大城市,二是头一次乘火

严寄洲1949年在北京留影

车，所以情绪格外高涨。

我们乘坐的是山西特有的同蒲路窄轨铁路，是一节铁皮的闷罐车，就这样大家已经心满意足了。我们从临汾上车到天津后准备换车，在等车的空隙，陈播社长让我讲讲进大城市的一些生活常识。我介绍了大马路十字路口的红绿灯标志，抽水马桶和自来水龙头的用法、电灯开关的用法、坐电车的注意事项。虽然讲的都是一些鸡毛蒜皮的琐事，可是大家听得很认真，有的人还做了笔记。

换乘的火车开来了，嗯，还是一节硬座车厢，大伙儿高兴得几乎跳了起来，车厢里有这么多坐椅，还有茅房（厕所）。管理员从天津车站买来了葱油大饼发给大家，许多人打趣说："哈，我们到了共产主义了。"

一到北平，我这个演出主任就到处去寻找演出的场所，最后看中了地处长安街的"国民大戏院"（今首都电影院）。我用在上海画过广告的经验，画了一幅公演《女英雄刘胡兰》的巨幅海报，还在《人民日报》上刊登了演出广告，广告果然达到了"广而告之"的效果，公演那天盛况空前，票卖完了，还有不少慕名而来的观众要求买站票，后来站票也卖完了还有许多人希望进场观看，前台主任马吉星只好向观众道歉，希望他们明天早些来。

我们剧社住在东单附近的东总部胡同，来到北平后贺老总同意剧社招收一批青年学生参军，一是充实剧社的实力，二是回到西北后可以分给各文艺团体一些人。这个招生任务最后确定由我总负责。一次休息闲逛中，我发现东单曲艺厅兼有茶座的功能，沏上一杯香茶边品边听曲艺，台上演出的女艺人还到台下来与听众唠嗑。后来我又去了几次发现一个唱河南坠子的和一个唱梅花大鼓的姑娘唱得非常好听，音色也很美，而且身材和外形都不错，我心中盘算如果把这两个人动员到我们剧社该有多好呀。有了这个念头我就常去听曲艺，还有意无意地询问她们愿意不愿意参军做文艺兵，我正在和她俩说话，来了几个卫戍区的巡逻人员，他们见我穿着军服就走过来，那两个女艺人知趣地走开了。巡逻队的一个领头模样的人问我:“同志,你是哪个单位的?”我如实告诉了他们,又问了我的姓名地址后说:“你怎么到这地方来了?”我说:“我来听曲艺,怎么?不可以吗?”对方靠近我说:“这地方军人是不允许来的,刚才跟你说话的女人是暗娼。”我半信半疑,怏怏地离开了曲艺厅。几天后剧社接到了卫戍区的通知,(内容怎么写的我不知道)剧社为此开了一个党小组会,参加小组会的有陈播(全国解放后任八一电影制片厂厂长、电影局局长)、董小吾(后为战斗剧社社长,宁夏文化厅艺术顾问)、魏风(后为解放军艺术学院副院长)等人对我进行批评。当时我很生气,态度也不够冷静。魏风听我叙述了事件的过程后说:“原来是这么回事,我还以为你嫖娼了。”另外一位有些偏激的同志说:“你这是思想嫖娼,这是你进城后资产阶级腐化思想的具体表现。”结果给了我一个党内警告处分。

二十二、贺老总批准我订婚

招生工作结束后,战斗剧社指派由魏风、黄庆和(后任总政歌剧团团长)和我共同负责新生工作,一共招收了四百名男女青年,浩浩荡荡乘着一列火车返回到西北,当毛主席在天安门城楼上宣布“中华人民共和国”成立之时,我们正好经过黄河的风陵渡进入陕西地界。此时此地不禁使我感慨万分,回忆起我奔赴延安途中,火车刚开到这里,突遇日寇的飞机前来骚扰的经历,那时候我是个流亡青年,眼看着敌人肆虐,却只能离车奔逃躲避。如今不同了,我是一名革命军人,脚底下是解放了的祖国的自由土地,我骄傲地率领着一支文艺队伍大踏步前进,再也不会受任何人的欺负了。

部队快到西安了,我们停下来整理军容风纪,把新购买的铜管乐器和十只手风琴统统亮出来,打着红旗,奏着军乐,唱着革命歌曲,浩浩荡荡开进了这座有着几千年历史的西北名城,老百姓看到这热闹的场面,都跑出来鼓掌欢迎。

在西安休整时期我们时刻准备着,只等上头一声令下就立刻奔赴兰州军区归还建制。可是世事瞬息万变。一天,贺老总突然召见我们,老总挥了一下手说:“兰州你们不去了,跟我上四川,”我们一听高兴极了,四川是天府之国,鱼米之乡,物产丰富,人民文化程度较高,这样的环境下,我们文艺工作者肯定会有用武之地。由于剧社刚刚扩大,马上行军有困难,因之决定成立一个前梯队跟随贺司令员先走,并确定由我当前梯队队长,高保成(后在《上甘岭》、《暴风骤雨》、《带兵的人》及《闪闪的红星》等影片担任主要角色),李桐树(后为中国人民解放军军乐团副团长)两人为副队长,并从各队挑选了二十几个精壮男女青年充当前梯队队员待命出发。

离开北平时我谈上了一个对象,她是辽宁沈阳人,蒙族,汉名王荣华,蒙名乌勒琪琪格,她健壮文雅,身高一米六九,酷爱唐诗宋词和文学作品,还喜爱京剧艺术。我们认识后经过几次闲谈,我发觉她的文学修养比我要强,性格比较恬静温柔。这也许是一种缘分,我一眼就相上了她,觉得她是我心目中的意中人。我们相识了不久就恋爱了。直到 9 月下旬我们要离开北京时,我正式向组织汇报了我和王荣华的恋爱关系。

此时此刻,正在热恋中的我马上要和心上人分手,心中总觉得不踏实,若要订婚吧,哪个组织来批准呢,当时我们战斗剧社已经不归西北军区管辖了,而西南军区还没有建立。这可怎么办呢?最后我想到了这事只有找贺老总了,于是我写了一个订婚报告,自己不好意思送去,请副社长董小吾代呈。

贺老总看了我写的订婚报告笑了,他说:“哈哈,严寄洲找到对象了!这个女子怎么样?政治上可靠吗?”董小吾回答说:“没问题,是个学生,东北人。”贺老总听罢二话没说,拿起红蓝铅笔,就在我的订婚报告上写了大大的两个红字“贺龙”。这个订婚报告我一直珍藏着,视作珍贵的纪念品。谁知在那乌云遮日的“文化大革命”中,被一伙打砸抢分子抄家抄走了。“文革”后,革命历史博物馆听说了我这件事,派人来要这个订婚报告准备拿去复制,我说:“‘文革’中被抄走了,不知道弄到哪里去了。”博物馆同志说:“多可惜呀!这是文物呀!”

1949 年 12 月中旬,我们前梯队的全体同志冒着纷纷扬扬的鹅毛大雪,告别了西安,踏上了征途。西北高原,寒风凛冽,秦岭山脉,银装素裹。我们从西安乘火车到宝鸡下车,开始了艰苦的长途行军。由于进军的部队众多,把雪地踩得泥泞不堪,步行十分艰难。虽然我们前梯队的队员挑选的都是身强力壮的男女青年,但除了我们带队的四个老兵,其他人都没有经过行军作战的锻炼,所以行军速度极为缓慢,几乎天天掉队,天天最后到达宿营地。目睹这种情况,我非常发愁,走了才几天。离目的地成都还很遥远,而我们这个队伍已经有些“溃不成军”的样子了。怎么办？根据我跟随贺老总十年来的经验，有了困难，就找他老人家解决。这天我们到达宿营地南郑之后，我把情况报告了贺老总，他听后当即命令后勤部门，让运送汽油的车队把我们捎到成都。我把好消息跟大家一讲，一个个愁眉顿时舒展，响起一片欢呼之声。第二天按指定地点到达车队，由于汽车上都装满了油桶，我们只好分散每辆汽车爬上一两个人，坐在高高的油桶上面，在年久失修的道路上颠簸行进非常危险，为了不从车上掉下来大伙只得把自己捆在汽车的油桶上，虽然不舒服，但总比步行要省劲，谁知道就在乘车的第二天，有一辆车在盘山道上翻了车，坐在上面的是刚毕业的大学生叶紫同志，他被压在几个油桶下面，抢救不及牺牲了，叶紫同志是学文学的，爱唱歌写诗，白皙的面孔，瘦高的个子，那年才二十四五岁，参军还不到四个月。

1950 年严寄洲与王荣华结婚时合影

1949 年 12 月 27 日，我们宿营在离成都半天路程的一个大镇子上，准备第二天赶到成都参加野战军的入城游行仪式。那天晚饭后，我和几个同志在镇口散步，突然贺老总带着几个特务员出现在我的面前。他先问了问我们前梯队的情况，问了叶紫同志遗体的安葬情况，还指示我们到成都后，一定要通知北京市对叶紫的家属进行安抚。接着老总又说：“嗳！明天进城，你这个队伍，一定要军风纪整齐，不能吊儿郎当。”我指着自己身上穿的又破又脏的棉军装，发牢骚说：“这棉袄再收拾也好看不了。”贺老总面孔一板，用大烟斗指了指我们："军风纪整齐，不一定穿新军装，你看你们，缺扣子的，没风纪扣的，要缝上去嘛。"按贺老总的要求，我们立刻回到驻地动员大家整理个人的军风纪，随队的小理发员还给每人理了发。

二十三、到军管会文艺处工作

胡宗南乘飞机逃离成都到台湾去了，防守川西的国民党部队纷纷宣布起义，成都和平解放，我们待命准备参加入城式大游行。

清晨，早餐毕，我们分乘几辆美国十轮大卡车向成都进发。原本以为入城式大概也就是两三个钟头，谁知道热情的成都市民纷纷走上街头夹道相迎，把几条大马路挤得水泄不通。我军的炮兵部队、辎重部队，还有骑兵部队，在人山人海的大街上行进比小脚婆娘走得还慢。一直磨蹭到下午五点钟才好不容易走完全程。

参加解放成都的入城式后，我们住下来为战斗剧社的后续大队人员准备住处和演出场地。贺老总发现了一辆国民党部队扔下的宣传车，这车原是美国送给国民党部队八辆中的一辆。这种车安装上银幕可以放电影，打开后门伸出平台可以演讲，两面可以作售货台，车上还有信箱和发电设备，车顶上有扩音喇叭，是一部有多种用途的宣传工具车。贺老总知道这车的用途后，首先想到的就是剧社，他把我叫到司令部说："那辆老黄牛（车是黄色的）就给你们战斗剧社啦。"我一听喜出望外，土了多少年的土包子，得到这么好的洋玩意，真是太高兴了，于是心满意足地坐着"老黄牛"回了剧社前梯队营地，这辆车给剧社后来的工作带来了很大方便。

根据政治部的命令，我被临时调到"军事管制委员会"的文艺处工作，文艺处的处长张非垢是原兰州军区文化部部长，是我的老战友。文艺处分配住进原国民党的教育厅，这里没有卧室，更没有床铺，大家虽然只能睡在办公室的地板上，但站起来就可以办公倒也方便。张非垢宣布，任命石天（原延安京剧团演员，后任宁夏回族自治区文化厅厅长）为组长，我为副组长。负责成都市的电影戏剧的审查工作，重点是审查要准备公映的影片。成都市一共有七家电影院,天天需要有新片供他们上映。可是我们只带来了一部文献纪录片《百万雄师下江南》和一部苏联故事片《列宁在十月》,前者观众人山人海,连映了好几天,后者由于离观众距离太远,许多观众不感兴趣,所以上座率不佳。其它片源只好依靠解放前留下来的发行商供片,可是他们手头的片子全是美国片或国民党统治区影片公司拍摄的片子。因此文艺处决定,凡要公开上映的片子都要由发行商填具申请书,由戏剧电影审查组审查通过之后,开了通过书方可公开放映。我们审查的第一部片子是美国影片《地狱天堂》,那一天我们步行来到审片的“蜀一电影院”,路上石天对我说:“老严,我长得又瘦又小不像个审查官儿,你的长相比我体面,今后都由你出面,我在你后头当军师。”我答应了,一路来到影院门口,“成都电影同业工会”的几个头面人物(都是各电影院的经理)和片商一个个身穿长袍马褂站在门口等候。此时最后一场电影已经散场,我们被引导到楼座的第一排,只见面前一长流摆放着各色糕点、水果、香烟和茶水。石天捅了我一下小声说:“先给他们一个下马威瞧瞧,不许摆这些东西。”我就温和地对他们说:“你们摆这么多东西干什么?告诉你们,解放了么,脑筋也得改一改,我们共产党不兴搞这一套。今天我们公开声明,如果审片的内容有问题,摆得再丰富再多也不能通过。如果内容没问题,就是不摆这些东西也可以通过。”话音一落,几位经理慌忙叫伙计把东西撤走。石天凑着我耳朵小声说:“香烟茶水可以留下来。”从此以后,每次审片时,只放香烟茶水,其它一律全免。

我请来审片的人中,有一位早年在战斗剧社的老战友伍陵(原晋绥文联干部,后来是成都《新华日报》的副刊主编),他要求我对一些影片写影评,对观众起到引导作用。因之我在审片时格外认真慎重,并要仔细思考之后写出文章,无形之中对我后来做电影工作大有裨益,有的还起到了借鉴的作用。

剧社大队人马到齐之后,放的“第一炮”就是在公园里的大广场上演出了一场有三百多人参加的大秧歌舞。成都人民第一次看到陕北的秧歌舞,延安的打腰鼓,北方的霸王鞭等节目,感到非常新鲜也特别感兴趣,因此每一场演出观众都是人山人海,热闹非凡。第一场演出我们把贺司令员请到现场观看,保卫部门同志对我提出抗议,说成都刚解放治安形势很复杂,你们把贺司令员请来太不安全,要我们劝说老总回去。我一听觉得很对,便硬着头皮找贺老总说明情况,请他以后再看,贺老总一听哈哈大笑:“不要大惊小怪,草木皆兵嘛。”他为了给我们一个台阶下,亲自把藤椅往侧面挪了挪位,坐到一棵树后,坚持把演出看完了。春节过后不久,我们又公演了五幕话剧《保卫家乡》(严寄洲编剧、黄枫导演),选演这个戏的目的是让大后方的观众看到在华北敌后根据地的敌我斗争生活。演出时我还在剧中扮演一个日本军官,几家电影院的职工觉得很奇怪,这严委员究竟是干什么的?怎么还登台演戏。

且慢,上面提到"严委员"三个字,这又是怎么回事呢?原来那是在前阶段审片的日子,各家影院的职工不知道我到底是个什么官儿,也不知道怎样称呼我,他们想出了一个名词,见了我叫我严委员以示尊重,而对石天反而叫他老石。

成都是个解放较晚的城市,敌人布置下不少潜伏特务,妄图卷土重来。这些特务派系很多,他们半夜打冷枪,写反动标语,还抢劫单身军人的领章帽徽和符号,闹得人心慌慌,谣言四起。我们睡觉时枕头底下都压着子弹上了膛的手枪,以防万一。

一天我们正在蜀一电影院演出,突然接到通知,据情报这天晚上敌特有较大行动,让各单位加强防范。我在后台宣布,散场后不许单独回住处,要集体行动。当时我还想出了一个点子,让所有演员不要脱服装,扮演八路军和民兵的扛上道具枪走在头里,中间是女同志和各部门工作人员,压阵由扮演日本鬼子的演员扛着三八大盖和一挺歪把子轻机枪殿后。我们这支奇形怪状的队伍,浩浩荡荡走在大街上,我心中乐滋滋地暗想:即使遇上暗藏在墙旮旯里的特务,看到我们的架势,谅也不敢轻举妄动。

后来贺老总知道了,笑着当众指着我问:"你们搞的八路军和'日本鬼子'混合编队,是你出的鬼点子吧?"我说:"是的。"贺老总又问:"你们的枪膛里有子弹吗?"我说:"没有,都是道具枪。"贺老总摇摇头:"这可不行,以后再有这种情况,你们报告给司令部值班室,我给你们派个警卫班好了。"

是年 8 月 18 日,我准备结婚了。谈恋爱已经谈了两年,怎么要选择这天结婚?因为这一天是我离开上海奔赴延安参加革命的纪念日,所以选择这个最有纪念意义的日子结婚。谁能想到这天又发生了一起令我吓一大跳的事情。

"成都电影界同业工会"获悉我这个"严委员"要结婚了,联合送来了一幅红绸子面料的喜幛。我高高兴兴地展开一看,不禁吓了一大跳,原来喜幛上款写的是:严寄洲委员、王荣华女士合卺之喜,中间却赫然写着"人民大救星"五个金字,我连忙卷起喜幛说:"这'人民大救星'咋能随便称呼的?中国只有毛主席才是'人民大救星',把这词按我的身上,不是要我犯大错误么?"

二十四、法国兵撤退十里

战斗剧社奉命从成都开赴重庆,这里是刚成立的西南军区所在地。战斗剧社和第二野战军文艺工作团合并,更名为战斗文工团,团长是董小吾,政治委员是陈播(后为时乐濛),我担任创作室主任。创作室成员中有徐怀中、顾工、马吉星、王云、魏敏等作家,可谓人才济济。

抗美援朝期间,文工团部分同志参加"赴朝慰问团"去了朝鲜前线。我则和团长董小吾、剧作家顾工及副团长郭民乘军用机飞往昆明(那时候昆明还不通火车),会同昆明军区国防文工团团长彭华组成了一个集体创作组,确定编写一部话剧,内容描写"淮海战役"中陈赓将军(时任昆明军区司令员)指挥第四兵团围歼困守在李围子的蒋匪军黄维兵团的故事。剧本由我和顾工执笔,剧名《第二次攻击》的剧本脱稿后,由国防文工团排演,彭华和我导演。后由战斗文工团排演,李昂和我导演。舞台上首次出现坦克和飞机的场面,颇受观众欢迎。剧本获"国防文艺奖"甲等奖,并由国防出版社出版。

在昆明期间,我发现云南的少数民族众多,他们的语言、文化、服饰、生活习俗均和我们汉族迥异。而且由于交通闭塞,很少为国人知晓。使我产生了去云南边疆采访和体验生活的愿望。

第二次到昆明时,我组织起了一个边疆访问团,由彭华、白桦、姚冷和我组成。当时云南刚解放不久,逃窜到云南的李弥残部不时在边境骚扰。我们到达蒙自军分区后,根据昆明军区指示,他们选派了一个武装加强班,携带一挺轻机枪随我们行动,以保障我们的安全。随我们同行的还有一个放映组,携带一部十六毫米小型放映机和一部彩色纪录片《中国人民的胜利》。

我们头一站目的地是滇南主要城市金平县。这个县城很小,辖五个区,面积为七千平方米,人口总共才八万五千人,县长由部队一个营教导员兼任。每逢"赶街"(赶集)到处可见穿戴得花花绿绿的各族人民熙熙攘攘,五彩缤纷。最有意思的是各族人民相互交谈一律都讲汉语,因为如果说本民族语与别的民族无法交流。

赶街的人们听说城里头要放电影了，好消息一下子传遍了各个村寨，各族人民对电影这新鲜玩意儿从未看见过，于是，各村寨的男女老少纷纷扶老携幼，带着干粮来到县城露宿在广场，等待看这从未见识过的新鲜玩意儿。第二天晚上，就在县政府外操场，挂起银幕等到天黑时开动发电机发电，接着县长请我讲讲国际国内形势，我每讲一句，就有四五个翻译译成各民族的语言。幸好只要译成少数几种语言，其他民族也能听懂，不然每个民族都要翻译的话那真不可想象。

开始放电影了，银幕上刚刚一出现人物，广场顿时大乱起来，好多好奇的观众一下子跑向银幕后头，要想弄清楚那块白布上的人是从哪里跑出来的。

在金平县的采访完毕后，我们到达与越南仅一河之隔的傣族聚居地，河对面驻扎着一小队法国占领军，隔河我们都看得很清楚。

这个时期，朝鲜战场上战事正酣，我英勇的志愿军打得美国佬叫苦不迭。美国是世界上头号军事强国，却被我志愿军打得焦头烂额，驻扎在河对岸的法国兵慑于对中国军队的恐惧心理，突然发现中国境内来了一帮子军人活动，摸不清有多少人马、意图是什么，为了自身的安全，这个小分队连夜后撤了十里地，边境上只留下了越南傀儡军一个班的兵力。这是过河来探亲的一个傣族老乡告诉我们的，大家一听不禁哈哈大笑了起来。我对彭华说："没想到咱们这几块料竟把法国人吓跑了。"彭华说："这要归功于朝鲜战场上英勇善战的中国人民志愿军的巨大威望，那些法国兵惧怕咱们几个人，一定是认为后头还有大队人马，为了安全起见才后撤的呀！"

在滇南边疆采访将近两个月，我们每到一个民族的村寨便住上三两天。一共采访了九个寨子九个民族。这里的少数民族有一个特别风俗，客人临告别那天一定要举行送别宴会。所谓宴会就是请喝米酒，菜肴除了一些新鲜蔬菜还有豆腐、鸡蛋和清炖老母鸡，不过吃这老母鸡却还有个讲究，客人中的贵宾比如我和彭华两人，主人就必须杀两只鸡，把两个鸡头挟给我们两个人吃，我们当然不能推辞，可是等我们俩人把鸡头吃掉，盆中的鸡肉早已被大伙风卷残云地消灭了。

在边寨这段时间，我随身携带的三件宝贝吸引了寨子里的一些大姑娘小媳妇，只是小伙子们倒不怎么稀罕。第一件宝是我的长三针手表，看秒钟不停地转动；第二件宝是红色塑料手电筒，第三件是一只莱卡照相机，几乎每天有人来看。我这三件宝对我接近群众，了解情况起到了很好的媒介作用。采访的素材记了满满的一厚本，为我后来的创作，提供了有益的积累。

回到重庆之后，我和剧作家郑洪（影片《怒潮》、《秘密图纸》等编剧）合作，根据我在滇南搜到的材料创作了两出独幕剧，一个剧名《水》，另一个剧名《枪》（此剧根据国防话剧团张少川等原作改编而成）。这两出戏创作完成后，仍由我们两人担任导演。4月下旬我们奉调去北京与总政话剧团合并。进京后，我们就拿这两出戏作为汇报演出剧目。剧本分别由《解放军文艺》及《剧本月刊》同时发表。《水》还获得了西南军区文艺乙等奖，后被《上海新文艺出版社》集结出版，书名为《边疆小戏》。

演出完毕后，我们战斗文工团便和总政文工团合并了。这"战斗"二字，则重新归还到兰州军区文工团。我则离开了这个朝夕相处、患难与共十五年的集体。

二十五、初学乍练

1953年"六一"儿童节这一天，我和妻子王荣华，不满两岁的幼子严可，以及从重庆随我来京的保姆一共四个人，携带全部行李雇了三辆三轮车从西单二龙路的招待所出发，风尘仆仆来到了广安门外的六里桥。我们来到了一处正在施工中的地方，在不起眼的大门口，举目望去，只见在一片绿油油的高粱地中，矗立着三幢新建的二层楼房和十排兵营似的名曰"经济宿舍"的小平房，四周既无围墙，又无遮拦。这就是八一电影制片厂的前身，当时叫解放军电影制片厂。

制片厂地处丰台区六里桥，当地群众都把这地方叫财神庙，六里桥之名却鲜为人知。厂房共占地三百亩，当时全厂人员编制为一百二十人。

当时，解放军电影制片厂的任务只是拍摄和译制军事教育片和部队新闻纪录片。拍电影对我来说是一桩向往已久、既陌生又有趣的事。不过我最向往的是拍故事片，我的一些老战友如崔嵬、水华、成荫、凌子风、林农、苏里、武兆堤、王炎等都当了故事片导演，可是我却要搞对我来说非常陌生的

20世纪50年代妻子王荣华与儿子、女儿合影

军教纪录片,感到难以接受。带着这个思想问题我便去找厂长陈播,陈播是我1939年就在一块儿演戏的老战友,可以无话不谈。我一见他便直说了我的想法。陈播是个原则性很强的领导,他不便跟我直说,只是笑着说:"老严,来了就安心干,先不谈这个,今天你刚来,我领你去参观参观。"说着便引我到了生产区,走上一处脚手架,指着还没有封顶的大房子说:"这是正在盖的大摄影棚,在这里边拍内景多来劲呀!"我一听来了兴趣,忙问:"那你说我们将来也要拍故事片呀?"陈播仍是笑而不答说:"你说呢?"

我心中有了底便安心下来,不久,厂里给我的第一个任务,是编导一部大型纪录片,片名叫《祖国的海疆》。

我虽然干了十五年话剧编导工作,但是对电影这行,可以说是一窍不通,我既没有进过电影学院,又缺乏书本上的系统知识,更没有丝毫实践经验。怎么办?学!我抱着"从战争中学会战争"的决心,硬着头皮赶鸭子上了架。

《祖国的海疆》描写的是伟大祖国从北到南万里海疆的风貌,重点是人民海军保卫海疆的概况。我首先查阅了大量的海防前哨的资料,实地采访了旅顺、大连、青岛、宁波、广州、厦门等沿海设防地区,以及万山群岛,舟山群岛,长山列岛的一些主要岛屿。心中有了一个大致的谱儿,和一位海军作

纪录片《祖国的海疆》

者共同写出了一个详细的拍摄提纲，然后率领三个摄影小队开始了我的“处女作”。说实话，当时我还不懂什么电影规律，凭借着自己过去爱好电影艺术，常看了电影爱琢磨其中的奥妙的这点儿可怜的“积蓄”，“小本经营”的干了起来。从 1954 年初的严冬到盛夏，经过几个月的跋山涉水，一共拍摄了一万多米胶片。我抱着这么一大堆用汗水换来的素材，坐到陌生的剪辑台上开始编剪。我不厌其烦地接上了拆开，拆开了换个方案再接上，前边的换到后头，后头的调到前边，经过了一个多月的日日夜夜，总算疙里疙瘩地把片子编了起来。别看这一个多月剪辑台的辛苦，它对我以后干导演这一行大有裨益。在编剪过程中，由于没有经验，因之有失望、有苦恼。但当我有时候瞎猫碰死老鼠，镜头衔接得当，产生了意想不到的蒙太奇效果时，又有惬意、激动和惊奇。我对电影镜头的组接和节奏，开始有了朦胧的体验。

二十六、第一次导演故事片

我在云南边疆采访时，觉得有一个小故事很适合拍成电影，便写了一个短故事片电影文学剧本，内容描写的是两个边防巡逻兵在边境上发现了可疑的脚印，在少数民族的配合下抓住了一股潜入的武装特务。我拿着这个片名叫《脚印》的本子找到陈播厂长直言说：“你看看这个本子，我想尝试着把它拍出来。”隔了两天，陈播找我说：“厂党委决定《脚印》投入生产。”

我高高兴兴地开始了筹备工作，当时调集来的制片主任、摄影、美工、还有化妆、道具各部门的人员，全都是大姑娘上花轿头一回。由于这部短片人物少，场景小，故事简单，所以很快就摄制完成了。可是等到影片一上映，听到的反映却非常不佳：“什么玩艺儿！”“这也算电影啊？”，“连电影 ABC 都不懂。”“电影导演就这么好当呀！”这无异于是给我当头泼了一瓢冰凉的冷水。可是我并未因此而退缩，反而更兴奋，就着这一瓢冷水痛痛快快洗了个“冷水浴”，清醒了一下头脑，并决心汲取教训继续再干。不管怎么说，我总算尝到了“梨子的滋味”，获得了一次实践经验和感性认识。

最使我不能忘怀的是贺老总对我的教导。由于贺老总身边的几个警卫人员过去和我比较熟稔，当他们看到《大众电影》上报道《脚印》的消息和电影院登出的广告，便去报告贺老总：“严寄洲拍出故事片来了。”贺老总一听，马上派人到八一厂调片子去看。看后第三天把我叫了去，语重心长地对我说：“你拍的那个片子我看了，不好，太简单，不像电影，没有艺术。你要向成荫学习（我和成荫当年同在贺龙师长领导的八路军一二〇师战斗剧社担任戏剧教员，此时成荫已经导演了《钢铁战士》和《南征北战》等优秀影片）。要好好总结一下么，要拍出好片子来。”贺老总的教导，对我这个初涉影坛的新手来说，是极大的鼓舞和鞭策。

《脚印》是一部不合格品，但它是我编导的第一部故事片。尽管广大观众也许不知道有这么一部影片，但对我个人来说，却是我起步的第一个脚印。

拍完《脚印》之后，我又接受拍摄《这不是小事情》，这个本子由王少岩同志和我联合编剧，内容是以提高政治警惕性的五个反特小故事组成的。严格地讲，这个本子算不上是故事片，它只是图解了五个反特案例的宣传片。我在拍摄

短故事片《脚印》剧照

电影《这决不是小事情》拍摄中导演严寄洲在说戏

这部影片之初，曾考虑到拍摄《脚印》的教训，认为拍得太拘谨、太保守，这回要放开手脚把片子拍得“花哨些”。我肤浅地把看过的一些影片中镜头设计和蒙太奇，想方设法一股脑塞进了我影片中。及至公映后听到的反映是“华而不实”、“装腔作势”、“洋装瘪三”。又是一瓢冷水迎头泼来，我开始怀疑我到底是不是干电影导演的料？

“君子之学也，其可一日而息乎？”此时我想起了老战友成荫同志的话，那还是1949年，有一次跟我谈到他在长影导演的第一部故事片《回到自己的队伍》，也同样听到了不少冷嘲热讽，但他没有气馁，而是虚心听取意见，认真总结教训、勤奋钻研业务，果然功夫不负有心人，后来他拍出了不少脍炙人口的优秀影片。当然，无论是思想水平还是艺术造诣，我不能和他相比，但他的这种精神却给了我勇气和力量。

总结了我拍摄《脚印》和《这决不是小事情》的经验教训，我清楚地意识到，要想拍好片子，首先要有个好剧本。剧本是影片的基础，没有好题材、好主题、好人物、好故事，是拍不出好影片的。

二十七、话剧搬上银幕

沈阳军区抗敌剧社来京献演著名部队剧作家胡可编写的话剧《战斗里成长》。此前我们战斗剧社也曾排演过这部名著，演出效果非常好。我被剧本中巧妙的结构、生动的语言，栩栩如生的典型人物所醉倒。

一天，陈播厂长找到我说："抗敌剧社今晚在天桥剧场演出《战斗里成长》，咱们去看看，你如果有兴趣，咱们把他搬上银幕怎么样？"我一听正合我意，表示有兴趣。陈播厂长又说："如果要改编这部话剧，一是可以请胡可亲自执笔，二是拍摄用沈阳军区抗敌剧社的原班人马。"

为此我连续看了三场演出，原因是抗敌剧社演出时演员采用的是 A、B 制轮换上场，我想从中选择一下两组演员中更合适上镜的角色。

1957 年，我找到胡可住处，他家住在北京军区杨成武司令员的后院，三十年代在"晋察冀边区"我就和他熟稔，见面之后，我说明来意，他痛快地同意亲自改编。

胡可是一位非常谦逊的人，他每写出几场戏，就交给我作为第一个读者，我也就诚恳地提出一些修改的意见，经过大约两个月的合作劳动一直到全剧脱稿，我们的合作非常愉快和投入。剧本经总政文化部批准后便投入了拍摄。可以说，这一部电影才是我正儿八经当电影导演的开始。

《战斗里成长》描写的是一家三代农民，不堪忍受封建地主的剥削迫害，走向反抗道路的故事。由于他们每一代人所处的时代和环境不同，决定了他们所选择的道路不同，斗争方式不同，最后终于在中国共产党的领导下，使他们走向了唯一获得彻底解放的途径。

由于我非常熟悉影片中的战斗生活，熟悉影片中的一些人物，所以拍摄中感到得心应手，很快就拍摄完成了。影片公映后虽然获得了观众的好评，

电影《战斗里成长》剧照

但我意识到影片还存在着严重的不足,那就是缺乏“电影语言”,跳不出舞台的框框架架。这使我清楚地意识到作为一名电影导演,仅靠半路出家的那点本事,仅靠有生活、有激情是远远不够的,我还未能掌握电影艺术的特性,还未能掌握电影技法诸手段的运用。

症结找到了,但治疗的良方在哪儿呢?我又找到了一大堆有关讨论电影导演艺术的书籍(几乎全部是苏联的),一知半解地阅读起来。就在这时候,电影界的老前辈蔡楚生同志给予了我极大的帮助。他一针见血地指出:“你拍的片子像舞台戏,许多镜头好像是坐在第十排观众席上看舞台演出,忽略用电影的特殊手段去挖掘人物的内心世界。一个睫毛的闪动、一只手指头的颤抖,都会有助于表现人物的思想感情。还有空镜头和道具等,运用得恰当,能产生意想不到的烘云托月作用。”老导演谭友六更是语重心长地拿着我写的分镜头剧本指出:“你写的分镜头剧本,只是把文学剧本切开了,没有安排好高潮起伏,没有节奏,没有设计哪里该简略,哪里该渲染。你拍的片子很讲究镜头轴线这是很好的,但电影空间不能只让观众看到舞台上的三面墙,还应该让观众看到自己身背后和侧幕外的空间。”

二十八、闭门自学

跨入电影导演这个门槛已经四个年头了,可是业务上的进展很慢。四年中导演了一部长纪录片《祖国的边疆》、一部短故事片《脚印》、一部政治教育片《这决不是小事情》以及故事片《战斗里成长》,但在工作中总感到不如过去编导话剧那样得心应手。

怎么办?上电影学院深造没有那个福分,只有自学一条路。怎么学?手头只有一本库里肖夫的《电影导演基础》,资料室里也缺乏有关导演业务的论著。那段时间我便冥思苦想回忆过去在上海时看过的那些影片,回忆在成都审查电影时的体会,一部一部片子的画面在脑海里“过电”。在我看过的电影中,我特别欣赏恐怖明星卡洛夫和另一个叫罗加西主演的恐怖片《科学怪人》、《科学女人》和《僵尸》,我也喜欢硬派矮个子明星詹姆斯茄克内的惊险片，我爱看劳莱与哈台这一对喜剧明星的喜剧片，同时也欣赏克拉克·盖勃和琼·克劳馥主演的《一夜风流》的爱情片；我尤其崇拜大导演西席地密尔的战争巨片，像《十字军东征记》那种大场面的影片我一连看两三遍。另外还有不少国产影片如马徐维邦导演的《夜半歌声》，蔡楚生导演的《渔光曲》，袁牧之和王人美主演的《风云儿女》，孙瑜导演的《大路》……这些脍炙人口的杰作，一直深深地刻印在我的脑海里不能忘怀。我想这些作品的艺术魅力为什么如此深邃穹远呢？

此时我忽发奇想：我为什么不去重温旧梦，从中寻找灵感呢？于是我向电影资料馆借来了我精心挑选的四部影片《居里夫人》、《柴可夫斯基》、《永远的秘密》（后译为《侦察员的功勋》）和《乡村女教师》。我把自己关在一间小放映间里边，不厌其烦地一遍又一遍反复观看，还到剪辑台上一本一本拉片子，量尺寸，分析影片的蒙太奇和节奏处理，人物刻画的镜头设计，以及气氛渲染，场面调度和空镜头的运用，然后再回到小放映间再重看，边放映边对照自己分析的结果和银幕效果。通过这段时间的观摩学习，联系自己导演的影片，找出其中的差距，使我获益匪浅。

当我心满意足地走出小放映间，一些老朋友见到我，惊讶地问："老严，这段时间你失踪了，跑到哪儿去了？"我说："我上自修大学去了。"

二十九、老书记和小寡妇

通过了一段时间的闭门自学，对于电影导演艺术似乎有些体会了，但还需要实践证明。我急于找一个基础好的本子来拍，但一下子遍寻不得。总政文化部电影处是统管全军部队作者创作的电影剧本的首脑单位，于是，我找到了电影处长虞棘的家里，打听他那里有什么电影新作。虞棘一见到我便高兴地说："史超最近写了一个剧本，是反映大别山地区李先念率领的五师撤离后，留下的游击队在艰难困苦中坚持对敌斗争的故事。片名《五更寒》，很有新意，剧中的几个人物写得很生动，连一个地主小寡妇都写得活灵活现，特别是影片的主角县委书记刘拐子，更写得有血有肉有性格，你不妨找史超先拿剧本看看。”

史超家离虞棘家不远，都在绒线胡同，我三脚两步就到了史超的家里，说明来意，史超毫不犹豫地将厚厚一摞原稿交给了我。

当天晚饭后，我开始仔细读剧本。首先是这个片名就不一般，他取了南唐后主李煜《浪淘沙》中的词句：“罗衾不暖五更寒”中后三个字点题，其含义颇感深远含蓄。我深深地被剧本中一个个栩栩如生的人物形象所吸引。由于《五更寒》的故事内容均是史超亲身经历过的斗争生活，读时感到一股浓烈的生活气息扑面而来。加之和我当年参加武工队的生活比较接近，因而读起来格外亲切。

《五更寒》描写的是 1946 年李先念率领的五师撤离了大别山地区后，留下了一支武装小部队坚持和数量上占绝对优势的敌人斗争的故事。他们不但要和敌人斗争，还要和饥寒斗争。剧作家在剧中着力塑造的老县委书记刘拐子的形象，深深地征服了我，在我心中激起了一股无法遏制的创作冲动，想立即把它搬上银幕。这种冲动犹如骨鲠在喉，不吐不快。更奇怪的是当我初读剧本时，不知怎么的，浮现在我眼前的这个刘拐子形象，竟是山西省话剧团的老演员杨威同志。一个身材矮小，面目清癯、但精神矍烁、目光炯炯的人物一下子闯进了我的脑海。如果说后来这部影片尚能获得广大观众的认可和赞许的话，那么这一切和创作者当时捕捉住了的这种激情、这种灵感是分不开的。

电影《五更寒》剧照

拍摄之前，我和主要演员杨威、史可夫、曹缨、杨秀清、李雪红、刘季云、李力、曲云、黄焕光、周凤山等演员由剧作者史超引导，前去大别山地区体验生活。我们先到了河南之后，史超特地邀请了当年在大别山斗争中刘书记的原形人物真刘书记一同前往。

进了大别山地区，我们先后到了当年与敌人武装斗争最激烈的光山县、新县和黄安县(今红安县)一带与当地老百姓同住同吃体验生活。山里老百姓见到当年共同斗争的老刘书记回来了,都非常热情。这对我们的体验生活带来了极大的有利条件。扮演刘书记的杨威更是和真刘书记朝夕相处谈新说旧,仔细揣摩他的举止言行,加深了对剧中人物的理解。

大别山地区老百姓的生活还是非常艰苦的,我们三天两头需要爬山越岭到当年斗争现场深入观察,和老百姓吃一样的粗茶淡饭。

我导演这部电影有一个有利的条件,因为我在抗日战争年代的晋西北地区,曾经深入到了敌后,参加了一个时期的武工队斗争。《五更寒》中所叙述的故事,和我在武工队那段生活有许多相似之处。因之全剧的故事和人物,他们的脉络我能够抓得住摸得着,因之对未来拍摄这部影片心中有一种踏实感。

根据厂里的调度计划,拍摄阶段恰逢盛夏季节,而那段时间大别山正好是雨季无法拍摄。美工师徐润解放前在上海做电影美工工作,很熟悉各处外景地,他建议我到苏州木渎镇的天平山看看,那里很像大别山,我当即率领主创人员赶到苏州天平山,果然外景地很像大别山,所以就决定在天平山拍摄本片的全部外景。

《五更寒》的公映,引起了社会上的不同反响,一方面各种报纸副刊和电影杂志发表了不少褒扬文章,一方面也出现了不少批评文章。表扬者主要是赞赏这是一部充满革命激情的影片,真实动人而又富于戏剧性的情节引人入胜,并且成功地塑造了以县委书记为首的一批革命者的光辉形象。批评者的意见主要集中在一个人身上,那就是贯穿全剧的一个特殊人物巧凤。在影片中大家骂巧凤是一个年轻妖冶、不知羞耻的风流地主小寡妇(其实她被迫嫁给地主儿子不久便当了寡妇)。按照当时的习惯用阶级分类强套在人物身上,巧凤既然嫁给地主,她自然应当算作地主阶级,而地主阶级就是阶级敌人。根据这个逻辑,巧凤同情革命,为游击队打掩护、提供情报都是不可能的,因而这个人是无根的浮萍不可信的。再联系到剧中县委组织部长经不住残酷斗争的考验而变节的戏,一上纲,一上线,那还了得:党的干部竟然投敌叛变,地主寡妇却非常革命,编导者的立场站到那边去了?从此后每有运动,《五更寒》总是要抓出来批判一通,我也免不了要在会上或报刊上检讨一通。十年“文化大革命”期间,《人民日报》发表署名文章点名批评,一下子把调子升了温。什么“宣扬叛徒哲学”、“混淆阶级斗争”、《五更寒》更是成了地地道道的一株“大毒草”。

三十、尝试拍惊险片

在编辑部,我偶然看到了一个描写广西十万大山剿匪斗争题材的剧本《北伦河畔》,这个本子早已被编辑部搁置起来了,作者丁一三也早已返回部队去了。我读后觉得这个本子选材角度不错,故事虽然有些庞杂繁琐,但大有潜力可挖。我当即向厂里申报想接这个本子,但必须做重大修改。陈厂长同意后,我当即奔赴广西补充搜集资料,访问了十万大山一些匪患严重的地区。返回南宁时找到了当年曾指挥这场斗争的陈漫远同志进行采访,陈漫远在晋绥曾任军区参谋长和我认识,所以采访很顺利。回到厂里后我根据原著的框架,重新调整、增删、浓缩,重点突出当年全国展开轰轰烈烈的土地改革的时代背景,加强了主要人物的动作线,并为剧中人物重新起了姓名,脱稿后又经过几次修改和征求意见,三易其稿后投入拍摄,这就是公映后一度引起强烈反响的《英雄虎胆》。

电影《英雄虎胆》拍摄现场。(右一为导演严寄洲)

《英雄虎胆》这部影片之所以上座率高，而且久映不衰，至今在电视屏幕上还不时重播，究其原因是什么呢？窃思我拍的这部影片，无论是思想内涵还是艺术处理，都远不如《战斗里成长》的力度，更不如《五更寒》的深沉。可是它的社会效果却远远比前两部戏大。

我和郝光联合导演这部影片之初，从修改剧本、到拍摄，从编剪、音乐、音响效果到灯光布景无不牢牢抓住"惊险"这两个字做文章。一部影片，它的样式是由内容决定的，而影片的样式又反过来丰富内容，这是一种相辅相成的关系。我在编写分镜头剧本之初，就对剧情的安排、悬念的设置、镜头的设计、气氛的渲染以及蒙太奇组接诸方面都紧扣住影片的样式做文章，这样使得完成影片具有了自个儿的性格。

一部影片的成败，一靠编剧，二靠导演。剧本是基础，导演是关键。而编导所要体现剧本的手段是演员。剧本写得再好，导演再优秀，可要是演员不能胜任，那这部电影还是非砸了不可。因之导演遴选演员是其艺术创作中很重要的一步。

我在遴选演员方面有我的主张，"找演员不要看他曾经演过什么样的角色，而是要看他能演什么样的角色。"一个优秀的演员连续拍的几部电影都演一个类型的角色，他能耐再大也难突破。在为《英雄虎胆》挑选演员时，我大胆地按这个思路去做。比如影片主角，扮演我军侦察科长的曾泰选用了北影的于洋，以往他扮演的都是青年农民，青年军人等形象。我欣赏他那一双炯炯有神的眼睛和他那耿直睿智的气质，相信他在扮演曾泰深入匪巢中之后外表尽管像一个从台湾派遣来的职业军官，可是透过他的眼神却能看出他为党为祖国为人民解放事业赤胆忠心的内心世界。扮演女匪首李月桂身边随从阿兰的王晓棠，此前她扮演过《神秘的旅伴》和《边寨烽火》中的少数民族姑娘和少妇等善良、纯洁的女性形象，她在生活中却是个轻快、洒脱、能说会道的女军人。她能够把天真深埋在淡漠之中的举止，把活泼掩盖在妖娆之中的心态淋漓尽致的体现出来。而扮演匪司令李汉光的方辉，他一直在银幕上扮演民兵队长、复员军人一类的角色。我看到他又高又瘦，扮演这个抽大烟的麻杆司令绰绰有余。至于扮演女匪首李月桂的演员非胡敏英莫属了。我看过她在话剧《夜店》中扮演的赛观音一角，真是演活了，演神了，我认为她有潜力演好这个凶狠、狡猾、尖酸泼辣的女光棍。扮演侦察员耿浩的张勇手，他在影片《黑山阻击战》中扮演的军事干部形象洒脱而慧黠，我相信他能在本片中把英武耿直的形象掩盖于伪装的傲慢姿情中的土匪骨干形象准确的表达出来。

通过这部影片的创作，我对挑选演员如何挑准最佳人选更加加深了认识。

在这里有必要特别提一下有关片中阿兰这个有争议的人物处理。当初我设想这个人物时并没有把她归类到那种放纵妖艳、脸谱化的女特务类型之中。我认为她应当是一个政治上糊涂，既仇恨共产党（她的反动父母都被镇压），又不甘心充当女匪首随从的矛盾体。她渴望能找到一个她所崇拜的如意郎君一块远走高飞，到她向往的类似美国那样的地方去享受舒适浪漫的生活。曾泰的到来激起了她的希望，她盼望有朝一日能和这个英俊有能耐的"副司令"一块离开这个可诅咒的魔窟。结果她没有料到理想中的英雄，却是共产党的侦察科长，她的幻想落空了，她悔恨、失望、愤怒。她毫不犹豫地举枪向曾泰开了一枪，然后自杀身亡，这是一个可悲的小人物的可耻下场。我拍这场戏心中还很得意的，自已塑造出了一个特殊典型的人物。谁知道一审查说："这是美化了敌人，是颂扬了一个不应该颂扬的敌人。"在压力下我只好违反创作初衷重拍这场戏，拍成她向曾泰开了一枪，接着被冲过来的我军排长一枪击毙，拍摄时我要求王晓棠一定要龇牙咧嘴露出凶相，

香港影人参观《英雄虎胆》内景拍摄场。（前排右一为严寄洲）

摄影上也要表露出她的狰狞面貌,这么做是违背了我创作本意的,至今我还是后悔莫及。

《英雄虎胆》公映后获得了广大观众的好评,但也遭到了一些非议和指责,甚至把这部影片列入了"毒草"之列。

指责《英雄虎胆》的罪状主要由三个方面:一曰侦察科长曾泰打入匪巢冒充从台湾新派来的副司令,其行为表现比土匪还像土匪;二曰女特务阿兰太漂亮,会使观众看了失去立场;三曰匪窟的生活方式太腐败,会腐蚀观众的灵魂。我听了心中不以为然,试想曾泰打入匪巢,如果装得不像他们的同伙,他能站得住脚吗?如果阿兰长得像个丑八怪,她还能作为监视新来的副司令的人物吗?如果描写匪徒的生活像我军一样艰苦朴素,那还叫什么土匪呀?

后来,影片翻译成俄语在苏联上映后,也获得一致的好评。有几位苏联观众写信到中国来祝贺这部影片。陈播厂长当即把原信同译成中文的信一块儿装在大镜框里悬挂在墙上以示在国外映出的成果。谁知道这一次展示引来了横祸,在"文革"中成了一条罪状。因为"最高指示"说:"凡是敌人拥护的,我们就要反对。"影片被"苏修"表扬,自然是毒草无疑,就应当拿出来示众。我心想,当年影片在苏联上映之时,他们还是我们尊敬的苏联老大哥,中苏关系破裂乃是好多年以后的事呀。可是在那黑白颠倒的时期,还有什么公理可言,我只得咽下这只苦果。

三十一、"旱鸭子"拍海战电影

1958年,在高指标、瞎指挥、浮夸风和共产风盛行的"大跃进"运动中,我赶时髦拍摄了一部浮夸影片《一日千里》,公映后反应平淡,没有可谈之处,故一笔带过。

从1959年至1960年,两年之中我一共拍摄了两部海战的影片。一部《海鹰》,由八一厂剧作家陆柱国、王军执笔。另一部《赤峰号》,由东海舰队作家柯兰执笔。连我自己都没有想到我会跟"海"结下了不解之缘。

本来我完成了《英雄虎胆》之后，对惊险样式的影片产生了浓厚的兴趣。那个时候我发现了一部当年的畅销书《战斗在敌人心脏里》非常精彩，这是该书的作者吕铮根据他自己的亲身经历编写而成的，故事惊险动人，主要人物性格鲜明突出，我想把它搬上银幕，相信一定能把它拍得超过《英雄虎胆》的上座率。为此我专程到上海拜访吕铮，说明来意。双方一拍即合达成协议，准备由我和吕铮合作改编。谁知道我刚把剧本完成准备送审时。厂里突然让我先拍一部国庆十周年的献礼片《海鹰》。我一看《海鹰》的文学剧本果然非常精彩，有戏、有人物、有悬念，因之把《战斗在敌人心脏里》暂时搁了下来。

电影《海鹰》剧照，王心刚和王晓棠饰演男女主角

《海鹰》的故事是根据真人真事编写的。剧本描写我南海舰队的一支鱼雷快艇中队，在中队长张敏率领下，埋伏在海上的礁石群中，伺机袭击蒋军舰队，其中张敏亲自驾驶的99号鱼雷快艇，以迅雷不及掩耳之势将敌方最大的“中字号”运输舰及一艘护卫舰一举击沉。但在战斗中99艇自身亦被敌炮击中沉没。落水的7名艇员在张敏带领下，与大海搏斗了几个昼夜，战胜饥饿和寒冷，最后终于回归大陆，创造了小快艇（七个人）击沉大军舰（数百人）的军事纪录。

《海鹰》摄制组成立后，我率领主要演员王心刚、张勇手、王晓棠、邢吉田、刘江、张章、王毅、黄焕光、井立民以及摄影师蔡继渭，美工师寇鸿烈等创作人员到川山快艇部队基地体验生活。扮演中队长的找中队长，扮演水手长的找水手长，其它扮演轮机兵、鱼雷手、机枪手的也各找各自的对象结对子。扮演渔民父女的邢吉田和王晓棠则是到渔村跟渔民一块出海体验生活并学习渔船上的操作。

在金光灿灿的朝阳下，我们九艘威武的鱼雷快艇出航了，在一望无际的蓝色大海中劈浪前进，在海面上划出九条长长的白色浪带。一群群洁白的海鸥跟着舰队"叽叽喳喳"欢唱着上下翻飞，真叫又威风又诗意。此时此刻我的心里悠然产生了一种神圣的骄傲感，我相信，这种感觉对首次上快艇的演员们会成为无形的催化剂。

我本来是一只"旱鸭子"，进八一厂后接拍的第一个任务就是编导长纪录片《祖国海疆》。当时我几乎走遍了万山群岛、舟山群岛和长山列岛，因之我也尝够了晕船的滋味。为此我曾暗暗发誓今后再不跟"海"打交道。谁知道这次偏偏接受了这个一听就犯晕的新任务呀！不过晕归晕，戏还得要拍，尤其是这个题材深深地激动着我。晕就晕吧，当兵的连死都不怕还怕什么晕。于是我又一次"旱鸭子"下海了。

这部片子的外景有许多场面都是在辽阔的大海上拍摄的，海面上风浪大，拍远景、全景还可以，拍近景、特写就困难了，尤其是拍夜景无法打灯光。我想出了一个办法，在八一厂内的场地外景地挖了一个大水池子，供拍摄之

电影《海鹰》剧照

用。后来这个水池子成了八一厂的游泳池。

《海鹰》拍摄编剪完成已经是9月中旬了，离国庆节剩下的时间也屈指可数了，因此在录音及合成时几乎连天连夜突击，功夫不负有心人，9月25日这部电影的后期工作终于全部制作完成并送审通过。

《海鹰》作为国庆十周年献礼片的报道登上了《人民日报》。国务院专门在新侨饭店招待拍摄献礼片的各厂主要创作人员。宴会中周恩来总理特意走到我们的桌边举怀说："感谢你们为国庆十周年献礼拍出了优秀影片，祝你们成功！继续努力！干杯！"

《海鹰》完成后，陈播厂长找我交待新任务，让我趁热打铁再拍一部海战影片《赤峰号》。领导的信任和期望，我没有理由拒绝。我只得"愉快"接受了任务。

电影《赤峰号》剧照

《赤峰号》讲述的是我人民海军以弱胜强，以小舰战胜大舰的传奇战例。本来凭这部影片的文学剧本基础，完全可以拍成一部很有新意的革命英雄主义、史诗式的影片，但可惜由于遭到莫名其妙的干扰，把好端端的一部片子乱删乱改，留下了不可弥补的遗憾。

遗憾之一：在一次海战中，因敌强我弱未能完成任务，返航回到基地停靠在码头上。夜，天空月色朦胧，海风阵阵，憋着一肚子气的水兵们在甲板上，和着手风琴唱起了《等待出航》。歌声低沉、委婉，表露了水兵们胸中的怨恨和不平。歌声与画面上人物气氛融为一体，显示了此时此刻，水兵们对这次海战失利的愤慨。按理说"胜负乃兵家常事"，描写这次海战失利，是为了明天的胜利，是为了重振旗鼓，准备再战。歌声与情景交融，具有感人肺腑的气氛。可是审查时，竟有人不顾剧情，硬说："太低沉了，有损人民海军的形象。"无奈只好重新补录这段歌曲，改为高昂激愤的曲调。结果是声画游离,难以引起观众的共鸣。

遗憾之二:第二次海战,正当双方炮战正酣之际,突然一声巨响,战舰底层有一间舱房被敌方炮弹炸开了一个大洞。就在这万分危急之时,水手长(王润身饰)和小水兵(霍德集饰)冲进舱房堵漏,怎奈洞口太大堵漏器根本堵不住汹涌喷射进来的海水。水手长知道照此延误下去,舰身将会下沉。为了保证战斗的胜利,水手长毅然关闭了密封的舱门,以免海水流到其他舱房。此时涌进舱房内的海水一点一点升高,渐渐没过肩膀,水手长一手搂着小水兵,一手掏出水手刀往舱房顶上刻字。海水快没到脖子了,水手长的刀在房顶上刻下了"再见了"三个字。他们两人的脑袋渐渐沉入水中……这是多么惊心动魄的牺牲精神呀!我在写分镜头剧本时,写到这里忍不住滴下了激动的泪水。当拍摄的时候,我也尽心将这两个英雄人物的生死拍得悲壮激昂。谁知道审查时却有人说:"太低沉了,这是描写战争恐惧,非改不可。"结果只好奉命照办。我原来拍摄的画面是这样的:军舰胜利返航,镜头上出现舰长(张勇手饰)、政委(张连富饰)和一些水兵们站在甲板上遥望大海,一个个露出胜利的喜悦之情。可是已经再也见不到水手长和小水兵的身影了。这将会使观众油然想到这次胜利是他们用鲜血和生命换来的。那么怎么修改呢?只好重拍,返航时让水手长和小水兵奇迹般地出现在甲板上微笑着遥望前方。其实常识告诉我们,灌满了水的舱房无论如何那舱门是打不开的,如此违背生活真实的处理却美其名曰"革命浪漫主义"。

三十二、第三次被开除党籍

在八一厂的全厂党员干部会上,传达了关于庐山会议的决议文件。我听着不禁大吃一惊。什么?彭德怀在庐山会议上抛出万言书,否定"三面红旗"和"大跃进","疯狂向党进攻"。我一边听着读文件,一边脑海里翻腾了起来。这怎么可能呢?彭老总是平江暴动,率部奔向井冈山参加红军的战将;是南征北战,领导指挥"百团大战",使日寇丧胆的副总司令;是在延安保卫战中,仅以二万六千兵力击败胡宗南二十三万美械精锐部队的第一野战军司令,是"抗美援朝"率领志愿军打得美帝国主义丧胆的共和国元帅;是为党、为国、为民立下了汗马功劳的人民大英雄,是被毛主席在诗中誉为:"谁敢横刀立马,唯我彭大将军"的功臣。

文件传达完毕,立即召开党的小组会议让大家表态。我是一个"老运动员",经常被揪住小辫子整上一通。所以这天在小组会上不敢畅所欲言,当然我也不能违心地把彭老总痛批一顿。我比较婉转地说:"要是没听庐山会议的决议,我不敢相信彭老总会反党反毛主席。过去我在'一野'前线,与彭老总有所接触,我对他的印象不错,他能打仗,平易近人,生活艰苦朴素,他的裤子上还打着两块补丁,他骑的马上还吊着一只破脸盆……"我说的这段话完全是真情实话,谁知道话音一落立即遭到一阵迎头抨击,说我是在美化彭德怀,是对抗"庐山会议"决议精神。我这个人挨批挨斗可说是家常便饭,以为投机分子的表演完了,事也就过去了。可是我没有预料到这一回和往常不同,而是来势凶猛,我冷眼瞧着那几张激动的嘴脸,暗想这些家伙,就会卖狗皮膏药,还不是因为我这些年片子拍得多了,风头也出得多了,平时话言话语也不饶人,借此好机会杀杀我的"威风"。批就批吧,爱上纲就上吧,只要会议一过去,也就完事大吉了。我这只"出头鸟"也该收敛收敛了。没想到这次我估计错了,他们竟抓了我的典型(当时还有挨批的别的导演),不光是会上批评批评,而且还给了我意想不到的重罚。

会后,组织上既不跟我打招呼,也没有人对我进行"帮助",而是来了一个迅雷不及掩耳的突然袭击。一天,我走到厂部门口,突然见到墙上贴出了一张布告,我一看几乎不敢相信我的眼睛,我简直要晕厥了过去,但白纸黑字写得清清楚楚是总政党委对我的处分决定:"开除党籍,开除军籍,撤销导演职务,下放劳动锻炼。"我一下子傻在那里,我想不通,我不过是在党的会上说错了几句话,(其实我说的根本没错)为什么要如此残酷打击我和整治我呀!

就在我难熬地等待处理的过程中,又在我身上发生了两件令人啼笑皆非的怪事情。

第一桩怪事:有位新手导演拍了一部片子,可是编剪不起来。一位领导命令我去帮助把片子重新编一下,我一听真有些哭笑不得,我向领导说:"我已是受处分的人,这任务我干不了。"果不然,那位比我级别还高的导演咆哮如雷,把我大骂一顿,这事才算作罢了。

第二桩怪事:一位首次担任故事片导演的同志要把一部军事教育片改编成故事片,可是编剧换了两个人还是没有编出来。领导又找到了我,要我重新修改一遍。这次我不能再推辞了，反正撤了职闲着无事就把本子改了出来，当时有言在先，我不能在影片上署名，这倒也无所谓。直到一年之后我的所谓“错误”平反后才给了我二百元钱的稿酬。

在这段时期，我心中烦闷、苦恼，想不通为什么要如此整治我，又无处可以申诉说理。往常，我只要遇到类似的遭遇，我唯一排解的办法就是到天安门看看高耸入云的纪念碑，想到千千万万为国捐躯的先烈，我总比他们侥幸得多，我还活着。我庆幸是处于今日的环境之中，若是处在红军极“左”路线统治时期，还不早戴上“AB团”或“改组派”的帽子被杀头了。

于是，我又来到天安门广场，伫立在纪念碑前思绪万千，引起了我对往事的一段回忆(电影中的术语叫“闪回”)。

三十三、七个战友

(闪回)1938年8月的一个夜晚，在延安蟠龙镇凹凸村的一眼小窑洞里，抗日人民军政大学第五期第七大队第九队的七个同学和我并肩站在党旗和马克思、列宁、毛泽东的画像前，高举右臂握拳宣誓加入中国共产党，誓死为共产主义事业奋斗终生。随后指导员王元和(红军干部)分发给我们每个人一本油印的“党员须知”小册子。队长王乃荣(红军干部)叮嘱我们说：“现在是统一战线时期，‘抗大’的党组织和党员是不公开的，‘党员须知’也不能让别人阅读。”最后，我的入党介绍人，副指导员杨季农(北平“一二九”学生运动参加者)和我握手祝贺并指挥大家轻声同唱《国际歌》。

翌晨，早操后我趁开饭前的空隙，跑到山梁上激动地阅读那本“党员须知”，使我从朦胧的仅仅怀着抗日救国的目的投奔到革命圣地的一个小知识分子，进一步懂得要为全人类的共产主义事业而奋斗献身的崇高理想。

我们八个同志，由于刚刚聚合在一个队才一个月，彼此不够熟悉，甚至连姓名都还没有记清楚就响应罗瑞卿副校长的号召，奔赴敌后抗日根据地，从“战争中学习战争”。行军一开始，我就被调到了七大队新建的宣传队，一路上作宣传鼓动工作，后来到了晋察冀又调入“抗大”二分校文化工作团。

从此,我和同一天入党的那七个战友分了手。

光阴似流水,转眼二十四个春秋过去了。到1964年,我到广州请军区审查我刚完成的《带兵的人》,因为这部影片是根据广州军区战士话剧团的同名话剧改编的。到广州后我住进军区的“东海饭店”巧遇到了当年九队的副指导员、我的入党介绍人杨季农(时任某军政委)。几十年后重逢分外高兴,当晚,我们促膝长谈到深晚,我告诉他我这二十多年来每当遇到坎坷和打击时;每当最困惑、最消沉之时,我总会想起那七个和我同一天入党的战友,鼓励自己不能沉沦,不能沮丧。我始终相信党、相信组织会还我本来面目。杨季农听了我的诉说后沉重的告诉我,当年和我同一天入党的七个战友在日本投降之前已全都血洒疆场,为革命事业流尽了最后一滴血。我听了十分震动,心里很沉重。啊!八个同一时间在党旗下宣誓的战友,如今只留下我一个人了。

从此每逢我遇到不顺的时候,遇到不公正的挨整之时,我就会想到这七个战友,我永远忘不了一起举手向党宣誓时的情景,永远忘不了同唱《国际歌》时的心境。如今,他们早已为共产主义理想献出了年轻宝贵的生命,和他们相比我是幸存者,还是幸福的。每当我想到这里不由得热泪盈眶。我暗暗发誓,我要经受得起考验,我一定要像入党宣誓那样,继续七个战友未尽的事业,直到生命的终结。(闪回完)

三十四、平叛部队当列兵

靠边等待处理的滋味很不好受,走到哪里都好像比人矮了一截。揪心的等呀等呀,这一天终于等来了。厂里下通知命令我先到兰州军区,再分配下连队当兵。和我同往的还有纪录片著名导演张加毅和《地雷战》的剧作者柳其辉。后来人们把我们称作“三个难友”。

到达兰州军区等了几天,我们被分配到青海的平叛部队装甲营当列兵。当即换上了列兵符号的领章乘火车硬座车厢(本来我的级别是坐软卧的)来到临近新疆的峡东兵站,改乘大卡车颠簸三天,一路经过敦煌等地来到沱沱河装甲营的营部，这一路上因海拔很高，太阳的紫外线把我们脸上鼻子上的皮肤都晒裂了，看上去很像小丑似的滑稽可笑。

受叛逃在国外的达赖喇嘛反动集团及台湾国民党派遣特务的蛊惑教唆，西藏、甘肃、宁夏、青海一带掀起了一股叛乱风暴，到处疯狂杀戮我军民，叫嚣成立所谓“西藏独立”的国家。装甲营是平叛部队的一部分，营部设在沱沱河。我们报到后被分到各连，我被分配到驻扎在唐古拉山口、通天河畔的一连三排。这里海拔五千多米，空气稀薄，稍微一动就喘不过气来，水壶已经烧开了，可是往里伸进手指头水还是温的。蒸米饭要蒸三个小时，煮面条煮成一锅糊糊才能煮熟。晚间，睡在棉帐篷里头痛欲裂，只能半坐半躺着无法入睡。我忍受着这种难熬的日子苦度光阴。排里没有把我当外人，也不知道我是受处分下来的，以为我是干部下来锻炼的，我按月照交党费，把这看作是我的义务。

当了两个月的列兵，又调到炊事班当了两个月的炊事员，尔后又让我当副班长、副排长，一直当到副连长，可以说是连升三级，虽然都是副的。

在这茫茫一片的冰天雪地，除了起伏的丘陵，见不到一棵树。据说本地的藏马到了敦煌，一见到大树惊骇得乱叫乱跳，拉也拉不住，因为这些牲口不知道这大树是何怪物。这里的草地草长得很短，地里到处是精灵的地老鼠，还有和内地长得不一样的麻雀，麻雀没有树好栖息，晚上和地老鼠一块钻在洞里和平共处。我们排守卫的是一座通天桥，据说这通天河水的源头就是长江的源头。过了河上的石桥就是唐古拉山，山那边便是西藏藏族自治区了。在我们驻守的四周，茫茫一片起伏的丘陵，常有成群的黄羊出没。想打只黄羊吃吃肉很容易，可是战士们对这种膻味挺浓的黄羊肉不感兴趣。通天河里游动着七八寸长的湟鱼，这种鱼不长鱼鳞。因千百年来罕见人迹，所以根本不怕人，只要拿根棍子就能够把鱼打晕，拿回来在铁皮板(卡车的门)上烤着吃，味道倒还鲜美，这也算是改善生活了。

装甲营一共三个连，每个连九辆装甲车，装甲车上的钢板非常坚固，子弹打上去连个痕迹都没有。由于部队过于分散，战士的生活比较枯燥。营教导员多次把我和张加毅、柳其辉召集起来编排一些小节目到各连演出。我先后编了《道班之夜》(《甘肃文艺》发表)、《谁是亲人》、《雪山春风》三个独幕剧，写的都是当时当地的真人真事。我还亲自给战士们当导演。为此，张加毅还取笑说：“你是贼心不死，还想当导演。”

一天下午，我们排接到营部通报：有一小股叛匪可能从我们排防区的一个山口流窜出来，要我们派一辆装甲车到山口堵袭。我当即随一辆车去到山口埋伏地。此时我的心里很兴奋，很希望能碰上这股叛匪打上一仗，我们车上有一挺重机枪，对付几十个乌合之众不成问题，运气好的话说不定还能抓他几个俘虏。

天渐渐暗下来了，我站在重机枪的位置上两眼盯着山口等待着猎物。可是左等右等，直等到旭日东升也没有看见叛匪的踪影。这时连部的报话机传下话来，命令我立即返回到营部。等我到了沱沱河才知道是兰州军区接到总政命令，要我立即返回北京。

返回到阔别九个月的八一厂，负责我专案的一位领导对我说："你的问题解决了，过去的一律不算数了。"我问："这到底算咋回事？我的处分咋办？我的党籍咋办？"回答说："全都一风吹了，即日恢复你的导演职务，恢复组织生活，别的你就不用再问了。"我说："那好，我在下放连队时按月都交党费，现在可以不再补交了。"

一场噩梦就这样收场了。

三十五、大胆的尝试

整整九个月的不白之冤，虽然令我吃了不少苦，受了不少罪，可是凡事都要一分为二，这九个月的苦难对我今后的创作可说是大有裨益，这9个月的连队生活，重新燃烧起了我要反映部队，反映战士生活的激情。在抗日战争和解放战争年代，我和部队的联系是比较密切的，因此比较了解连队生活，能够触摸到部队的脉搏跳动，能够感觉到部队的呼吸气息。可是全国解放入城之后，却和部队逐渐疏远了，对战士们在做什么？想什么？已经陌生了。对于一个部队文艺工作者来说，这是十分危险的。故而这次下连当兵，对我有莫大的好处。我在雪山草地上当列兵、当炊事员、当班长、当排长和战士同吃、同住、同劳动、同战斗。重新点燃了我热爱连队、热爱战士的情感火花。

从部队归来，我先后导演了两部以连队生活为背景的影片《哥俩好》和《带兵的人》。很久以来，我常常听到这样的议论："部队里的人穿同样的军装、做同样的事情,年龄又相仿,生活刻板、单调、枯燥,没有一点儿‘水分’,拍成影片很难吸引观众。”我认为这种意见有点片面。是的,我们的军队,是一支具有很高组织性和纪律性的革命武装集团,但不等于说我们的战士都是呆呆板板,死气沉沉的“机械人”。相反,连队生活是非常丰富多彩的,战士们生龙活虎的形象也非常可爱。因而我就是想拍连队的戏。

正巧,编辑部徐一亢告诉我:“南京军区前线话剧团正在演出一个喜剧叫《我是一个兵》,听说演出的反映非常强烈。”我一听这消息,连忙向厂领导汇报,陈播厂长正愁着第一季度没片子上马,同意我到南京去观摩,还建议让另外两个导演冯一夫和李俊同我一起前往,并说只要你们三个人一致认为可以改编电影,不必再向厂里汇报,便可以立即与前线话剧团商借话剧的作者和你们一起来京改本子。

我们三个人受命来到南京,观看了《我是一个兵》的演出,一致认为很好,基础不错,样式新颖,主题鲜明,可以改拍电影。当即和前线话剧团商量借调该剧作者去八一厂改本子。该话剧剧本的编剧是白文和所云平两个人,因白文另有任务不在南京,故请所云平和我们一块返京改本子。

到厂后,所云平很快写出了头一稿,我接着进行了修改,写出了导演脚本。当时我想影片如果沿用话剧《我是一个兵》作为影片的片名,太一般化,不吸引人。那么起一个什么片名呢?我绞尽脑汁想了好几天。这一天我突然想到人们在一块儿喝酒猜拳时吆喝着:“六六顺啦,八匹马呀,全家福呀!哥俩好呀!”这“哥俩好”不是很恰当,很切题么。它既通俗上口,又有喜剧味道,于是片名就确定叫《哥俩好》。

这部影片中的两个主角陈大虎和陈二虎是一对孪生兄弟,虽然长相一模一样,可是两个人的性格却迥然不同。哥哥陈大虎老实、稳重、腼腆;弟弟陈二虎活泼、开朗、调皮。那么该邀请谁来扮演这两兄弟的角色呢?试了几个演员都不具备喜剧演员的素质。怎么办?这天我碰到了已经调进八一厂演员剧团的张良,想起他扮演《董存瑞》中董存瑞这个角色,有一股子讨人喜欢的调皮劲和可爱劲。在他身上我觉得具有喜剧演员的潜在素质。于是决定由他一人扮演这两个不同性格的人物。

拍摄之前,一些好心的朋友提醒我说:“喜剧是一种危险的艺术,前些年拍摄的喜剧片都出了毛病挨了批,甚至变成了毒草,你可得慎重呀!”

有人说:“人民解放军是一支有组织有纪律的部队,用喜剧样式来反映部队生活合适吗?会不会歪曲了人民解放军的形象呢?”

有人说:“影片里对班长雷利金这一人物的批判,会不会丑化了人民军队的基层干部形象呢?难道这样一个主观性非常强,工作方式又极其生硬简单化的人,领导上会让他当干部吗?”

有人说:“在我们部队里,能允许陈二虎这样调皮捣蛋,自由散漫吗?难道我们的新战士的形象是这样的吗?”

这些议论,让我疑虑和困惑。一方面从本意上我喜欢这个题材,但另一方面则又有些担心。我这个人以往在风头浪尖上被打怕了,唯恐再出麻烦。思前想后我萌发了一个大胆的设想,在正式拍摄之前,先把电影剧本再改成舞台演出本(不是原来的话剧本),经过短期突击排练后,五幕话剧《哥俩好》在民族文化宫和工人文化宫正式公演了。我的目的是在首都这个地方公开公演,看看广大观众怎么反映?会有什么反面效果。想不到戏一公演天天爆满,一时盛况空前,各种报刊上也有不少赞扬文章。我心里有了底了。增强了我拍这部喜剧影片的信心。当时又恰逢纪念毛主席《在延安文艺座谈会上的讲话》发表二十周年,再一次使我得到深刻的启发,它像一盏指路灯似的使我眼前豁然开朗,一些糊涂观念开始在脑海里渐渐澄清。

首先,用喜剧样式会不会歪曲了部队生活的问题,我觉得这要看创作者的立场和态度。喜剧的职责,不仅是暴露反面的、落后的、衰亡的、丑陋的事物。而且它也歌颂肯定的、正面的、进步的、美好的事物。《哥俩好》这个本子比较真实地反映了我们的光荣传统,反映了当时全军蓬勃开展的“四好连队”和“五好战士”运动。剧中许多笑料,并不是一些插科打诨的调料,而都是具有深刻教育意义的现实。而且恰恰因为运用了“喜剧”这一样式,使它能更生动活泼地体现出“既严肃又活泼”的部队生活图景。人民解放军是一支有组织有纪律的队伍,但是部队的生活是丰富多彩、生动活泼的。用喜剧样式来反映部队生活,只要出发点不是为了猎奇,不是故弄玄虚,不是卖弄噱头,而是用饱满的政治热情去歌颂的话,这是完全允许的。

那么,批评军队内部的缺点,会不会丑化了英雄形象的问题,我认为就要看创作者的立脚点是否站得对?敌我矛盾和人民内部矛盾的界限是否划得清?毛主席在《讲话》里说得好:“……人民也有缺点的。无产阶级中还有许多人保留着小资产阶级的思想,农民和城市小资产阶级都有落后的思想,这就是他们在斗争中的负担。我们应该长期地耐心地教育他们,帮助他们摆脱背上的包袱,同自己的缺点错误作斗争……”。《哥俩好》的剧本中对班长雷利金的批评,作者的态度完全是站在同志的立场,进行善意的劝勉,而无半点恶意的抨击。因之这也是完全允许的。

第三,作为影片主角的陈二虎,这个人物性格的塑造是否典型呢?我认

电影《哥俩好》拍摄现场，导演严寄洲(左二)为演员张良说戏。

为陈二虎那种幼稚、天真、聪明自持、虚荣好胜是有他充分的现实根据的。当他的农民散漫性和革命队伍组织纪律的冲突展开时，剧本鲜明地体现了部队这个“大熔炉”，如何把一块矿石冶炼成钢的生动图景。如果不这样，而是把战士都按照一定的规格去描绘，那么还有什么思想教育可言呢？陈二虎之所以终于成了一个“真正的兵”，这正是从他这一特定的人物的性格出发，以人物性格的塑造为中心，完成了对剧本主题的阐述，所以剧本对待陈二虎，既写了它的可爱的、求进步的一面，同时又写了他落后的一面，使这个人物更加丰富，更有立体感。

《哥俩好》摄制完成了！通过了！公映了！我到高、中、低各档电影院混在观众中听反映看剧场效果，当放映中一次一次引起哄堂大笑时，我十分激动，一番心血总算没有白费。这是对我劳动的最高奖赏。而在当年的“百花奖”中，此片不仅令主演张良获得“最佳男主角奖”而且还夺得其他单项奖。这也是自打“庐山会议”后，我被“撤职查办”两年后，重又执导影片获得的殊荣。

三十六、金环和银环

1962年,人们纷纷传看着一本畅销书——《野火春风斗古城》,作者是部队作家李英儒。开始我还没有太在意,后来耳边不断听到对这部小说的好评,引起了我的好奇心,也买了一本阅读起来。谁知道这一读就放不下手了。小说描绘了在抗日战争年代,共产党在隐蔽战线上对日伪艰苦卓绝的斗争,歌颂了具有富贵不能淫、威武不能屈把生死置之度外的共产党员的光辉形象。讴歌了杨母、金环、杨晓东和韩燕来等人的大无畏革命气概,同时更生动地刻画了银环这个革命女青年在斗争风浪中锻炼成长的过程。我被书中的人物深深地吸引住了,作品中的那股浓郁的生活气息也扑面而来,尤其是作者语言上的功力,更令我感叹。

抗战初期,我在上海曾经参与了党领导的地下工作,之后在敌后抗日根据地,我又参加过武工队的工作。所以对书中的人和事有着切身的感受和体会。从而心中萌生了一定要争取把小说搬上银幕的创作冲动。

恰好,此时陈播厂长找我商量,问我看过《野火春风斗古城》这本书没有,我说看过。陈播又问我有没有兴趣把《野火春风斗古城》拍成电影,我一听当然求之不得,连声说我早就有这个想法,正想跟你商量。陈播又说,他已经跟作者李英儒联系过,李英儒希望由我出任导演。我一听这真可谓是不谋而合。陈播还说李英儒提出他不熟悉电影剧本创作,希望我能参加合写。我当即欣然允诺。李英儒还推荐另一位作者李天,三个人共同完成这个任务。

李英儒、李天和我三个人来到了河北省会保定,即是本剧故事的发生地。解放前李英儒就在这里从事地下工作,他带领我们走访了小说中所提到的各个景点,使我有了深一层的体验和感性认识。接下来我们开始了创作电影剧本的构思。

要把一部三十万多字的长篇小说,压缩成一部电影的故事容量并非易事。如何改法?有三种方案:一是把长篇小说中面面俱到的内容改成一个

电影《野火春风斗古城》剧照，王心刚和王晓棠饰演男女主角。

缩写本；二是摘取小说中最富有戏剧性的部分，像折子戏似地取其中最精彩的一段；三是按照原著，展开来写成上中下若干集。显然，按照第一种方案，容易弄成大杂烩；按照第二种方案，不能够包罗全篇的精彩内容；按照第三种方案，当时电影厂生产的需要又没有可能。最后我们确定从小说盘根错节的复杂情节中抽出一条贯穿全局的红线，那就是：为了有力配合根据地作战、给抗战胜利创造条件，杨晓东和银环等地下党员，展开了一场争取和瓦解伪治安军、特别是争取伪军团长关敬陶率部起义的工作。有了这一条贯穿全剧的主线，精选了小说中最精练、最鲜明、最有力，并且最合乎银幕造型表演手段的戏剧情节进行改编。在小说中，主人翁是地下党的领导者杨晓东，小说全部是通过他在古城中所进行的一系列活动展开的。现在改编是要沿着争取关敬陶起义这条线进行，那么在原著中提供杨晓东的动作就显得不够丰富。因而影片的主角就不得不落到银环这个人物身上。

我在剧本的创作过程中，就产生了对剧中银环和金环这两个模样相仿，但性格迥异的姐妹将来用一个演员来扮演的设想。曾记得在30年代，我在上海曾经看过一部电影："明星影片公司"拍摄的《姐妹花》，片中姐妹两个人物由当年红极一时的电影皇后胡蝶一个人扮演。上映后轰动了十里洋场，对此我记忆犹新。更何况我刚刚拍过的《哥俩好》，也是张良一个人扮演陈大虎和陈二虎两个不同性格的兄弟，获得了较好的剧场效果，我在导演这部片中也积累了一点经验。

影片筹备阶段，在遴选演员时，我首先考虑的是扮演银环和金环的人选。我设想银环这个人物，应该是热情、文静、温厚、机灵。但她在工作中缺乏经验，显得有些幼稚。金环则不同，她刚毅、敏锐、老练、沉着，她走路一阵风，说话不饶人，行动中从不拖泥带水。演金环要演出她的劲儿，演银环要演出她的味儿。

也许是这部小说影响太大了，一些同行纷纷给我献计献策。北影的崔嵬导演建议我启用刚拍完《青春之歌》而名噪一时的谢芳。上影的谢晋导演则建议我启用曾拍过《女篮五号》和《红色娘子军》的向梅。还有一些别人推荐的候选人。就在我举棋不定之时，恰巧王晓棠参加“四清”运动后从贵州返回厂来，我心中一动。王晓棠曾经和我合作过《英雄虎胆》、《一日千里》和《海鹰》等片的拍摄，她的可塑性很强，她在拍戏中有一股子执着的劲头，相信她有能力完成这个任务。果然，后来在拍摄中，她把这两个人物演得栩栩如生，获得了成功。因而在当年的“百花奖”评选中她获得了“最佳女主角”奖，而且得票率是百分之百的全票，这也是很罕见的。

在选演员中，除了由王晓棠扮演金环和银环，还选定了王心刚扮演地下党的领导杨晓东、王润身扮演伪治安军团长关敬陶，陈立中扮演杨晓东的母亲，赵汝平扮演地下党员韩燕来，李壬林扮演伪治安军司令，王孝忠扮演日军顾问，张怀志扮演特务兰毛。一个个都恰到好处。这给了我一个好经验，选演员是一次严肃的艺术创作，马虎不得，角色选对了，影片也就成功了一半。

《野火春风斗古城》工作照，左一为导演严寄洲

在《野火春风斗古城》的整个摄制过程中，我力图把银环这个人物的思想感情挖掘

得深透些。她既有热情、善良、忠贞的一面,又有莽撞、幼稚、脆弱的一面。我尤其着重运用电影语言来表现银环纯洁无瑕的内心感情。例如影片中银环冒着风险去探视被软禁的杨晓东的母亲时,老人将自己当年的一枚结婚戒指从手指上摘下来,深情地交给银环,暗示这位坚强的母亲临死前的心愿,希望眼前这个可爱的姑娘能同自己的儿子结合。此时此地,银环的内心是多么复杂,要依着她自己的愿望,是乐意戴上这枚象征幸福的戒指的,可是她不能,因为她觉得在这种残酷的斗争环境中是不可能考虑这种事的。但在这种时刻,她又怎能忍心去违拂一个可敬的母亲的心呢?最后,在这种极端矛盾的心理下,只得痛苦得伸出手来,把这枚本来是象征幸福,但却使她伤心;愿意戴上,又不想戴上,而又不得不戴上的戒指套进了自己的指头……我所以不厌其烦的写了这么一段,就是说我想通过剖析人的复杂思维,把革命者写成"人",而不是不食人间烟火的"神"。人,是有感情、有七情六欲的动物。有欢乐、有悲伤、有昂扬、有低沉,这样才能使观众信服。

本来在小说中和电影上所表露出来的银环与杨晓东之间的感情线索要明确得多。可是在当时那种"谈爱色变"的畸形年代,不敢明确描述这条"爱情线"。我心中很清楚,即使当时你拍了下来,结果还得一剪刀剪掉。因之我只能隐隐约约,把若隐若显的感情戏像贩卖"私货"似地塞到戏里。这种"艺术创作"今天大家看来似乎不可理解,而且荒谬可笑。可是在那个年代却是不得已的。

我曾经极想拍摄,但又没敢拍的一场好戏,我把这场戏看作是"神来之笔"。但由于那个年代的特殊氛围,使我不得不放弃,此事直到今天我还引以为终生遗憾。这场戏是这样设计的……

由于银环不慎,她向已经叛变的同学泄露了杨晓东的行踪,致使杨晓东被捕。痛苦、悔恨、怨恨使银环痛不欲生。杨晓东是党的领导,何况还是自己内心深处的意中人。她在痛苦中接受了党的嘱托,要她去根据地汇报并商议营救杨晓东的办法,这场戏我设计的镜头是在铁道上的最高处(约五层楼高度)俯拍银环孤身一人过铁路。此时一列客车飞驰而过,银环站在一旁,车厢里的灯光一闪一闪照射在银环的脸上,娟秀的脸上显露出她的内心痛苦,暗示她恨自己犯了大错,不如一头撞死在车厢上。可是不行呀,她还必须去向上级汇报。这一切尽在银环的眼神里表露。依靠音响、音乐和光影来渲染,所谓千言万语尽在不言中。遗憾的是这么好的设计,却未能拍成。

此外,我还要谈一下这部影片的风格样式问题。在影片还没有开拍之前,曾经有友好同行向我建议:"根据电影剧本的基础,完全可以拍摄一部超越《英雄虎胆》的惊险影片，卖座率一定高。”我对此建议经过再三考虑，认为不妥。因为这部电影不是以曲折离奇见长，不是以惊心动魄取胜。而是写“人”，写人的遭遇，人的感情，人的命运。它应该是一部史诗式的、带有惊险情节的“正剧”。因之，我在拍摄这部影片时，没有渲染离奇，没有夸大惊险，而是用真实和朴素的叙事方法，以粗线条勾勒和工笔画细描来再现当年地下斗争的长卷。

《野火春风斗古城》摄制完成于1963年，相距四十年后的今天，还频繁在电视屏幕上出现，此片是我从事电影导演的第十部影片，应该说那时我的业务功底还比较稚嫩，各种技术手段也还很落后。为什么如此一部老掉了牙的老片迄今还会有人看呢？想了半天答案只有一个，那就是由于当年参加本片的主要创作人员都比较熟悉生活，在创作中有一股子政治热情。大家不计条件、不计报酬，不计个人得失，拧成一股绳，同心同德一个信念，就是把这部影片拍好，而真正的艺术是有生命力的。

三十七、《带兵的人》风波

受处罚到青海高原的平叛部队当了九个月的兵的经历，勾起了我要拍摄反映连队生活的影片的愿望。当年我拍摄了喜剧《哥俩好》之后还想再拍一部。恰好我刚完成《野火春风斗古城》之时，听说广州军区战士话剧团正在演出一部反映连队生活的话剧《带兵的人》，据说观众反映不错。这部话剧的作者肖玉提出和我合作把它改编成电影。

《带兵的人》的内容主要写基层干部如何带好兵的故事。这个剧本本身就包含着许多可笑的戏剧因素，正当我还想沿着拍摄《哥俩好》的路子把它拍成喜剧时，那种“喜剧是危险的艺术”的“台风”突然刮了起来，对《哥俩好》也不无“歪曲连队生活，丑化战士形象”的流言蜚语。致使这部电影只得按正剧去拍了出来。从完成片看显得枯燥平淡，艺术感染力大为逊色。

影片开拍之前，在挑选演员时，我大胆启用了一个从未涉足影坛的新人。这是因为这部片子中的主角是一个年轻的小兵，他一心想立功受奖，但由于他调皮散漫经常出错，因而闹出了不少笑话。当时八一厂演员剧组的演员年龄都偏大，所以我只好到解放军艺术学院去挑选，结果选中了一个适合扮演这个角色的年轻演员。剧中另一个主要角色是一个善于带兵的连长，我想到了八一厂演员剧团的高保成，他刚成功地扮演了《上甘岭》中的张连长一角给观众留下了深刻的印象，高保成是我在战斗剧社的老战友。我开门见山地对他说："你刚拍摄《上甘岭》里的连长，现在又让你演连长，有一定的难度，要好好琢磨，不要雷同了。"高保成说："《上甘岭》的张连长是个勇敢无畏的英雄，《带兵的人》中的连长是个爱兵如子，对待部下像个老妈妈似的好干部。两个连长不会一个样儿的。"果然他不负众望，很好地完成了角色任务。

电影《带兵的人》剧照

影片摄制完成，经总政及电影局审查通过正准备全国上映之前，没料到时任广州军区司令员的黄永胜突然发难。总政文化部和八一厂通知我，黄司令员要召见，我当然不敢怠慢，和编辑部王影主任立即飞往广州。

黄永胜是第四野战军林彪麾下的一员战将，我很尊重他。不料他一见到我就气势汹汹地训斥说："我几次让你们来看看演出，你们就是不来。"我说："不是的，我和王牧副厂长一块儿专程赶到台山看了演出的。"黄永胜说："那为什么拍出来的片子和演出的话剧不一样呀？"我说："是不一样。话剧是以练兵训练过硬本领为主线，电影是以军事干部也要能做政治工作为主线。"黄永胜说："话剧演出非常成功，你们为什么要改？"我也并不示弱说："我们拍摄的剧本是总政审查通过的，如果黄司令员要重拍，可以通过总政重拍嘛。"

谈话不欢而散，王影主任也觉得无可奈何。可是本子是广州的本子，广州军区不通过那就麻烦了。恰巧，这时蔡畅同志也在广州疗养，王影主任想通过她的面子说服黄永胜。第二天下午请黄永胜陪蔡畅一块看影片。蔡畅是一位温文尔雅的女首长,很少说话,放映中只听到黄永胜一个劲儿指责这也不是那也不对,蔡畅也不好再表态,看完片子也不了了之。

回到北京后我越想心中越不是滋味儿。我先找罗瑞卿大将看片,我汇报了黄永胜看片后的意见。罗大将当即说:"我看这部片子没有多大问题,你们厂里可以再请总政的领导看看么。"我心想总政已经通过了,再让总政领导看意义不大。我又和陈播厂长一块去叶剑英元帅家中请他审查,叶帅看后说:"很好么,对部队很有教育意义么,你们八一厂要多拍这样的片子。"过了几天,我又请贺龙元帅看片,贺老总看后说:"严寄洲!你说广州对片子有什么意见,是怎么回事?"我说:"黄司令员要我们按照他们话剧团演出的重拍。"贺老总说:"这片子很好么,没必要再重拍么。"我一听心中总算一块石头落了地。后来影片在全国公映后还获得了总政治部颁发的"优秀电影剧本奖"。

三十八、黄永胜骂我品质坏

1965 年我到湛江、汕尾、海南岛一带采选外景,因为《南海长城》由江青担任艺术指导,我这个导演有点诚惶诚恐,不敢怠慢,采景一直到了海南岛榆林南端前边两个小岛东茂岛和西茂岛。这是我从影以来走的地方最远最多的一次。

回到广州军区住在"东海饭店"稍事休息准备返京。这时广东省军区副司令王克找到我说:"老严!老总来广州疗养,就住在军区,快过大年了,咱们去看望看望他?"我一听连声说好。第二天来到了贺龙元帅的住处。老总一见我用疑问的口吻问我:"怎么,听说你在拍江青写的剧本?"我说:"不是,是拍《南海长城》,江青同志担任这部影片的艺术指导。"贺老总"噢"了一声再没说什么,我觉察到他老人家好像有些不太高兴,不过当时我并没有在意就谈起别的事来。闲谈当中中南局第一书记陶铸来了。陶书记一阵风似地跨进会客厅就连连向贺老总恭手:"老总,给你拜个早年!"贺老总指着我介绍说："这是八一厂的导演严寄洲，是我们老一二〇师的。"陶书记一听到我的名字，对我上下打量了一下说："啊！你就是严寄洲呀？"我此时觉得很奇怪，陶书记为什么这样问我。接着陶书记开门见山地冲我说："黄司令员（黄永胜）对你很有意见呀！他说你拿两个元帅，一个大将来压他一个上将。"贺老总一听丈二和尚摸不着头脑，问我："严寄洲，是怎么一回事呀？"我连忙解释："我去年拍的《带兵的人》是广州军区的本子，黄司令员看了我拍的片子不满意，说我没有照战士话剧团的话剧拍。后来在北京我请你和叶剑英元帅和罗瑞卿大将看，我哪儿是要用两个元帅一个大将来压他呀！"贺老总连连摇了几下手说："过大年了，不说这些了。"陶铸说："老总呀，中央有精神，今年过年不许请客吃饭，我们也就免了，所以我特地来请你下午到白云山走走。王克！严寄洲！他们也一块儿去。"

我和王克从客厅里走出来，心中很不是滋味说："这哪儿跟哪儿呀！我怎么会是压他呀？"王克一看左右无人，靠近我小声说："我告诉你，你可不要生气，我听军区文化部的人说，黄司令员说严寄洲这个人品质很坏。"我一听非常气愤，怎么把艺术创作上的不同看法上纲到品质问题上来给我戴帽呀，这简直是不讲道理的霸道么。我这个人一辈子经常挨骂受打击，那大都是同行之间的吃醋妒忌。可是你黄永胜是堂堂司令员、高级首长，这样随随便便给人下结论实在太不应该了。不过我这个人从来不记仇，事后也就不再去想它了。可是万万没有想到，到了"文化大革命"中，那时我已被"造反派"非法关押起来了。有一天突然从高音喇叭广播里听到"无产阶级司令部"广播，宣布黄永胜调到北京来当总参谋长。听到这消息我心想他当上了总长我可没好果子吃呀。

没想到的是，这次在广州见到贺老总，是我跟随他二十七年以来的最后一次见面。"文革"中他老人家被林彪、"四人帮"迫害致死。

三十九、江青当艺术指导

1963年，广州军区剧作家赵寰，根据1962年台湾当局派出九股武装特务，窜犯大陆沿海骚扰，被大陆海防民兵一举歼灭的故事，创作了一部多幕话剧《南海长城》。军区战士话剧团演出后，观众反映强烈。

1964年，《南海长城》奉调进北京演出，6月19日，毛主席和江青观看了演出，毛主席对该剧予以肯定。之后江青又和剧团领导及作者赵寰谈了进一步修改的意见，据她说有的是毛主席的意见。

1965年，八一电影制片厂厂长陈播拟将《南海长城》搬上银幕，并决定由我出任该片导演。此时我正在广东湛江地区拍摄《带兵的人》。

“文革”期间，被吹捧为“文艺旗手”的江青，先后搞出了八部“样板戏”。不过舞台演出毕竟观众有限，影响面不大。江青一直有拍“样板电影”的念头，当她获悉八一厂要根据《南海长城》拍成电影，正合她意。为了了解我的导演业务水平，江青在海南岛三亚地区的大东海疗养地调看了我所导演的大部分影片。江青一直对三四十年代在上海电影界与戏剧界的艺术创作人员存有戒心，因为这些人都了解她在上海时的老底。而八一厂的创作干部都是在革命队伍中成长起来的老八路，使用起来不怕露了她在上海那些见不得人的老底。

赵寰专程从广州来到北京，把一份江青对话剧《南海长城》的意见交给了陈播厂长，并传达江青指示：同意八一厂把《南海长城》改编成电影，并说剧本由你们自己去改，请严寄洲多多费心吧。

我拍完《带兵的人》返回厂里，接受导演《南海长城》的任务时，同时获悉此片将由江青亲自出任艺术指导，不免心中窃喜。心想，江青懂电影，而且长期在主席身边工作，对我拍摄这部片子，将会有极大的帮助。谁知道我的这种美好愿望，到后来却成了可怕的悲剧。

1965年7月19日，江青在中南海的丰泽园召见我们，这儿是毛主席与中央领导们商议国家大事的地方。这次被召见的有总政文化部陈亚丁副部长、陈播厂长、故事片室主任冯一夫和我。江青一见大家便兴致勃勃地说：“这部戏是毛主席看过的，一定要拍好。”继而又讲了很长时间如何突出主要英雄人物的话（那时还没有发明“三突出”一词），要形象高大，对剧本修改和剧情的安排都要依此为中心……说是座谈讨论，其实是她一个人演讲。

江青参与拍摄《南海长城》，一是想打开拍“样板电影”的局面，但主要的是想借军队文艺的力量，帮她实现政治野心。她对我说：“这些年我是攻来攻去攻不动，看来只有依靠解放军。”

我以最快的速度，突击写出了《南海长城》的“分镜头剧本”，并将“导演阐述”一并送呈江青审阅。

过了几天，江青办公室的柴秘书打来电话，说江青要和陈播厂长谈事。以往江青的作风总是恣意行事，这天在电话里却突然讲起了组织纪律性，她说："我直接找你们谈话，组织手续不太合适。是不是请你们向总政说一下，再开会。最好请军委罗瑞卿，总政哪一位主任一起来谈。"

过了几天，江青发话要讨论我写的分镜头剧本了。这回到丰泽园参加讨论的人除了陈亚丁、陈播、冯一夫和我，还有罗瑞卿总长、总政刘志坚副主任等人。这是讨论我的分镜头剧本规格最高的一次了。

江青看着到会的这些头头脑脑，十分高兴。会上只听她一个人说，别人没有插嘴的余地。分镜头剧本是供摄制组人员用的，不搞这行的人看不明白，特别是那些"远、全、中、近、特、推、拉、摇、跟、渐隐、渐显、叠化"一类术语。"导演阐述"也是供摄制组拍摄中作为依据的蓝图。

江青说了一阵，小陈护士来请她去吃药。江青一走，罗总长皱着眉头对我说："严寄洲呀！你这个本子是怎么搞的？看也看不懂。"抗日战争时期，我就和罗总长熟识，说话很随便，我说："罗总长！这分镜头剧本是供拍摄时用的，你当然看不懂，你只要把那些术语跳过去，单看内容就行了。"

江青服完药回来了，她翻了翻本子问我："严寄洲！你为什么在'导演阐述'中提出斯坦尼斯拉夫斯基的话？他的表演理论是资产阶级的那一套，今后不允许再提这个名字。"我的心一沉，斯氏体系是一门科学，哪有什么资产阶级和无产阶级之分，可是嘴上却没敢说出来。谁知江青还要把这"旨意"印发全国各文艺团体，从此斯坦尼斯拉夫斯基再也不能提了。可是表演不沿用斯氏体系又用什么呢？无奈中只好变着法儿，把一出戏、一部电影的"最高任务"改称"终极目的"，把全剧的"贯串动作"改称"串连线"，把"交流"改称"触电"，令人啼笑皆非。

江青的长篇大论讲完，罗总长说了几句，他说："江青同志很懂艺术，她来领导你们工作应当很幸福嘞。不过江青同志呀！你身体不好，有些事情你就不用操心，交给我们办好了。"罗总长的讲话，江青还不便顶撞，没再说什么。偏偏陈播厂长也跟着罗总长的话表态："对，对，有些事情江青同志你就不用管了，我们来办就是了。"江青一听脸一沉，冲着陈播说："怎么？是你们来找我管的，不要我管，那我不管就是了。"此话一出，弄得大家十分尴尬，会议也就此草草收场。

本来，江青看重的是我这个老八路对她那三十年代的历史不知道，便于她指挥和操纵。后来她突然了解到三十年代我也在上海，顿生疑虑。一天，她让柴秘书通知八一厂说有事找我去谈，我急忙驱车来到丰泽园。见面的时间到了,江青姗姗而来。我问江青:“怎么今天只有我一个人呀?”江青笑答:“每次大家来,尽听我一个人说,今天想单独和你谈谈,也听听你的意见么。”接着她随便地问:“严寄洲,自从我头一次见到你,我就有一个疑问,30年代你不是也在上海吗?我好像在上海早就见到过你。”我说:“不,我不认识你。”江青说:“你在上海那个文艺团体呢?”我说:“我不是搞文艺的,我在上海世界书局印刷厂当练习生。”江青又问:“你在上海是哪年入的党?”我说:“在上海我还不是党员,只是在党的外围组织。我是1938年到了延安在‘抗大’入的党。”

接下来谈拍摄问题了。其实这开场闲谈,恰恰是她今天谈话的重点,也是她的一块心病。现在这一块石头落地了,她的脸上有了更多的笑意。江青首先问我片中的男女主角准备选谁来扮演。我答:“男主角区英才准备用本厂演员剧团的赵汝平,他曾在《烈火金刚》、《碧空雄师》、《英雄坦克手》和《野火春风斗古城》等影片中担任重要角色,女主角阿螺一角则借调‘上影’厂的王蓓担任。”江青皱了皱眉头说:“赵汝平气质倒还是不错,像个渔民。但要他扮演区英才,缺少英俊挺拔的气质。”我问:“那你说谁最合适?”她想了想说:“你们厂的那个张勇手行不行?我看过他的《英雄虎胆》、《海鹰》、《赤峰号》,都是你导的片子,他的形象还可以,不过缺乏渔民的气质,让他到渔村去体验生活。”回到厂里,心想怎么跟赵汝平说呢?我总不能抬出江青来当挡箭牌吧。我只好歉意地找赵汝平谈了此事。赵汝平说:“没什么,角色换人常有的事。”这样张勇手便调到了摄制组。我试拍了它的一场戏后,送给江青审看。江青看完样片摇了摇头发话了:“张勇手渔民气质不行,你还是把赵汝平换回来吧。”首长一句话就是“圣旨”,我只得又找张勇手道歉,换了赵汝平。我心想主角总算确定下来了,可以安心筹备了。谁知道天有不测风云。几天后,江青又打电话来了,她说:“还是换张勇手吧。”我的老天爷呀!我的脑袋几乎要炸了!这样走马灯似地换来换去,叫我怎么干呀?谁知道一波未平,一波又起。隔了几天,江青又来电话说:“王蓓演阿螺不合适,小家碧玉,没有渔家妇女那种粗犷气质,要换。”我一听又蒙了,怎么办?王蓓是我费了好大劲才从上影借调过来的,眼下没有更合适的人选,心中不免有些怨气。我当即打电话给柴秘书,要他报告江青,要求面谈。很快得到了答复,让我去丰泽园。见了江青,我单刀直入:“我认为王蓓还是合适的,我想不出还能找谁?你如果有合适人选,我可以去调来试戏。”江青看出我的情绪说:“既然这样,那就定王蓓吧。”我叮了一句:“定了?”江青扫了我一眼:“看你这个严寄洲!定了!不过你一定要好好排她的戏。当她政治上觉悟之后,拿起枪进入女民兵队列时,那种飒爽英姿一定要表现出来。”我连忙说:“一定,一定!”

江青的作息时间与众不同。她夜里办公,10点钟起床吃早点,午餐是下午4点。现在已经过了4点钟了,她要我跟她共进午餐,谁知道席间她又来花花点子了。她说:“影片作曲要换,换瞿希贤,插曲要马玉涛来唱。还有,摄影要换李文化,他拍的《早春二月》拍得美,有意境。”我心中虽不快,但我认为她艺术在行,比我站得高看得远,虽然干涉太多,出发点还是为了拍好电影么。

那年头,八一厂只有办公室和各级领导家里才能安装电话,我接电话要到隔四户人家的管理科长刘志超家去接。江青打电话每次都在三更半夜,苦了我也闹得那个管理科长不得安生。

李文化是北影厂的摄影师。当时他正在拍摄《煤店新工人》,接到厂里命令立即风风火火赶到八一厂我家里,问我到底怎么回事?我把江青点名要他来的事说了一遍,他欣然接受了任务。然后我领他去丰泽园见江青,江青一见就说:“李文化!你拍的《早春二月》拍得不错嘛,色彩也很好,画面也可以。不过,你那是为资产阶级拍摄的,现在我要你来为无产阶级拍片,怎么样?”李文化诚惶诚恐,连连说:“是!是!是!”我很纳闷,一个摄影师根据导演意图,把要拍的内容用摄影机拍下来,哪有什么阶级之分呀?

在试拍阶段,我们使用的是阿克发彩色胶片。这种胶片彩色还原层次差,鲜艳有余,中间色调反映不出来。江青对我说:“每次看样片总觉得色彩不好,不是偏红就是偏黄,你最好把胶片换美国的伊斯曼,拍摄低密度曝光效果特别好。”我说:“每年各厂只能分配到一两部重点片用伊斯曼,我们厂已经没有了。”江青一挥手:“那好吧,胶片问题你别管了。”第二天,罗瑞卿总长突然通知陈播厂长和我到钓鱼台,见了面罗总长说:“昨天晚上,江青同志打电话来,说什么胶片怎么着?你们知道吗?”我连忙说:“江青同志说,现在我们用的胶片不好,要换美国的伊斯曼,厂里没有这种胶片,需用外汇去买。”罗总长说:“你要用多少?”我说:“一万米,一块美金一米,一万美金。”罗总长说:“那好吧,我跟总后(解放军总后勤部)说一下,以后这些事你就不用找江青了嘛,找我好了。江青她懂艺术,你要好好听。不过不对的话就不要听嘛。”罗总长的最后一句话,当时我并没有在意,我政治上迟钝,没有领会。

胶片问题解决了,我以为可以高枕无忧了。谁知半夜三更又来电话了,江青在电话中说:“严寄洲呀!我们拍的是无产阶级的彩色片,演员的皮肤不能像资产阶级少爷小姐那样的白皙粉嫩。从明天起,你要让演员出去晒太阳,把皮肤晒得黑红黑红的。"

第二天一上班,我就让演员去晒太阳,遭到化妆师的强烈反对。他们说太阳把皮肤晒暴了皮就没有办法化妆了。至于皮肤的颜色完全可以用底子油彩解决。我觉得化妆师说得在理就不吭声了,可是这天半夜又来电话了,江青问:"演员晒太阳没有?"我吱唔地说:"明天开始晒。"第二天我只得让演员都到院子里转了几圈搪塞。这件事后来在"文化大革命"中成为我抗拒江青指示的一条大罪状。

演员定下来了,作曲家瞿希贤、摄影师李文化也都来报到了。下一个阶段就是由剧作家赵寰带领大家去广东汕尾体验生活。我和制片主任等少数几个人还有一些事未完,等过几天再赶过去。

过了一些日子,我们乘火车到达广州。广州军区文化部一位领导已经等候有月台上,一见到我便说:"总政文化部电话,陈亚丁部长命你立即返回北京,有要事商量,这是飞机票。"我只得从火车站直奔飞机场飞回北京,在飞机上我心中直嘀咕,肯定是江青又出什么馊点子了。到厂后,我和陈播找到陈亚丁问个究竟。陈亚丁说:"还是阿螺那个角色问题。"我说:"最后确定用王蓓是江青同志点头拍了板的嘛。"陈亚丁无可奈何地说:"既然江青同志要换,你就执行算了。"我问:"换谁? 江青要换谁,我马上去借调试戏。"陈亚丁摇了摇头:"她没说,你是不是试一试田华?"我问:"是不是江青的意见?"陈亚丁说:"不是,是罗总长提的,这样省得你被动。"我对陈播说"田华现在棚里拍《秘密图纸》的内景,怎么办? 张勇手已去南海渔村,没人跟田华配戏,摄影师李文化也去了南海。"陈播说:"《秘密图纸》可以停拍几天,让王心刚配一下戏,摄影师也临时请《秘密图纸》的摄影师帮个忙,回去我马上通知《秘密图纸》摄制组,你就在他们的内景棚拍好了。"

拍完了田华和王心刚的一场试戏,等样片冲洗出来我立即请江青来看。她一连看了两遍,好像已经忘了今天看样片主要是看田华扮演阿螺的戏,开口就说:"你看王心刚的形象什么角度都好看,区英才就换王心刚吧。"我一听吃了一惊,阿螺的角色还没定下来,怎么又冒出让王心刚把张勇手换下来,我非常气愤,但嘴上却只说:"那阿螺呢?"我在放田华样片的同时把王蓓的样片也一块放了,以便有个比较和选择。当时江青反问我:"你看两人谁合适?"我说:"从目前这两个人来说么,王蓓比较合适。"江青想了想又说:"那好吧,王蓓就王蓓了,你们军队上的事你还得请总长来定。"翌日,罗总长来厂看了样片后问我:"江青同志怎么说的?"我如实汇报说:"江青同志看了两遍样片后问我,两个人谁合适? 我说,从目前两个演员来看,还是王蓓合

导演严寄洲(右二)在拍摄《南海长城》期间

适,她说要你来决定。"罗总长说:"嗨!这个江青同志,她来定就算了么。"我又说:"男主角江青同志确定换王心刚。"罗总长说:"好吧!女主角用王蓓,男主角用王心刚,定了。"角色总算确定了,可是我还得去南海渔村做张勇手的工作,唉!

我又重新调整了分镜头剧本,修改中我总觉得政治性强了,人情味差了。一号人物区英才概念化,缺少戏,所以我重点加强了剧中第二号人物阿螺的戏,这样影片更具人情味和戏剧冲突。谁知道江青看后发火了。她狠狠地冲我说:"你这是搞中间人物呀!区英才是剧中的一号人物,应该突出他的戏,把他写得高大才好。比如他与匪首王中王在悬崖顶上搏斗,王中王纵身跳海逃跑,区英才手中不是拿着一把匕首吗?他可以把匕首含在嘴里,纵身跳海追击,那画面该多么精彩呀!"我实在按捺不住了,脱口说:"那不行,那么高的悬崖,含刀跳下去,惯性会把他的嘴震豁的。"江青把脸一沉说:"这是艺术真实嘛!"我不便再反驳,心想由你说去,我拍摄时再想点子,你奈我何。为此,"文革"中给我定性是抗拒"伟大旗手"的"滔天大罪"。

经过这一段时间的频繁接触,江青那种盛气凌人的作风实在令人难以忍受。我心想艺术上的探讨应当是平等的,为什么非要全听她的"一言堂"不可呢?不过我对她的特殊身分还是比较尊重的。而且那个时期江青搞样板戏尚是初露峥嵘,还没有后来在"文革"中那样嚣张狂妄。我则误以为和她在艺术上可以探讨甚至争论,殊不知道"文革"中她会对我下毒手。

1965年冬,我率领摄制组拍完全部外景回到北京。正因为我拍摄的这部电影是江青亲自挂帅的所谓我国第一部"样板电影",我是兢兢业业、一丝不苟努力工作的,自我感觉也良好。返厂后陈播厂长告诉我,江青正在上海开会,要我携带样片到上海请江青审看。我立即飞抵上海。到上海后才知道她正在上海召开一个所谓"部队文艺工作座谈会"。参加会议的仅是少数几个部队领导人员,有总政副主任刘志坚、宣传部长李曼村、文化部副部长陈亚丁,加上一个上海市委副书记张春桥。他们住在延安饭店,江青住在锦江饭店,每天看国内被点名批判的影片,以批"黑线"为名,把江青的个人意见、观点灌输给与会者。后来把《座谈会纪要》冠以"林彪同志委托江青同志"字样,以示这个"纪要"非同一般。

我住进延安饭店,第二天就高高兴兴去给江青审看外景样片,江青一连看了两遍,紧绷着脸半天没吭声。我心里直打鼓,知道要出问题了。果然,江青开腔了:"这个演阿螺的王蓓根本不合适,没有女民兵那种气质。她是上海30年代的人,要撤换,班子要调整。我让你拍成'大江东去'那种气概,你却拍成'小桥流水'。我建议把主创人员都调来,大家一块谈谈。"我一听懵了,怎么又蹦出个30年代人物来?噢!我恍然大悟,江青从一开始就反对用王蓓演阿螺,那是她自个儿贼人心虚。30年代王蓓在上海,一定知道她的底细,所以反对用王蓓。其实王蓓早年在上海拍《乌鸦与麻雀》时还是个十几岁的小女孩。此外,江青指责我没按她的要求把影片拍成"大江东去"的气势,而拍成"小桥流水",此话我从未听她说过呀!以往,只要是她的每次谈话,都要整理成文打印上报和存档的,她从来没说过这话。而且从拍摄的外景样片看,李文化拍得很有气势,把南海渔村拍得非常优美,富有诗情画意,扯不上什么"小桥流水"。再说李文化是她亲自点名从北影借调来的。另外,她提出要主创人员来上海,所谓主创人员除了摄影师,全都是剧中扮演正面人物的演员(当然王蓓不在其中),而扮演反面人物的主要演员全没份儿。我心想,在影片中不论扮演好人还是坏人,全都是演员么,为什么演反面人物的演员都没有资格参加呢?我向陈亚丁提出这个疑问,回答是:"江青同志怎么指示,你怎么执行就是了。"

人马到齐,江青在锦江饭店召集开会。她说:"样片我看了两遍,心情很沉重。有些问题想和大家商量商量。这部电影,是由话剧改编的,主席和我都看过这出戏。所以一定要把它拍好,拍成"样板电影"。从现在的样片看,差距还很大,扮演阿螺的王蓓不行,小家碧玉,要换。还有那个扮演女特务'大光灯'的演员,太漂亮。这是阶级感情问题,你们要重新调整班子,重新去体验生活，和渔民实行‘四同’。外景重拍，怎么样？有信心就拍，没有信心就算了，责任由我来负。”

我听了她这套武断言论颇不以为然，不用王蓓是她的阴暗心理作怪就不去说了，可是说“大光灯”太漂亮更没道理了。剧中“大光灯”使用的是美人计，美人计如果不是美人是个丑八怪，那怎么行呢？可江青的话是“金口玉言”，没法改变。我问：“那这个阿螺换谁来扮演合适呢？”江青想了想说：“祝希娟演《红色娘子军》的琼花不错。还有我最近看了一出歌剧，那女主角也不错，都可以借来试试么。”“圣旨”一下，我不敢怠慢，马上派人去商借。一了解情况，祝希娟怀孕四个多月，根本不可能参加拍摄；而那个歌剧演员，由于作风问题，剧院已经准备处理，不可能再借来试戏。江青的建议落空了，怎么办？此时的江青，心中也没个谱。无奈之际，她突然发现我身后站着一个年轻的女演员，这是我从部队文工团借调来扮演片中另一个不太重要角色的，由于她扮演的是“正面人物”，所以有幸一块儿前来参加这次接见。江青好像突然发现了新大陆似的，指着那女演员说：“她怎么样？你要培养培养年轻演员么。”这时站在旁边的张春桥阴阳怪气地走到我面前说：“你们这些当导演的，满脑子只有白杨、秦怡。”我当时还不知道他是谁，便说：“我从来没有请白杨、秦怡拍过戏。”此时，江青也不知道哪来了一股子邪劲，三脚两步走到我面前，冲着我双腿一并，装模作样地说：“我代表全国的青年演员求求你们啦！培养培养她们吧！我向你们鞠躬。”说着她表演似地对我深深鞠了一个90度的躬。又说：“我向你作揖。”说时双手合十向我连连唱喏。我忙说：“我一定试，一定试。”当时我窝在沙发里竟然没有欠身站起来，确实有些不太恭敬，弄得在座的刘志坚副主任、李曼村部长、陈亚丁副部长和演员们目瞪口呆。

闹剧散场了，我小声问陈亚丁，刚才那个说白杨、秦怡的是什么人？陈亚丁告诉我：“他是上海市委文教副书记张春桥。”

后来，江青可能感觉对我过于苛刻，于是当着演员们的面和我套近乎。她说：“严寄洲呀！拍完了《南海长城》你准备下一部拍什么呀？”我说：“还没考虑。”江青说：“有一部小说《战斗在滹沱河上》不错，还有《欧阳海》里的童年部分也很好么。另外，“三大战役”也应该拍呀。”我脱口而出说：“我年纪大了，准备以后不拍军事题材的电影了。”江青一听话音不对，立刻眉头一皱，两眼一瞪恶狠狠地说：“怎么？你对我有意见呀？有意见我可以不管么。”我连忙解释：“不是的，我实在是觉得年龄大了，拍军事电影有点儿力不从心了。”这件事到了“文革”又列入我的罪状。

在上海这段时间里，我实在感到头脑发胀，无所适从，根本没法进行艺术创作。江青看出了我的情绪，单独召见我谈话，我连忙赶到锦江饭店，等江青身边工作人员举着温度表测定屋内温度合适了之后，江青姗姗而来，身后跟着柴秘书和小陈护士。落坐之后先是谈了一通她对影片的设想，接着进入正题。她问我："严寄洲呀！你今年多大了？"我答："四十九了。"江青说："噢，我比你大三岁。"又问："身体状况怎么样？"我答："没什么毛病，只是经常有些偏头痛。"江青回头说："柴秘书，你联系一下，上海哪家医院好，让严寄洲去看看病。"我连忙说："不用，现在工作正忙，以后再说吧。谢谢江青同志。"江青又问："你一个月薪金多少？"我答："一百七十块"。江青说："啊，我比你多三十块。够用吗？"我答："够，我爱人是剪辑师，她也有薪金，足够了。"江青又问："你家还有什么人？"我答："一个儿子，一个女儿，在上海还有一个老母亲，住在我妹妹家，由我抚养。"这次谈话，我还很受感动。其实她是为了稳定我的情绪，好为她的"样板电影"卖力。

不久，根据江青指示，我和摄制组主创人员再去南海渔村体验生活。就在此时，史无前例的"文化大革命"开始了，我们奉命返回北京参加运动。开始我还以为只是开几天会，讨论讨论文艺工作中存在的问题，谁知道一场大灾难临头了。

"文化大革命"实乃"大革文化命"。八一电影制片厂作为一个文化单位首当其冲，一时间大字报铺天盖地，高音喇叭昼夜不停，各色各样的战斗队纷纷组织起来，厂内生产全部停顿。

一天，江青在人民大会堂召见文艺界的"造反派"讲话，她在长篇大论中突然冒出一句："严寄洲这个王八蛋不听话。"这一句话不要紧，八一厂的"造反派"们如获至宝，立即专门组织批斗我这个被江青公开点了名的"黑线人物"。大会上把要演员晒太阳阳奉阴违不执行；宣扬斯坦尼斯拉夫斯基；当面向江青撂挑子；气得江青向我鞠躬作揖等等，全都端来上纲上线，"控诉"我的"反革命罪行"。我被强迫坐"喷气式"，又弯腰又摁脑袋，整得喘不过气来。突然我不知道从哪来的一股劲儿，甩开拽住我的打手，大声喊道："我能不能说话？"造反派头头以为批斗起了作用，说："好，你就交待你的黑良心吧。"我说："王八蛋是敌我矛盾还是人民内部矛盾？江青同志只说了我一句话，凭什么要批斗我？"

沸腾的斗争会一下子好像被泼了一瓢凉水。造反派头头气急败坏地慌忙宣布："今天严寄洲的态度很坏，滚回去！"

造反派可没有就此罢休，他们继续上报我的所谓"黑材料"，说我把江青

30 年代的风流事儿到处散布。这可是天大的冤枉,我在上海时经常见小报上有关江青(那时叫蓝萍)的“花边新闻”,可是我从来没有说过。

过了不久,江青又一次在人民大会堂接见文艺界造反派的讲话中,突然又插上一句:“八一厂那个反革命导演严寄洲抓起来没有？他很坏,拍《南海长城》时,在我病中折磨了我整整三个月,我指示一次,他反对一次。”这下可定性了！完了！我一百张嘴也没法说清楚了。

我从 1966 年 7 月被揪出后直到 1972 年 6 月,批斗、关押、辱骂、毒打、劳改,受折磨达六年之久。1972 年 6 月,我刚回到八一厂,谁知“闭门家中坐,祸从天上来”。1973 年 1 月,江青突然窜到八一厂来,她在全厂大会上的讲话中又捎上了我,说:“你们那个导演严寄洲抓起来没有呀？要专他的政。”“女皇”一声令下,半夜三更一批如虎似狼的喽啰又把我抓了起来,关押在本厂桃园内的一间小工具房,人称我这次关押叫“二进宫”。一关又是两年半,一直到 1974 年 12 底才放回家中。

四十、和黄胄一起挨斗

从 1966 年到 1976 年,是“文化大革命”的十年,也是苦难的十年。联想以前:1957 年抓右派一抓抓了三百五十五万人;1958 年大跃进一下饿死了三千多万人,而在这场十年“文革”的浩劫中,被揪出来的所谓“地、富、反、坏、右”到底使多少人受到了伤害？我相信真实的数据是难以统计的,也一定是骇人听闻的。

“文革”一开始,我这只“出头鸟”难免要遭到被枪击之苦。回顾“文革”之前的年月,我在八一厂拍的片子多,卖的拷贝多,赚的利润多,因之得的荣誉也多。什么“先进生产者”、“学习雷锋积极分子”、“军功章”若干次等等。报刊上也常有介绍文章,更令人侧目的居然还抬出了旗手江青当了艺术顾问,这还了得。非趁机整治整治这只“出头鸟”不可。“造反派”们还明白,如果不把我整倒,那么八一厂的“走资派”们,和那些“三名三高”人物都和我“沆瀣一气”,会出现阻力。于是造反派组织火力向我发动攻击,一时间大字报铺天盖地，把一些鸡毛蒜皮的事全都上纲上线成了原则性问题，甚至还有些连我都没听说过的莫须有的造谣中伤也成了我的“罪行”。还捏造了一个所谓“陈(陈播)冯(冯一夫)严(严寄洲)、王(王冰)、张(张加毅)反革命集团的中坚人物。”扣在我头上的帽子还特别的多，什么“修正主义分子”、“阶级异己分子”、“现行反革命”、“漏网大右派”、“三名三高人物”、“黑帮”、“牛鬼蛇神”等等。

1966年国庆节前一天，据说为了首都的安全，不能留我们这些危险分子在首都。于是把我们这批“反革命分子”一块儿押上了一节硬座车厢，发配到甘肃省的天水地区，送进了城郊的一座步兵学校。学校空空荡荡，学生们都串联闹“革命”去了。我们住下后每日半天劳动，半天学习，所谓学习就是自个儿斗自个儿，我们这支特殊学习队除了八一厂来的三十多人，还有著名部队剧作家陈其通，著名作家王愿坚，著名画家黄胄等总政系统的人。

天水地处西北，“天高皇帝远”，文化大革命的运动在这儿显得冷冷清清，一直开展不起来。步校的一批“红色小将”不甘寂寞，集体到北京取经。回来一看，哼！这么一大批“牛鬼蛇神”现成摆在步校，还不赶快仿效北京大揪斗来动员本地区的群众呀！刚巧，两天前《人民日报》上发表了批判“黑画家”黄胄的署名文章，正好给这里要召开的批斗大会送来了“炮弹”。

这天，大操场上集结了大批参加批斗大会的军民，足有三四千人。批斗的主角是黄胄和王愿坚等人。我作为“黑导演”，担任了陪斗的角色。每个人脖子上都挂了一块挺大挺重的木牌，木牌上写着划了红×的名字，示众的“黑帮”每人两旁各有两个“造反派”抓住胳臂一压脑袋弯腰成“喷气式”姿式，这是一种很难熬的姿势，不到几分钟我们就汗流浃背气喘吁吁，一个“造反派”拿来一只盛了墨汁的洋铁皮筒和一把刷子，命令黄胄在水泥地上画驴。黄胄是国际国内驰名的国画家，擅长画毛驴，连当年的日本首相田中角荣的办公室都悬挂着他的作品。可是在今天这种场合，脖子上挂着大木牌连腰也弯不下怎么画呢？无奈之中黄胄跪在水泥地上去画，我在他的身旁一看他跪下后就不用“喷气式”了，我也照样跪了下来。只见黄胄挥动刷子在水泥地上画了起来，因他拿的不是画笔，所以很难将毛驴画像。我侧眼一看，只见他在地上涂得乱七八糟丑陋不堪，我轻声说：“画得像狗。”批斗完后我们回宿舍的路上，我还苦中作乐开玩笑说：“今儿你画的驴，是我认识你以来画得最成功的。”黄胄没好气地看了我一眼说：“啥时候了，还开玩笑。”

在步校整整煎熬了三个月，此时去外地串连的人都纷纷返校了。当他们看到学校里来了这么一大批“牛鬼蛇神”，其中光将军一级的就有好几个，这真是天上掉下来的馅儿饼，几次三番鼓动要来揪斗，校方怕万一搞出什么乱子负不起责任，请示到总部。不久上边下令把我们又统统押送回京。我们这批人就像被人任意宰割的羔羊，不知道前途的吉凶如何，忧心忡忡踏上回京的旅程。

四十一、戴高帽子登台亮相

到了北京站，我们被押下火车已经是深夜了，在月台上举目观望，但见周围满目疮痍，到处是垃圾和碎纸片，一片凄凉景象。

我忽然瞥见墙壁上贴着一张铅字印的大字报，标题是“坚决打倒大军阀大土匪贺龙。”我心中“咯噔”一下，怎么连贺老总也被点名了，我赶紧走过去仔细观看，啊呀！大字报内还有这么一小段：“……贺龙安插在文艺界的黑爪牙陈播、董小吾、严寄洲……”我的名字严寄洲三个字一个竖着、一个横着，一个倒着，名字上还划着大红叉。我几乎不相信自个儿的眼睛，可是白纸黑字写得很清楚。我心想，这算什么世道，连开国元勋、共和国元帅都被打倒了，小人物如我还有什么活路呀。

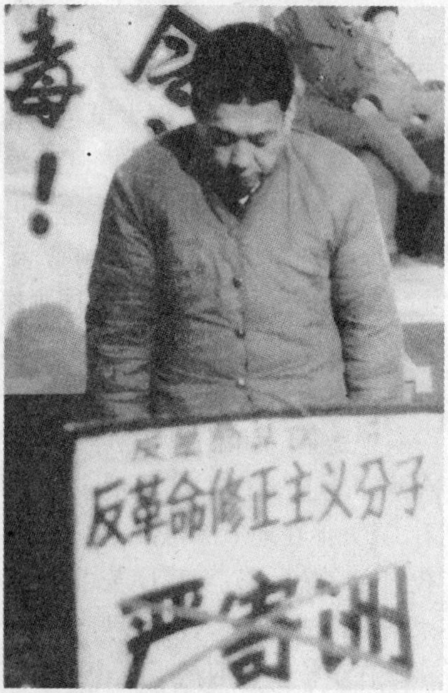

“文革”中被揪斗的场面

回到厂里后，我每天呆在家中听大喇叭里声嘶力竭地喊叫，就如鬼哭狼号一般。每天还要去看那些又臭又长、无限上纲、造谣诬蔑的大字报。

厂里各种观点的造反派联合召开声势浩大的大批判大斗争会，我们一个个被揪到台上排成一长行，每个人头上戴上一顶用报纸糊的二尺来高的纸帽。这种高帽子是过去戏曲舞台上表演阴曹地府里站在阎王爷身旁伸着血红的长舌头的无常戴的那种样子，在“土地改革”运动中贫下中农斗争恶霸地主时也戴这种高帽子，没想到这种高帽子今天竟戴到了参加革命三十年的我们头上。

“文革”之前，我就患有低血糖病，一犯病就全身发颤出冷汗，不过，只要马上喝一杯糖水或吃一些甜食便能缓解。所以每次出去拍摄外景时，我总要带上一些点心以便应付低血糖的突然发作。这天被押上舞台、戴上高帽挨批斗，心中实在感到屈辱和怨怼，再加上心情不佳没吃饭。批斗会开始不久我就觉得要犯病了。可是在这种场合又没有东西可吃，以致越来越严重，感到力不能支，气喘吁吁，冷汗淋淋，脸色煞白，摇晃欲倒。“造反派”叫一位大夫把我拉到后台，这位大夫是从解放军总医院调来的，她对我的病很有经验，首先她不让我平躺下，将我背靠在墙根坐在地上，我的两只手痉挛伸展不开，她让两个战士硬掰了好久才把手指掰开，又让人到大食堂弄来两个冷窝窝头让我吃下去。过了一阵我的症状稍微缓解后，“造反派”又把我拉到舞台上接着批斗。最可气的是一个头头竟然宣布，经大夫检查，说我根本没病刚才那是装的，激起了不明真相的群众的愤怒。我是有口难辩，只好忍气吞声咽下这口苦果。我心想医生应该是救死扶伤的卫士，怎能这样撒谎呢？这事一直到了“文革”之后，这位大夫找到我抱歉地说：“那时候我只能那么说，不然对我也不利，我非常非常对不起你。”我表示理解并原谅了她。

四十二、恐怖的“黑楼”

“黑楼”并非黑色之楼，乃八一电影制片厂厂区内西北一隅文化大革命前盖的尚未竣工的约莫五六百平方米的灰色小楼。“文革”期间，由于在这座二层楼房内关押着一批被打成“牛、鬼、蛇、神”的“反革命黑帮分子”，故而群众给小楼起了一个瘆人的名字——“黑楼”。

“黑楼”进门处，赫然张贴着一张“看管犯人条例”的布告，这就是说“造反派”已经公开把这儿变成一座监牢了。

1966 年 5 月 31 日，中央广播电台广播了聂元梓等写的一张大字报，

6月1日《人民日报》刊登了这张大字报，还发表了《横扫一切牛鬼蛇神》的社论。电影厂一些平时游手好闲、看风使舵、蝇营狗苟之辈闻到了异味，立即“轰轰烈烈”地跳将出来“造反”了！

《关于无产阶级文化大革命的决定》(即《十六条》)中指出百分之九十五的同志是好的或较好的。这个比例数字可真害人不浅，“造反派”根据这个标准推算，厂里一千五百人，就该揪出六十多个反革命了。于是厂里除几个“走资派”之外，被称作“臭老九”的艺术创作人员大部分被当作“黑帮分子”揪了出来。在他们之中有著名的编剧、导演、演员、摄影师、美工师等等，给他们戴的帽子是“现行反革命”、“反革命修正主义分子”、“漏网大右派”、“阶级异己分子”、“特务”、“叛徒”、“三反分子”等等，统称“牛鬼蛇神”，简称“黑帮”。他们的妻子叫“黑老婆”，子女叫“黑狗崽子”。一时间，整个八一厂乌云密布、人心慌慌。

但是，正义总是不畏惧邪恶的，渐渐地一些同志站出来，各自成立起各种名称的战斗队组织，和那些所谓最革命的“造反派”针锋相对地进行论争。那些立足于保一批艺术创作人员的战斗队的能量和影响很大，他们的大字报有据有理很难驳倒。

“造反派”们不甘心将大好形势葬送，于是经过精心策划，一个罪恶的计划出笼了，这是一桩骇人听闻的大冤案。

最初，捏造这桩子虚乌有的冤案，起因于一个所谓“坚定的工人阶级”，此人年轻时曾经跟随当了还乡团的父亲到附近村庄敲诈勒索，解放后其父被我公安部门逮捕法办了，他的两个哥哥和叔父也因作恶多端全被枪毙了。此人隐瞒这段罪恶的家史，冒充“工人阶级”混入八一厂内当了工人。到了“文化大革命”时期，他唯恐败露，急于想方设法表现自己的革命性，便挖空心思编造了一个离奇的故事，说自己半夜爬到厂内故事片室主任、导演冯一夫所住二楼窗外的树上，偷听到屋内有人商量要杀人夺权的谈话。他将这个捏造出来的离奇神话故事，献给了“造反派”们。这个弥天大谎对于“造反派”们来说，不谛于天赐良机，于是，为了把谎言装扮得更“真实”，“造反派”头头们请来了几个秀才共同编造，添枝加叶把这件事编得有鼻子有眼，有人物还有不同的个性，很有点儿像电影剧本。内容是走资派陈播于8月16日深夜，在故事片室主任冯一夫家中召开了由故事片导演严寄洲、王冰、纪录片导演张加毅，摄影师蒋先德等十二人参加的杀人夺权黑会，会议讨论内容：夺回失去的党、政、财、文大权，欺骗外单位二千名不明真相的群众进入厂内挑起大规模武斗，在混乱之中杀害“革命”派勤务员甲某、乙某和已经休养的丙某。

1967年9月20日傍晚，广播喇叭里突然声嘶力竭地叫唤了起来："特号战报！我们怀着极大的愤怒向全厂公布一件发生在我们身边的触目惊心的反革命事件。1967年8月16日零点10分到3点20分，我厂最大的走资派、反革命修正主义分子陈播，伙同一小撮反革命修正主义分子冯一夫、严寄洲、王冰、张加毅及另外一些受蒙蔽的人，在冯一夫的家里召开了一次策划已久的反革命黑会。经过几天的核查，已掌握了全部情况……"

广播的同时，早已作好了准备的一批如狼似虎的打手们，分头冲进广播里提到的人家里抓人。一个头头根据江青说的"文攻武卫""文武结合""先文后武"的指导思想，喊着"好人打坏人是路线斗争觉悟高"的口号，冲进我家，不由分说地把我劫持绑架而去，还顺手牵羊，把我家较值钱一点的东西偷走，其中不仅有派克笔、手表和人民币，连写字台和台灯也搬走了。

他们把绑架的人先分别安排在生产区的一些破屋里，然后统统关进了那座尚未竣工的"黑楼"。

"黑楼"的每扇窗户都用粗铁丝拧死了，房门上的把手也都被卸掉，使关押在屋里的人无法开启。如要出去时由值班的看守用钥匙开门。房门上有一块玻璃窗，窗外挡上一张报纸，以便看守可以随时掀起来观察房内动静。每间房内，只摆着两只长凳架起一块床板做的床，床头摆着一块空心砖，作为写"交待罪行"时的座位，床板就权作桌子了。

被关进"黑楼"的"黑帮"不少，除了陈、冯、严、王、张，还有"造反派"认为与他们作对的"危险人物"。

把我们关进"黑楼"后，下一步便对我们这批所谓的反革命"黑帮"进行逼供，首当其冲的是走资派陈播和故事片室主任冯一夫。

陈播、冯一夫和我是八一厂的同事，更是战斗剧社时的战友，应了同生死共患难一说，如今我们又同遭劫难。

"文革"一开始陈播就被打成八一厂的头号"走资派"，所以他的行动很谨慎，每天除了去看大字报之外，就是闭门思过，不和任何人联系，也闹不清形形色色的战斗队之间的关系和斗争情况，因之也不很了解厂里各派的观点。这一天"造反派"揪他去审问，打手们摁着他的脑袋要他交待参加"杀人夺权黑会"的"罪行"，对这捏造的"罪行"陈播当然坚决否认，因之也无从交待。"造反派"一看他不交待，急得恼羞成怒，破口大骂，打手接连使劲摁住他的脑袋往桌子上撞，只撞得头破血流，满脸是血。

厂内有一间小录音棚，当初建造时的设计指标是关上厚厚的隔音门后，外头即使有喷气式战斗机从房顶上掠过也听不到声响。这个小录音棚外有一条通道直通“黑楼”,这正合乎“造反派”的要求。从此每到夜静更深,便把要审讯的“黑帮”从通道揪到此地,进行毒打逼供,因为在这里任凭受害者如何惨叫呼号,外边是绝对听不到声响的。

“造反派”们在刑讯逼供陈播和冯一夫一无所获后,又拿我的老战友和好朋友张加毅开刀。张加毅是1938年参加革命的老同志,贫农出身,是国际国内颇负盛名的著名纪录片导演、词作家。他编导的长纪录片在国际上多次获奖。“造反派”们认为他头脑灵活,不像陈播、冯一夫那样顽固,以为可以从他那儿找到突破口。但张加毅不向“造反派”们妥协,针锋相对地和他们争辩。“造反派”头头们无计可施,只有动武毒打,妄想从肉体上征服张加毅。没想到张加毅也是个硬骨头,从深夜一直打到黎明,他们在张加毅身上依然仍一无所获。回到“黑楼”,张加毅浑身疼痛,满背是伤,根本无法躺下,只得坐在空心砖上咬牙忍痛苦熬。

第二天夜晚,这拨没有人性的家伙又把张加毅拖去拷打审问,打手们先拧他的伤口,再由几个人压住他的双腿逼他跪下,再反剪他的双手揪住头发,另一女打手左右开弓猛抽张加毅耳光,一连打了几十下,只打得两颊青紫,肿胀变形。打晕了过去,就用大头针扎脸,用凉水往脸上泼的强刺激把他弄醒了接着打,就这样一直折磨到清晨。张加毅由于嘴脸肿胀,几天无法进食,为了生存和斗争,他只得把窝窝头泡在水中,泡烂后勉强吞咽下去。

接着轮到拷打我了。那天深夜提审时用的刑罚名叫“坐空心椅”。打手们先让我挺胸坐在一张木椅上,双臂向左右两侧伸直,手心向下,然后抽走椅子成骑马蹲裆姿势,这可是一种难度极大的姿势,没有一点武功功力的人是无法忍受的。当时我年龄已过50,且患有低血糖症,很难支撑得住,加上两侧两个打手不停地用木棒敲打我的小腿肚子,当我并举的双手稍稍下沉一点儿,就有另外两个打手用木板击打我的手臂,手臂下边还有两个打手各用一块无数铁钉钉尖朝上的木板等候着,手臂一下落就会碰着锐利的钉尖扎入手掌心。就这样折磨了不到5分钟,我已是头晕目眩,大汗淋淋支撑不住了,喉咙里堵着痰气喘不畅几乎昏厥过去。还好喉咙里的痰终于咯了出来,一个女打手恶狠狠地满嘴喷着吐沫星子指着地上的浓痰厉声喝道:“给我舔干净,舔了!听见没有?”就这样,我被这几个没有人性的家伙整整折磨了四五个小时。

被列入“杀人夺权黑会”参加者之中还有故事片导演王冰。这是个年轻气盛、初露锋芒的优秀创作人员,从被关进“黑楼”的那天起,他就大声唱语录歌。打手们因他唱的是毛主席语录歌,不敢禁止他唱,怕被戴上反对唱语录歌的帽子。因而王冰的歌声不仅激励了被关押在这里的受害者们,也是一种斗争方法。

此外,被关押的人中还有摄影师蒋先德。这个四川汉子工作中不仅特别能吃苦,而且勇敢胆大,天不怕地不怕。比如他在航拍时敢把自个儿绑在机舱门口在舱外拍摄,在海上他敢冒着大风浪爬到最高的桅杆上拍摄。在战场上,他经常出没在炮火连天的最危险的前沿拍摄。也因为此,他从不屈服于那些"造反派",敢于针锋相对进行斗争,故"造反派"头头们对他恨之入骨,因而把他也编造进"杀人夺权黑会"的参与者行列。由于他的倔强不屈,所以挨的打、受的罪也比别人更厉害。

关押张加毅的房子左隔壁关押的是冯一夫,右隔壁关押的是我。在这又憋闷又无聊的牢房里,张加毅不甘寂寞,学习《红岩》里关押在渣滓洞里的共产党员的沟通方式用手指敲击墙壁,和隔壁的难友进行无言的交流,互相慰藉和鼓励。

"黑楼"关押"黑帮"之时,尚未最后完工,其中厕所还不能使用,谁要解手得敲门向看守报告,然后由一名看守带领着下到小楼外小院里的墙旮旯方便。这一天,无意间我正对着窗外无聊地呆望,忽见张加毅到墙旮旯解手,他抬头望着我在窗前,趁着看守不备,掏出一个拇指大小的小纸包,对我举手摆了一摆后迅速将小纸包扔在高高的蒿草丛中。我心里纳闷不明其意,张加毅做了一个让我去捡那小纸包的动作,我心中仍不明白这个纸包里是什么玩意儿。过了一阵我也敲门报告要解手。看守带我到了小院,我走到墙脚,佯装提鞋,趁看守不注意,敏捷地拾起蒿草丛中那个小纸包藏进了口袋。

方便完毕,我怀揣着小纸包,往回走的途中,忽然一眼瞥见一个小窗户里王冰瞪着双眼,激动地用双手互相紧握,举过头顶不停地晃动,我明白,他是示意我们要坚持,要团结斗争。我快步回到屋里,急忙打开冒着风险捡回来的那个小纸包,只见里面包着一小片约莫0.5厘米宽的小薄铁片。我反复看着这小铁片怎么也猜不透给我这玩意儿是什么意思。

过了一会儿,忽听得张加毅又"咚、咚、咚"敲墙,可是这次敲的响声有点儿异样,他敲的位置总是从半人高处往墙根方向引导,一遍,两遍,三遍,总是这样从上往下敲,我突然发现那响声最后的落点是墙根边的电插头盒板。我陡然醒悟,这是不是张加毅要我打开电插头盒呢?可是盒板四角拧着螺丝钉,怎么打开呢?噢!明白了,那小纸包里的小铁片不就是拧螺丝的工具吗？不过这是一个非常危险的举动，那电插头的位置正对着房门，万一拧螺丝的时候被发现，至少会遭到一顿毒打，而且张加毅苦心经营的联系方法也给破坏了。但机不可失，也只有冒这一次险了。我连忙端了一只浸泡衬衣的脸盆放在电插头盒板前，用后背冲着房门挡住了大门上玻璃窗上的视线，就是外边往里看也只能看到我在洗衣服。事不宜迟，我迅速用小铁片拧开了螺丝，取下电插头盒板，露出墙里一截装电线的黄铜管子，铜管里头没有安装电线还是空的。此时铜管内突然有一根细塑料管子伸了过来，塑料管的头里露出一截小纸卷。我迅速抽出小纸卷藏在衣袋里，又赶紧拧上了电插头盒板，整个冒险过程仅仅用了不到两分钟的时间。接着我稍稍调整了一下急剧跳动的心脏，才坐下来掏出那张小纸片夹在《毛泽东选集》中偷偷细看，纸条上写着："这个通道非紧急之时不要使用。楼内厕所即将完工，今后联络可写在纸上，扔在纸篓里。去厕所之前敲房门以先两下后一下为号"。

我看完之后忙将纸条点燃捏碎放在自制的烟灰碟中，心中窃喜在这与世隔绝、极度苦闷之际，难友之间终于有了秘密通气的渠道，这是十分难得的呀。

张加毅也用同样的方法和冯一夫接上了关系，不过冯一夫要打开电插头盒板比我更危险些，因为他房内的盒板是在床板底下。

那段日子里，"造反派"头目非常焦急，因为自从发布了"特大战报"和非法抓人将我们关进了"黑楼"之后，搞不出个所谓"8·16 杀人夺权黑会"的有力证据，令广大群众疑窦丛生，颇多非议。

这一天夜色已深，这帮家伙再一次提审张加毅。主审瞪着两只血红的眼睛，阴阳怪气地说："怎么样呀，这两天想通了没有呀？和无产阶级革命派对抗是没有出路的，只有彻底坦白交待你的罪行才有活路。"

张加毅用锐利的目光直逼"红眼"："我没有罪，你们要我交待什么？"

"红眼"冷冷一笑："我问你，你参加了'8·16 杀人夺权黑会'没有？"

张加毅哼了一声："谁参加了杀人夺权黑会，谁就是婊子养的。"

"红眼"一听火冒三丈，一挥手两个打手冲上来将张加毅踩倒在地，另外两个打手用橡皮钢丝鞭猛力抽打，一个人打累了另换一个人，轮换着一直折腾到下半夜，把张加毅打得皮开肉绽浑身上下体无完肤，还不许出声呼喊，只要一张嘴喊叫就用军用大头皮鞋踢牙齿。"红眼"声嘶力竭地喊："你不承认参加黑会，铁板钉钉，打死你白打死，无产阶级革命派宣布你畏罪自杀。"

此时，一个曾在国民党部队里当过什么特殊兵的，解放战争中被解放过来的人物，施展他特有的一种名叫“背猪”的刑罚。即双手拧住张加毅的胳膊往后一背，从肩膀上摔过来扔在地上，接着紧抓脚脖子快速旋转，疼得张加毅只好跟着滚动身躯，否则腿会折断。这样折腾了一阵，“红眼”一看火候到了，假惺惺上前阻止打手继续用刑。接着把他们预先编排好的“黑会”故事，断断续续抛出来诱使张加毅入彀。张加毅当然不会往这个圈套里钻，只好闭口不语。

天快亮了，一个头头假惺惺说：“好啦，今天我们已经做到了仁至义尽，你也不好好想一想，坦白交待，从宽处理，拒不交待，死路一条。我们等待你悔过自新，你好好想想吧，机会难得呀！”

张加毅回到“黑楼”，带着浑身伤痛，越想越觉凶多吉少，于是他忍着疼写了一张纸条通过墙上那电插头盒板通道送到隔壁我的房中。我连忙展开一看，上面歪歪斜斜地写着：“看来狗日的非把我整死不可。老严，万一我被整死，望你照顾我的老婆孩子。”我一看不觉落下泪来，心想我的性命也不知能否保得住？

连日突击审讯几个人，都是用的这种残忍的手段，但还是一无所获。

张加毅忍受着伤痛的煎熬，越想越觉得这道鬼门关很难过得去，看样子那些“造反派”头头编造出了这个“杀人夺权黑会”的弥天大谎骑虎难下，死活只有蛮干下去，自己如果就这样硬顶下去，很可能凶多吉少，怎么办？他伺机从秘密通道给冯一夫送过去一张纸条：“看来王八蛋们是不会罢休的，这样下去，我们非被打死不可，怎么办？”

冯一夫经过慎重考虑之后回了一个纸条：“现在他们狗急跳墙，弄不出咱们的口供他们就会完蛋。我们这样硬顶着很难过关，生杀大权在他们之手，将来非死即残很不值得。为了斗争策略上的需要，不妨暂先承认下来。你可以将他们所透露的诱供内容编个材料，把材料告诉我和老严统一口供。还要设法和陈播、王冰、蒋先德他们联系上。”

此时我也通过秘密通道写了一个纸条：“如果是在国民党的监狱里，坚持斗争牺牲了还算个革命烈士。可是如今要是死在这些王八蛋之手，还落个反革命的名声，实在不值得。”

张加毅根据冯一夫的建议，将那些诱供中对方提供的“材料”，很快编出了一套交待“罪行”的内容，并抄写给冯一夫和我，让我和冯一夫把内容背熟，以便应付再一次审讯时之用。

不久，“黑楼”里的厕所全部完工了，按照老“王法”，上厕所要敲门，然后开门去方便，完毕后回房锁上房门才允许第二个人再去。张加毅立即通知冯一夫和我，停止使用插头暗道，改在厕所内，联络纸条可放在手纸篓里，并嘱咐在手纸上还要抹上粪便，以免被发现，暗号是敲门时先两下后再一下。

事有凑巧，这一天我按规定走进厕所，刚进门抬头一看，意外发现蒋先德正在洗手，我一下子先是愣住了，但立即机警地指了指手纸篓："纸条扔在这里，抹上大便，暗号敲房门先两下再一下……"话音未落，厕所门突然被推开，大概看守发现我进去时蒋先德还未曾出来。一个看守凶狠地大吼："快滚！"蒋先德连忙一溜烟跑了出去。我心中暗喜。这意外的巧遇终于和蒋先德联系上了，接着我把这个喜讯告诉了张加毅。

自从我们四个人联系上之后，经过一番议论，最后全都"低头认罪"，承认参加了那个"8·16杀人夺权黑会"。只苦了陈播、王冰等人，和他们联系不上，他们只好多吃些苦头，还埋怨我们四个人软骨头。

9月20日那天发布"特大战报"后，就把我们这些"走资派"和"黑帮"抓了起来，在全厂职工中，除了一些不明真相者，左右摇摆者和看风使舵者投向"造反派"的怀抱之外，仍有不少头脑清醒者根本不相信有这么一个"黑会"，因之仍坚持进行说理斗争。可是当我们中的几个人的"认罪书"一出笼，给那些和"造反派"不同观点的群众当头泼了一盆凉水，于是又有一些人倒戈投降，另一些则半信半疑暂时缄默。这使得"造反派"们得意洋洋。

"造反派"们紧接着乘胜追击，继续逼供以便不断充实伪证。而我们这些"罪犯"也不断串供，不断"交待"罪行。

经过一段时间的"交待罪行"，使那些得鱼忘筌之徒欣喜若狂，可是却引起一个老谋深算的头头的怀疑，他和另几个头头商量：这"8·16杀人夺权黑会"本来是凭空捏造出来的假事件，可是怎么会逼供出来的口供却基本一致呢？答案只有一个，"黑楼"里一定有串供的秘密渠道。为了摸清情况，他马上命令那几个得力干将仔细侦查。

这天一个头目走进张加毅的住房内，两只贼眼骨碌碌地往门上、窗上、上下左右仔细察看，突然他的眼神停留在床边墙根的电插头盒板上，他眉头一皱若有所悟，迅速离开了房子。这一瞬间的情景，机警的张加毅全都看在眼里。他立即敲门报告上厕所，迅速用密信通知冯一夫和我，要我们立即把电插头留下的指纹擦掉，再洒上尘土，冯一夫和我当即照办不误。

一会儿，头目和两个看守果然戴着白手套，神秘兮兮地走进冯一夫、张加毅和我的房内，二话不说，轻手轻脚把电插盒板上的插头拔下了来，用白布小心翼翼包上插头走了。当然这些笨蛋们一无所获。

"造反派"头头们虽然为挖不出"黑楼"里的秘密串供渠道感到不安，但这也无所谓。反正"黑帮"们已经承认参加了所谓"8·16杀人夺权黑会"的"罪行",而且在"认罪书"上签名画押公布于众,铁板钉钉,再也翻不了案了。

"造反派"有了第一阶段的"胜利",尚不甘心,还必须对所有关押在"黑楼"里的"黑帮"和"走资派"加紧逼供,为他们夺权扫清道路。于是他们使出了浑身解数,把日本法西斯的、国民党特务的以及从电影中看到的德国盖世太保们的各式各样酷刑,一一如法炮制。而且还有不少发明创造,试举几例。

盛夏时节,他们晚上在冯一夫屋内换上一盏100度的大灯泡,打开全部铁窗,把冯一夫的双手反剪,脱光衣服,只剩一条裤衩。飞进满屋的蚊子后,他们便关闭窗户扬长而去。此时屋内无数蚊子围住冯一夫猛力叮咬,咬得他全身到处是红肿的小包,不久小红包连成片形成一层半透明的大脓包,痛痒无法忍受。

另一种刑罚更是变态。"黑楼"外有一片桃树林,桃子熟了,几个"造反派"摘了一些桃子,还端着一脸盆清水来到冯一夫的屋内,一个"造反派"宣布:"今天文斗不搞武斗"说毕把冯一夫捆住双臂,几个人拿着桃子往冯一夫光着的身上来回磨蹭。等对方已痛痒难熬时,他们在清水里把桃子洗净,一边啃吃,一边观赏冯一夫痛苦的表情。

再一种刑罚是审问行政科长王全(因为他同情陈、冯、严、王、张,公开说没有8·16黑会),四五个人各拿一枝大头针往他的光身上扎,只扎得浑身红点,非常残忍。

这些"天才发明",真叫闻所未闻。和国民党反动派在"上饶集中营"和"渣滓洞"中使用的刑罚相比也不逊色。

"黑楼"可谓暗无天日,不少好同志被折磨得半死不活,有的被打得腕部骨折,有的腰部被打伤,有的耳朵被打聋,有的眼睛被打坏,而那些动刑的凶手中,有些原是国民党的反动军官,有些是有杀父之仇、对共产党干部进行阶级报复的反动分子。其实这些人才是货真价实的牛、鬼、蛇、神。可是当时居然被选为"学习毛泽东著作积极分子",有的入了党,有的进了基层领导班子。冯一夫讲了一句最形象的话:"咱们厂里,如今是国民党专了共产党的政。"

在整天整夜无休止的刑讯逼供下,蒋先德的心境特别不平,几天前虽然同意了冯一夫等提出的斗争策略,承认了自个儿也参加了那个"黑会",但心中总觉得不是味儿,不甘心就这样屈服。他写条子告诉冯一夫、张加毅,自己想逃跑的意思。冯一夫的回音是"不可",张加毅则"赞成"。蒋先德去意已定,下决心寻机逃出"黑楼",以便在外头得到社会上的帮助,把厂里颠倒黑白的事公布于众。

机会来了。这天天空下着蒙蒙细雨，当天色将黑未黑之时，蒋先德敲门要求解手，在卫生间里趁门外看守疏忽不备，迅速从厕所的窗户爬了出去。接着爬上围墙跳到墙外的地里，墙外是一片玉米地，他飞快从地里向远处奔跑。这时候“黑楼”里发现蒋先德逃跑了，顿时像开了锅似地叫喊开了，高音喇叭紧急呼叫几个战斗队集合追寻，可是为时已晚，蒋先德已经无影无踪不知去向。“造反派”们当然不会轻易放过，立即派人搜查蒋先德城里父母亲的家，并对过去和蒋先德过从甚密的好朋友的家进行监视。在“黑楼”里，两个头头率领一帮看守到关押蒋先德的小屋里查看，他们将蒋先德的被褥和枕头全都撕开了，不料竟在棉絮里发现了好几张纸条，这些纸条全部是冯一夫、张如毅和我写的串供条子。“造反派”头头一看欣喜万分，在证据面前，我们只得承认串了供。

再说蒋先德逃到郊外，在一个好友家中隐藏下来，连夜赶写了几份大字报，揭露厂里恶人当道，制造假案陷害革命干部的内幕。分别张贴到王府井和西单等地最显著之处，这下子可把厂里的“造反派”们气坏了，他们利用已经夺了权的势力，串通军委办事组政工组一个姓李的头头，大张旗鼓地向全国各地下达了通辑令，分发蒋先德的照片，非把蒋先德捉拿归案不可。

与此同时，厂里又发生了一起令人发指的特大陷害事件：厂里有一个本来和我们这些所谓“黑帮”毫无关系的行政干部，“文革”一开始他就和那些“造反派”观点不一致，而且言辞很尖锐，因而也被诬陷参加了“8.16 杀人夺权黑会”，被关进了“黑楼”。这个行政干部的妻子是厂里的工人，站出来和“造反派”说理斗争，因而“造反派”们对她也恨之入骨。为了打击这个“黑老婆”，“造反派”挖空心思想出了一个恶毒的办法。经过一番周密策划，一个搞专案的头目用甜言蜜语骗取了“黑老婆”的年仅四岁孩子的信任，把孩子骗到屋子里拿出糖果和饼干给孩子吃，一面教唆孩子学他说的话，那头目说的是攻击毛主席的最恶毒的话，不懂事的孩子学说不误。最后还教孩子说：“这是妈妈教我说的。”头目和孩子对话时，旁边有人全部录音下来，然后抹去头目的声音部分，只留孩子说的话，并接连在一起，于是一个反革命攻击毛主席的铁证出笼了。

在这段时间里，陈播、王冰不了解冯一夫、张加毅、蒋先德和我串供的情况，因而他们也无从交待，再用刑也逼不出任何口供。“造反派”迫于首要任务是集中全力捉拿蒋先德，只得先把陈播搁下，反正他是铁定的“走资派”逃不脱了。而对王冰，“造反派”中一个老谋深算的头头出主意，针对他重感情和年轻气盛的特点，使用温和拉拢的方法诱其入彀。先是通知他的家里，可以经常送一些诸如萨琪玛、核桃酥一类平时他爱吃的食品，还送一些当时比较高档的牡丹牌香烟以及茶叶之类的东西。同时“造反派”头头会同军委办事组那个姓李的头头，经常半夜三更轮番来到王冰屋里进行“开导”。其内容是：“你参加‘8.16杀人夺权黑会’是被迫上了当，只要坦白交待就行了，你马上可以出去当导演拍片子，还保留你的党籍……”以此来软化王冰的对立情绪。

忽然有一天，“造反派”们欣喜若狂地通过高音喇叭宣布了一个“好消息”，说把“罪大恶极的现行反革命分子蒋先德捉住了！”

“造反派”把他推进一辆车内。捆蒋先德的是种名叫“法绳”的麻索，捆人的小老头是电影厂的杂役。他自称是袁世凯当总统时专门从大狱绑人到菜市口杀头的牢头。他熟练地把绳子勒在蒋先德的咽喉下边，使他的头不能稍抬，稍抬就痛得咽不下气，稍低就不能呼吸。据说这样绑死囚押赴刑场时不怕罪犯喊叫，因为根本喊不出声来。这么一个牢头，“文革”期间却能在电影厂里大显身手，可见掌权的“造反派”们实在会挖掘人才。

一批如狼似虎的打手们押着蒋先德连踢带推地进了录音棚，二话不说抡起棍棒劈头盖脸地一阵狠打，只打得蒋先德躺在地上动弹不得。就这样一连打了三天，每天中午和晚上，只将一个小窝头扔在蒋先德面前的地上。此时蒋先德已被打得遍体鳞伤，还多次晕厥过去。但一苏醒过来，他就会咬牙忍痛伸手艰难地捡起地上那个沾满灰尘的小窝头，在衣服上擦擦，强迫自己张嘴吃下去。他心中很清楚，必须活下去，唯有活着将来才有可能跟他们斗争。

三天之后，他们才连拖带拽地把蒋先德押回到“黑楼”，关押在楼梯边的一间只有两尺宽、五尺长的储藏室里。这屋子本来是摆放扫帚、拖把等杂物的，如今要塞进一个大活人实在困难，蒋先德每天只得蜷缩着身躯，侧面躺在水泥地上，身下没有铺的，身上没有盖的，也没有枕头，身上穿着结了痂的衣服，强忍着钻心的痛楚，以臂为枕侧着躺在地上。这样在天气不热时还能勉强忍受，可是到了炎炎盛夏，憋得喘不过气来，他只能将嘴凑到门缝呼吸到一丝微弱的空气。

总之，“黑楼”是一座惨绝人寰、暗无天日的人间地狱。我们从1967年9月20日被关进去那天开始，一直被折磨到1969年4月15日。尔后全体“黑帮”和“走资派”在1969年10月25日又被武装人员押送到山西劳改农场监督劳动，继续那“触及灵魂”的无休止的批斗。

在史无前例的“文化大革命”中，八一电影制片厂上演了许多悲剧，运动中有的被打成残废，有的精神失常，而不堪凌辱含冤自杀的编剧和导演就有四人。厂里大批创作骨干不是遣送还乡，就是调到地方厂去了。和共和国的命运一样，八一厂在这一段时间里付出了血的代价，教训应该永远记取，悲剧不应再重演。

四十三、妻离子散

1969年4月15日，不知道什么缘故，“造反派”们突然把我们从“黑楼”里全部放了出来，并宣布让我们参加“学习班”学习。

从此，我们每天清晨集合，排着队进厂“接受教育”。排在队伍前头的人还举着一块木牌子，就像开运动会入场式的单位举着牌子那个样子，不同的是我们的木牌上写的是毛主席语录。一路上只见各派群众，用不同的目光看着我们。“造反派”看见我们就指指点点，表现出“胜利者”的得意，而有些同情我们的同志则用关切的目光望着我们，而且偶尔还有个别大胆的跟我们打招呼。还有一些则是用惊异的目光观望着我们。

我们这个“学习班”学什么呢？那就是天天自己斗自己，找反动根源，找黑良心，无限上纲上线。除“学习”之外，就是分配到厂里的修缮队干又重又脏又累的杂活。

自从我被关进“黑楼”后，我的妻儿就被扫地出门，住到厂后头的一间废弃的酱油作坊里。一家人挤在一间破旧的房子里还要在里面生火做饭，生活得非常艰难，但好歹早晚全家能聚在一块儿，心里多少还是有一点儿温暖。

谁知道，好景不长，不久我的妻子王荣华被勒令下放到山西高显总政的“五七干校”去劳动，剩下我和儿子严可、女儿严小秋相依为命，过着十分艰辛的日子。我每天除了参加“学习班”和劳动改造，回家还要做饭做菜，既当父亲，又当母亲。

农历八月十五快到了，中秋节总得让孩子们吃上一两块月饼，可我那时月薪只有二十五元钱，我只得买了五块市面上最价廉的月饼，分给儿子、女儿每人两块，我留了一块。久未吃到任何零食的孩子们见到这稀罕的美食馋得直流口水，还没到十五日，儿子已经把他的两块月饼报销了。到了中秋那天，懂事的小女儿把她珍藏的月饼分了一块给哥哥，我一见心酸欲泪，把我的那一块给了女儿。另一次是过国庆节，全厂职工在大食堂大会餐。我们这些“黑帮”当然没资格参加。“造反派”们为了显示他们的“仁慈”和“宽容”，给我们每人发了一张领肉的券。到了中午，我们这些“黑帮”排队在大食堂门口等待，样子很像解放前我在上海看到的酒楼餐馆门前等待残羹剩饭的乞丐。一会儿，大食堂开饭完毕了，才给我们每人分了一碗猪肉炖粉条、一碗大杂烩，回到破屋，切了一棵白菜和这两个荤菜混在一块炖了一锅烩菜，三个人围着一张小矮桌吃了起来，尽管心中很苦涩，但能和孩子们在一起，我却感觉到一丝特别的温馨和满足。

白天，依旧是那些无休止的批斗，交待认罪，好在心里挂念着能早些回家和两个孩子团聚，日子也就好挨些了。当然，心中更盼着妻子早些从“五七干校”归来，对我来说，只要能全家团圆，那就是“上帝”对我的恩赐。谁知屋漏偏逢连阴雨，还没等到妻子回来，不久儿子又被发配到云南边疆劳动改造。而这年我儿子仅仅十六岁！没法，我只好默默地为儿子准备行装，我把仅有的一点钱买了半斤猪肉和一些咸菜，炒了一饭盒肉丝炒咸菜让儿子带在路上吃。因为从北京到昆明要坐四天火车，到了昆明还要再坐四天卡车才能到达滇西目的地。行前我带着儿子去买手电筒，我让他自己挑选一种，儿子知道家里的经济情况，懂事地说：“买最便宜的。”

儿子要远行了，我送他到了火车站，只见月台上送孩子的父母亲一片哭泣声，一片悲怆气氛。那一个个脸上还带着稚气的孩子们马上就要离乡背井去到遥远的边疆了，怎不令人伤心落泪呀！此时此刻我却欲哭无泪，心在绞痛。铃声响了，就要开车了，上了车的孩子们拥挤在窗口向亲人挥手告别，我儿子挤不上去，只能从人缝中伸出一只手摇晃着我给他的那顶旧军帽。火车启动了，渐渐地远去了，我呆呆地望着闪光的钢轨，脑子里一下子成了空白，两腿软软地挪不动步，一下子瘫坐在水泥地上。此时送行的人渐渐走光了，只有一个清洁工在打扫站台。我疲惫地站了起来，颤颤悠悠走出了车站，寒舍里小女儿还等着我回去呢。

送年少的儿子远行的那份创痛尚未抚平，一个更大的打击又向我袭来。

半个月后，学习班突然通知我们这些“专政对象”，做好去山西“干校”的准备。我那年仅十四岁的小女儿一听说我也要离开北京，当即哭着拉住我的衣襟说：“爸爸，爸爸，你走了，我怎么办呀？呜呜……。”看着已哭成泪人的女儿，我心如刀绞，可我如今是一无政治地位，二无人身自由的专政对象，除了任人宰割还能有什么办法呢？无奈中我只好把小女儿托付给邻居，一个靠边站的作曲家的妻子请她帮忙照顾我那可怜的孩子。此时此刻，我真正体会到了妻离子散的滋味。

四十四、黑狗、花狗、老黄牛

1969年10月25日，我们三十个“黑帮”被武装押送到山西侯马地区一个名叫高显的小火车站，下车后步行约二十分钟来到一片窑洞前，正面洞开着显得俗气的大门，四周有高高的围墙，环绕围墙上还有铁丝网。这里原本是一座劳改农场，此时改为总政系统的“五七干校”。分期分批到这儿来劳动的学员来自总政各个单位，统称：“五七战士”。我们三十个人是编外独立的单位，实际上就是变相的“劳改队”。三十个人分住在六眼石窑内。“造反派”为了显示权威，我们刚放下行李，他们干的第一件事就是斗争故事片室主任兼导演冯一夫，说他在火车上送别人吃食拉拢感情搞秘密串连。斗争会上，大家看上去慷慨激昂，其实都是言之了了没有一点儿实质性的内容。尤其可笑的是老演员刘江涨红着脸，指着冯一夫的鼻子声嘶力竭地空喊了一通空话，真不愧是个好演员。而冯一夫则装作低头认罪状。愚蠢的“造反派”最后总结说获得了开门红，打胜了第一仗。我心想这真叫“活见鬼”。

从此以后，开始了我们漫长而枯燥的劳改生活：不是批斗就是劳动，不是劳动就是批斗。所不同的是如今批斗不再打骂武斗了，劳动却要比“五七战士”更重、更累、更脏。好在我们受苦受累已经习以为常了，而且身体健康状况反而比过去还要好。

干校的生活平淡而乏味，没有值得回忆的事。倒是有几件琐事颇耐人寻味，记录下来作为干校生活的花絮。

干校前面有一条河叫汾河，河对面坡上有一个小山村叫“永固”村。跟我们一块儿劳改的纪录片著名导演张加毅的老家就在永固村。这汾河两岸的人家要过河均由永固村的几个艄公撑船摆渡。这几个艄公都是张加毅少

1969 年在山西劳改时的留影

年时的好朋友，他们一听说张大哥被打成了“反革命”非常气愤：“我们张大哥从小参加革命，咋今儿个成了反革命了。”从此对干校的人很反感，只要是干校干部要渡河，经常装聋作哑不放船过来，可是只要是张加毅和我们一到河边，哪怕只一两个人他们都热情为我们摆渡。有一次我一个人过河他们也不耽误。质朴的农民立场鲜明，憎爱分明，这使我们很受感动。

干校有一花一黑两条狗，它们的名字叫花子、黑子。这两条狗原来是劳改农场看犯人的警犬，由于花子曾经抓住过逃犯立过功，所以编制上有它的供给标准。奇怪的是这两条狗对我们三十个专政对象特别亲，对“五七战士”反倒很冷淡。我们一清早下大田劳动，花子、黑子就一直跟着我们，中午在地头和我们共进午餐，傍晚下工和我们一起回家。到了夏季就在我们窑洞里睡午觉，有时半夜派差要去火车站接站，只要我们一喊叫，花子、黑子就跟着我们行动，一路上跑前跑后警惕地担任我们的警戒。

饲养班有一条力气最大，脾气最暴的大黄牛，它要是顺心了，下田干起活来特别卖力气，倘若不称心了，就会暴跳如雷，抽鞭打棍也莫想让它顺从。所以一般的“五七战士”都不喜欢用它，可是我们这些“专政对象”使用它却是特别爱护它，给它喂草喂料饮水特别周到，它对我们也特别亲热，也很听从我们的使唤，干起活来分外勤快，成了我们的好帮手、好朋友。

我非常喜欢花子和黑子，还有老黄牛，每到地头休息进餐时，我总要分一些饭菜给花子、黑子吃。我还去拔一些鲜嫩的青草，再掰些窝头喂大黄牛。我深深地感到它们有灵性，通人性，它们要比那些假革命左派好得多，善良得多，而且高尚得多。我从心底里想："畜牲比那些家伙善良。"

在文革中，狗比"造反派"更有人性

"五七"干校有两个连的"五七战士"，在三连炊事班当杂工的著名国画家黄胄每天要赶着小毛驴，从坡上到坡下把伙房里的剩饭菜和泔水送到养猪班去喂猪，有一天我跟上黄胄开玩笑说："今后，你再画驴，一定比过去画得更好呀。"黄胄苦笑着对我发誓："这辈子再也不画驴了。"其实，"文革"后他画的还是驴。

有一天，头头们命令我和张加毅到大门口接受任务。大门内有一座影壁，冲门外的一面是毛主席招手的巨幅油画，背面是林彪书写的"大海航行靠舵手，干革命靠毛泽东思想"的题词。这天交给我们两个人的任务就是铲掉林彪的题词。我和张加毅先找来木条和木板搭了一个脚手架，又找来刀铲站到脚手架上开始工作，我心中纳闷："干什么把'林副主席'的题词铲掉呢？是不是发生了什么事儿？"张加毅也不明白。由于我们这些特殊分子每天只能看到《人民日报》和《解放军报》，没资格看《参考消息》所以信息非常闭塞。外边发生的事一概弄不清。偏巧有一天从邻村子里传来一个笑话，说是区里开会传达重要文件，各村各户各派一个代表参加。老乡们对这种误工误时的会议向来不感兴趣，有一户人家派了一个耳又背，脑子也不灵的老汉去参加听传达。老汉回来后大家问他上头讲了些什么？老头也没听清楚，结结巴巴说："林彪这个龟孙子，带着一群(叶群的偕音)老婆，还吃了三只鸡。(系三叉戟飞机的误音)吃得温肚肚的(系温都尔汗之误,意为吃得适意的土语),给摔死个球了。"这话听得我们如坠五里雾里不知所云,不过有一点值得注意,对"林副统帅"竟敢叫龟孙子,可不一般,谁有胆量敢这么说,还有摔死个球了是说谁摔死了?这个谜直到好几月后才解开。

总之,我们在这个枯燥乏味的鬼地方,一共混了两年八个月,直到1972年6月23日遣返回到北京,重又住进了我的那一间"酱油坊"屋子。

"文革"结束后在当年住的牛棚前留影

四十五、二进宫

从"干校"回到家里我基本上过的是半自由生活。为什么说这个"半"呢?因为从外表看我可以去买菜拉煤逛大街,但仍在那些"造反派"的控制之下，只许规规矩矩，不许乱说乱动。我依旧穿着没有领章和帽徽的旧军装，每逢我走在街上或乘公共汽车时，总有人会问："你是样板团的吧？"因为那时江青批准几个京剧团和芭蕾舞团都参了军，可是由于军委没有批准，所以只发了军装还没有发领章帽徽。我们这些人都已经五十多岁了，穿的是光板军装，所以人家肯定我们是京剧老艺人无疑了。

"文革"之前，我们这一代老战友大多住在北京，虽然近在咫尺，可是大家都忙，可谓鸡犬之声相闻老死不相往来。如今虽然每个人身上都带一本难念的经，但，都赋闲在家，互相串串门，聊聊天发发牢骚甚至骂骂街倒也算逍遥。

谁知福无双至，祸不单行，在家里刚当了七个月的"逍遥派"，1973 年 1 月 11 日江青突然又窜到八一厂来扇风点火，她这次来的主题是：八一厂有人破坏样板电影《红灯记》的拍摄，可是说着说着不知怎么地又"照顾"起我来了。她说："严寄洲怎么了，专他的政没有？"好啦，"旗手"一句话，半夜我就被抓，这就是我的有名事件，曰"二进宫"。

这次关押我的地方已经不是"黑楼"了，而是厂区东南角的桃园。桃园靠近特技车间和特技摄影棚，桃园内有半地下的弹药库，还有几间存放杂物的水泥平房，这里长期关押着"走资派"厂长陈播，因为我的光临"造反派"把房子砌成两间，加开了一扇门，陈播住前边半间，我住后半间。我和陈播 1939 年就在一个文工团，现在又关到一块儿，可说是一对老伙伴，两个患难朋友。几年不见不禁吓了我一跳，身材高大的陈播，只剩下九十几斤了。专案组头头宣布，我们俩人不得谈话，桃园里有大小好几片空地可以种菜，陈播上午种，下午我种，园内桃树归我浇水。陈播已挖了一个厕所，我也要自个儿挖个厕所不许合用，我们各自做饭时用的菜刀和刮胡子刀片统统由看守负责锁在抽屉里用时再拿，用毕归还。房间里墙上钉子统统拔掉，以免我自杀。陈播门前已有加搭出来的厨房，我则在房侧再自搭一个，好在这儿木材、石棉瓦、钉子、绳子有的是。我在园内巡视了一遍，桃树一共有一百零八棵，恰好和梁山好汉一百单八将数目相同，几间空屋里有木板、木方，还有木工工具和油漆等物品。园内有一个自来水龙头，旁边有两棵高大的榆树，环境倒是非常幽美，大有世外桃园的味道，可惜当时我没有闲情逸致。陈播是桃园的老房客，几年来他惨淡经营种了向日葵、葫芦、豆角、玉米、水萝卜、西红柿和蓖麻等农作物。我是白手起家，只好向陈播要了一些种子以便等季节播种。

两个老战友，低头不见抬头见，见了又不许说话，感到很别扭，我想出了一个法子,取来一把铁锹,卸下锹把,一截截锯下做成了一副象棋子,我说:“来!咱们下棋。”陈播连连摇手表示拒绝。我说:“嘿!专案组不许我们谈话,我们下棋不说话,不犯法呀!”陈播还是坚决不干。象棋也白做了,不过开始一段时间,陈播坚守纪律不和我交谈,我偏偏不信这个“王法”,我还常常没话找话和看守的专案组的人搭讪,还当着看守面和陈播瞎扯,渐渐地陈播也就破戒和我说起话来。我房子里没有铁丝绳,洗脸洗脚毛巾无处可挂。我向专案组的头儿说:“你们把钉子全拔掉了,是怕我自杀上吊吧?要自杀桃园里有的是桃树,要上吊太容易了,可是我不会自杀的,告诉你们,我要是死了决不是自杀,而是你们杀的。”专案组一听火了:“你说的什么话呀?‘革命派’会杀人?”我说:“既然如此,那你们就帮我找两个钉子拉一根铁丝绳好啦,那上面吊不死人。”

关押在桃园期间,有一件最使我难忘的事,那就是一只野猫的故事。我住的房后不远处有一间摆放空木箱的库房,门锁着,可是两扇窗玻璃已被打碎,有一天我到水龙头处打水,忽然看到一只胖胖的大花猫蹿上窗台从碎玻璃窗口钻进了屋子,我估计这是一只无人喂养的野猫。我这个人平生就喜欢养猫养狗,见此情景,当天吃饭时留了一些饭菜,然后拿到库房的破玻璃窗前,伸手把饭碗放到窗内一只木箱上,嘴里还不停地“咪咪咪,咪咪咪”呼唤了几声,那野花猫当然不敢露面,我只得走了,过了不到一顿饭功夫,再去一看,哈!碗里的饭已经吃得一干二净,我心中很高兴。从此我的感情有了寄托,天天去送饭,天天“咪咪咪”地叫唤几声便走。这样日复一日,有一天我刚把饭碗摆好,“咪咪咪”叫了两声,那花猫居然出现在我的面前,它警惕地过去吃饭,对我仍有戒心。功夫不负有心人,又过了几天,花猫吃饭时,我可以伸手抚摸它的背和头,再过了几天我试着把它抱了起来,它也没有反抗。我高兴极了,回到我的厨房,腾出一只木箱,里面铺上棉花和帆布,我试着把花猫抱回来喂食,然后把它放进木箱,箱内很舒适,花猫也就住了下来。我花费了几个月的功夫,竟成功地把一只野猫驯服成了家猫。

春天到了,桃园里一片春色。花猫天天“哇拉哇拉”地叫春,不久叫来了一只大黄猫,大黄猫不怕人,见了我也不跑,花猫开饭了,黄猫也跟着吃。我对陈播说:“我的伙食费有限供不起两只大猫。这样吧,我供花猫,那猫女婿就由你来供养吧。”陈播慨然允诺。这样我们这个“世外桃园”里多了一对猫夫妻,给枯燥的生活增添了一点儿气氛。

几个月后,花猫一胎生下了五只可爱的小猫,开始吃奶的时候还好,可是到了要喂食的时候，我实在无法应付这一家子的伙食了。我只得让看守传话出去，送走了四只小猫，只留下一只小猫陪伴母猫。我喂野猫的这段故事和在干校时养狗的故事传了出去，“文革”之后被“北京爱护小动物协会”聘我为顾问，这是后话。

我被关押进桃园时，每天除了劳动就是翻来覆去看四本《毛泽东选集》。为了把时间安排得更充裕一些，后来我向专案组打了一个报告，在报告里我应用了毛主席语录中有关称赞鲁迅的段落，并说：“为了改造我们世界观，根据毛主席语录精神应当好好读一读鲁迅的著作，请求领导到我家中把全套《鲁迅全集》拿来供我学习。”我的报告写得冠冕堂皇，无懈可击。他们只得派人把我家的《鲁迅全集》搬了来，这下子我可是高兴极了。长年来由于工作繁忙，只读过部分鲁迅著作，这下子可好了，我可以利用这个时机好好把鲁迅的全部著作仔细饱读一番了。

“二进宫”关进桃园已经两个年头了。在1974年的最后一天，我想，明天就是元旦佳节，不知道家里大人孩子生活得怎么样？真想念他们呀！正在此时专案组派人到桃园对我说：“经党委批准，从即日起释放你回家。”我问：“你们莫名其妙地把我关了起来，今天又莫名其妙地把我放出去，总得有个说法吧？”专案组派来的那人板着脸孔冷冷地说：“无产阶级革命派让你回去，你就回去，没有义务向你做解释。”说毕她又掏出一张《毛泽东选集》那么大小的纸片交到我手中说：“这个给你留作纪念吧！”我一看几乎要痉挛起来，那纸条上白纸黑字写着：严寄洲1942年整风中承认是从上海派到延安来的日本特务，经核查甄别予以否定，唯严寄洲如何从上海到的延安这段历史无人证明……啊呀，想不到我参军入党已经三十六个年头了，我在工作中废寝忘食，在前方出生入死，可是档案袋中竟然还存着这么一个材料，实在太令人寒心了。

此时此地，我的心情还是很激动的，因为我终于可以和家人团聚了，而且明天是元旦，我将开始新的生活。我向看守请假要求出去借一辆板车好拉行李。看守说：“请什么假呀，你要上哪儿就去哪儿好了。”我连忙跑到了副业队借来了一辆平板三轮车，可是我不会骑这种三轮车，只好拉着车把子走。厂里好多人都用异样的眼光看着我，那眼神中有疑惑不解的，有同情的，有敌意的，还有看新奇的。我回到桃园把全部家当装了满满一车。向陈播告别，陈播说：“你放心，我不会难受的，看到你走了，我也就有希望了。”我拉着板车离开了生活了两年的桃园，路上，有不少人凑上来帮我推车，一直把我送到我居住的酱油坊才离去。

1979 年时全家合影

四十六、差点给王洪文抬了轿子

回到家里当了八个月的“无业游民”倒也清闲，尽管这是我劳碌的一生之中难得的清闲，但内心中却万分空虚，因为我的命运前途未卜。

到了1975年8月28日这一天，八一厂新的党委突然派了两个陌生面孔的干部来找我，拿来了给我下的结论要我签字，结论里的主要段落是这样写的：

一、关于“8·16 反革命杀人夺权黑会”一案，经审查，纯属捏造的政治性陷害假案，并且得到林彪死党吴法宪、邱会作的插手支持，对许多无辜同志进行非法审讯，严刑逼供。严寄洲同志是该案的受害者，应予平反。

二、关于曾将严寄洲同志作为“陈播、冯一夫、严寄洲、王冰、张加毅反党反革命集团”成员的问题。经审查,八一厂不存在这个反党反革命集团,故应否定。

这次给我作结论的时候,“四人帮”还在台上横行霸道。“四人帮”垮台之后,组织上对我的结论又作了一次复查结论,其内容为:

……但由于当时的历史条件,对所谓他的攻击江青的问题没有得到彻底解决。所谓攻击言论问题经查证,是严寄洲同志对江青的倒行逆施的不满和批判。江青信口雌黄,诬陷严寄洲同志是“反革命”纯系对严寄洲同志的迫害,应予彻底平反。

阿弥陀佛!我所横遭的十年大灾大难终于“寿终正寝”了。不过,现实并不那么简单,我在这两个结论之间,还碰到了一件令人啼笑皆非的棘手事件,闹不好,我这个被“四人帮”诬陷了十年的无辜者,很有可能翻个个儿成了替“四人帮”当吹鼓手的倒霉蛋,那可成了跳进黄河里也洗不清的“冤死鬼”了。

事情是这样的:“四人帮”为了给自己即将“登基”大造舆论,出版了一本厚厚的“专集”,里头搜集的都是歌颂江青、张春桥、姚文元和王洪文的文章。其中有报告文学、特写、诗歌、专访和纪实小说。“四人帮”的御用官员责令各电影厂把专集中的文章一一拍成故事片,其实其中有许多文章根本没有拍电影的基础是没法改编的。可是在那个年代谁敢说个不呢?一些看风使舵之徒愉快地接受了这一“光荣”任务,八一厂也“荣幸”地轮到了几个主题。其中有一篇报告文学《警钟长鸣》,厂里决定由梁信编剧,严寄洲导演。梁信是广州军区的著名专业剧作家,《红色娘子军》、《碧海丹心》和《奴隶和将军》等著名影片都出自他之手。我们接受了这么一个烫手的任务,心里很沉重,回到招待所,我和梁信不知道该怎么办。梁信说:“这么一篇报告文学,根本改不成一部电影,而且你知道吗,这篇文章的作者是王洪文的秘书,名叫萧木,文章内容写的是王洪文在安亭火车站卧轨闹事的故事,能改么?”我说:“如果不干吧,没有借口,干吧,良心不允许。我看,咱们给它来一个拖,能拖多久算多久,看看风向再说。”过了一些日子编辑部来催问,我们总是推说正在构思。又过了一个多月,故事片室召开会议讨论分给大家的几个主题的落实情况。我在会上说:“江青同志说过:没有生活就没有艺术,我对这个故事很陌生,因为那时我还关着呢?我怕拍糟了。请领导考虑是否换个人来拍为好。”梁信也顺着我的调推掉了改编《警钟长鸣》的任务。会后不久经厂里批准把我和梁信撤换了下来。我如释重负,要知道我这个人拍片子一贯快速,真要把影片拍了出来,“四人帮”倒台后,那些别有用心的人指责我给“四人帮”抬轿子当吹鼓手,我就是长一百张嘴也说不清楚。

四十七、关于重拍《万水千山》

1977年，我接受了重新拍摄《万水千山》的任务。当时我的心情是十分矛盾的。“文革”前，根据陈其通的话剧，由孙谦改编，成荫导演，蓝马、梁玉儒主演的电影《万水千山》拍得恢弘壮丽。而这批主要创作人员均是我的老战友，老伙计，如今要由我来重拍，未免有不敬之嫌。而且自问我的功力，怎能与成荫相比。再说这部影片早在国内外具有很大的影响，我再来重拍，岂非是“费力不讨好”的事吗？可是，究竟为什么要重新拍摄呢？原因是在“文革”之前，某权威领导观看了演出之后指出：“在这出戏中只表现了红一方面军在长征途中的故事。却没有表现红二方面军和红四方面军的内容，长征乃是三个方面军共同创造的壮举，现在单表现了一方面军是不完整的，是宗派主义的产物。”

“文革”之后《万水千山》话剧作者陈其通将剧本重新作了修改，糅进了红二方面军和红四方面军的若干情节。现在要我重拍的就是这个新版本。

自从落实政策，恢复了名誉，恢复了导演职务之后，厂里给我的第一个任务是导演“文革”题材的《警钟长鸣》，那时候“四人帮”还没倒台，这一部吹捧“造反派”的戏，被我婉言推辞了。重拍《万水千山》是第二次交给我的任务，如果我再推辞不干恐怕不妥。别人会指责我不好领导，挑三捡四不识抬举。何况这两部戏的性质完全不同，《警钟长鸣》是为“四人帮”歌功颂德的“马屁文学”。而《万水千山》则是歌颂红军二万五千里长征英雄业绩的主旋律，两者不能同日而语。再者，我已经整整十个年头没拍过片子了，我酷爱电影业务，要是没这十年灾难，怎么说我也可以多拍十几部片子。因此，有了重操心爱事业的机会，就盼望早点上马，弥补这十年的损失。

问题是摆在我面前的难题是怎么拍这部戏呢？又不能够拍成舞台纪录片，我还必须在没有电影文学剧本的前题下写出分镜头剧本，我想尽办法把每一幕戏伸展开，分切成若干场景，打破舞台上的框架。而最难办的是规定不去实地拍摄外景，都要在北京拍摄，尽管有些场景可以在摄影棚里搭景解

严寄洲（右二）在拍摄电影《万水千山》现场给演员说戏

决，但有些大场面如雪山、草地、藏民区、喇嘛庙、大渡河、娄山关等等则内景无法解决。我和特技设计师研究，用了“银幕合成”“玻璃珠幕背景合成”“模型接景”“空镜头资料片”来弥补，我甚至偷了成荫导演的《万水千山》中的几个镜头充数。

尽管我费尽心机，还是无补大局，拍出了一部不伦不类的拼凑片，而且还是上下集。

由于客观条件的限制，这部影片拍得不理想，但通过拍摄过程，发现了几个初上镜头的好演员如龚雪、陈佩斯、黄梅莹，他们后来都成了大牌明星，这倒是我始料不及的。

四十八、《猎字九十九》的出台

“四人帮”垮台后一段时间里，掀起了一股争看外国参考片的热潮。观

严寄洲(左一)与赵丹(右一)、丁峤(右三)在访问朝鲜期间

看者几乎到了如醉如痴的地步。这大概是十年禁锢,看不到故事片的一种文化饥渴现象。在这许多参考片中,有一些确是优秀影片,也有一些低级无聊带刺激性的坏影片,但极大多数则是拍得叫人爱看,但内容却非常平庸的影片。当我看了这些影片之后,心中暗想这有什么了不起,不就是故弄一些玄虚、设置几个悬念,布景和服装道具搞得花花哨哨、再来一点电子音乐,(那时国产片中还没用过电子音乐)我就不信自己拍不出这样的影片来,我非拍一部票房价值高的娱乐影片不可。

天津公安厅周振天同志根据他创作的同名中篇改编的电影剧本《战斗在继续》,八一厂组稿拟投拍已经两年多了,不知何故后来下马不拍了。我看了这本子,正吻合我前边说的要拍一部高票房娱乐片的路子。于是我捡起原作,重新布局、结构,用惊险样式重写了一个本子,更名叫《猎字九十九号》。

影片放映后,居然上座率颇高,但给人留下的印象却十分淡薄。影片流于浮艳,失之矫揉,缺乏感人的艺术魅力。这样的结果是由于我的错误创作思想导致的。正如香港《电影周刊》中一篇题为《电影在共产主义社会不是商品》中一针见血地指出的那样:"严寄洲先生导演的间谍片,一部是"文革"前拍摄的《野火春风斗古城》,一部是1978年拍成的《猎字九十九号》。比较之下,就会发现其中有一些值得深思的问题。……在《野火春风斗古城》中严寄洲的表现,在艺术上给我们相当的满足,那不仅是影片拍出了时代、拍出了环境和气氛，更由于他把人物的形象塑造得那么鲜明、那么丰满，把人与人之间的关系描写得那么细致、那么深刻。因此，这部以间谍战争为题材的电影，使得人们的心弦为之震荡。这样一部间谍片，已摆脱了资本主义社会中所谓间谍片的类型概念，进入了艺术创作领域。……但是，《猎字九十九号》中严寄洲所着重的，只是一个破案过程。人物的性格概念化，人与人的关系被简化了。因此，他们的活动，他们的行为，除了引出若干悬疑、紧张的效果之外，就无法掀起观众更深刻的情绪波动，……走的完全是像商业电影一样的类型化的道路。……在资本主义社会中的商业电影中所借用的外国常用手法也接近于这一类。总而言之，像《野火春风斗古城》所表现的，才是处理间谍题材应走的道路，而《猎字九十九号》却走到了商业电影歧途的边缘。"

这篇文章谈得中肯，批得尖锐。"是是非非谓之知，非是是非谓之愚。"由此使我深切地认识到了两个方面的辩证关系。一方面，过去那种一味空谈思想性、概念说教的影片固然不好。但另一方面，只顾票房价值，不考虑影片的社会效果，也是此路不通的。一次北影老导演谢添同志对我说："老严，片子(指《猎字九十九号》)我看了，好！"我问："好在哪里？"谢添笑着说："现在大伙抢着看参考片，看不上，就看看你这部片子也解馋么。"话像是开玩笑，仔细一想，却击中了要害。

电影剧《猎字九十九》剧照，田华(左二)饰演厂长

由此可见，一部惊险样式的影片，最主要的引人入胜之处，在于它是通过错综复杂、曲折离奇、尖锐激烈的故事情节来展示影片的主题思想，从而起到激发勇敢、增添智慧和提高警惕的教育作用。它那令人在观影中让人

提心吊胆,紧张刺激效果的艺术魅力,是通过戏中反、正人物独特的性格和剧情起伏跌宕的有机结合而完成的。惊险影片不排斥奇特和偶然,假如一部惊险影片没有令人提心吊胆的情节、疑团重重的悬念、惊心动魄的动作、奇峰突起的变化,那还叫什么惊险影片呀。关键是是否合乎逻辑,即出乎意料之外,又在乎情理之中。要令人信服,必须写出活生生的人物典型,这才是电影创作必须遵循的准绳。反之,如果抱着侥幸和投机心理,企图迎合观众对惊险影片的浓厚兴趣,不顾创作的基本规律,那就非碰钉子不可。《猎字九十九号》的教训告诉我,千万不要因为观众叫好而障蔽了自己的眼睛。

"前事不忘,后事之师。"搞艺术创作不应当心骛八方,神驰万里地去驾驭不熟悉的题材,而应该辛勤耕耘自己占有的生活领地,开掘自己发现的矿藏。由此,我给自己在后来的题材选择上定了两条守则:一是要比较熟悉的生活。二是要基本经历过的生活。这里我不是说间接生活题材不能拍摄,更不是说历史题材不能拍摄。而是针对自己知识浅薄,没有这方面的功力而言。

四十九、故乡情深与《二泉映月》

我的家乡过去鲜为人知,自从拍了京剧电影《沙家浜》之后,人们才知道常熟县有一个沙家浜。常熟特产阳澄湖大闸蟹闻名全国,乃酒宴之上品。常熟和苏州、无锡毗邻,典型的江南鱼米之乡。那纵横交叉的河滨,那拱型的石砌小桥、那虞山古刹,那水稻田,那油菜花,还有那驰名中外的绿毛乌龟,都深深地刻在我童年生活的记忆中。

我在江南一直生活到二十二岁,参军之后,便一直在北方生活工作至今。可是我从没忘记过我那可爱的江南故乡。自我从影以来,我所拍摄的片子都是些军事和地下斗争题材,其背景往往都在北方。可是我内心深处一直有一个愿望,那就是想拍摄一部以江南水乡为背景的影片,而且最好是我亲身经历过的、比较熟稔的生活,同时还想通过影片的拍摄,探索一下电影民族化的问题。

我一直非常厌恶在影片中板起面孔教训人,尤其讨厌在影片中强迫观众听那种令人厌烦的套话说教。盼望拍一部能给人增添智慧和陶冶性情、得到美的享受和健康的娱乐、能够使精神境界和思想启迪浑然一体的影片。根据以上的设想，我选中了鄂允文、刘保毅、荣磊编剧的《二泉映月》。

有些朋友好心地劝我说："你现在该去拍一两部重大题材的史诗式影片，不该拍这种无足轻重的小玩意。"我却认为题材的大小不能和作品的分量等同起来，我也不认为只有拍重大题材就能身价百倍，普通题材是雕虫小技。我将尽力把《二泉映月》拍得有意境，像诗、像画、像梦、像一杯清新而回味悠长的清茶。

《二泉映月》描写的是无锡民间艺人瞎子阿炳坎坷一生的悲欢离合故事。阿炳一生创作了许多丝竹曲牌的音乐流传于民间，他所创作并演奏的二胡独奏曲《二泉映月》更是脍炙人口，誉满中外。他那精湛的演奏技巧使人惊叹叫绝，他那刻苦钻研的音乐造诣令人钦佩，他在旧社会的悲惨遭遇让人同情，他勇于向恶势力挑战和他朴素的民族气节值得人们称颂……这些对我拍摄这部影片提供了宝贵的生活基础。

当我着手筹拍之际，那万恶的"四人帮"垮台已经三年了，被蹂躏的文艺百花园正在复苏。特别是党的十一届三中全会以后，文艺界呈现一派欣欣向荣的气象。为了繁荣文艺创作，党中央号召文艺工作者要解放思想，为"四个现代化"作贡献。重申坚持贯彻"双百"方针，发扬创作民主，按艺术规律办事，坚持反对"长官意志"，"行政命令"和"横加干涉"。我为这些令人欢欣鼓舞的新气象由衷地高兴。思想上也仿佛解除了条条框框的束缚，感觉不到还有什么"余悸"或"预悸"在拖后腿了。殊不知等到影片拍摄完成后，再回头看，啊！原来自己的头脑里还有不少根深蒂固的余毒在作祟。

《二泉映月》拍摄之初，我就下了一个决心，凡是有公式概念之嫌的地方一律剔除，绝不说教，要以情动人；凡是烦琐交待过程和乏味图解主题的戏一律删改，要展开阿炳和琴妹这一对苦命鸳鸯的命运描述；凡是用社论或文件套话冒充顶替剧中人物对话，听了令人生厌的台词一律剔除，要剧中人说生活之中的"人"话；凡是似曾相识的场景一律抛弃，尽量创新，并使之符合我国观众的欣赏习惯。我的这些设想，看起来是异常美妙的，可是当我把影片摄制完成，其实践的结果却不像预期的设想，这倒底是怎么回事呢？

不否认，完成片在某些地方确也有可取之处，基本上达到了开始设计的艺术效果。比如观众称赞影片"具有浓郁的民族气息，具有江南水乡的特色。""影片色调淡雅、富有诗情画意。""情节缠绵悱恻，感人肺腑。""影片给人以美的享受。"观众还赞赏影片中饰演男女主角的青年演员郑松茂和袁梦娅气质好、演得好、唱得好，二胡演奏家张锐的二胡演奏也是第一流水平。……但不可否认，影片还存在着不少缺点和不足。这里除了我的修养和功力不够的原因，主要还是由于我的创作主导思想存在着问题。

一位影评家说得好："《二泉映月》这部影片好就好在导演的思想解放，坏也坏在导演的思想不解放。"一个解放，一个不解放，听起来似乎很矛盾，仔细一想却非常尖锐和准确。

先说阿炳这个人物。拍摄前我曾对郑松茂说："阿炳不是什么先进人物，更不是共产党人他只是一个普普通通的民间艺人，一个具有朴素民族意识的、刚正不阿的流浪汉。"给阿炳定的这个基调是对的，可是为什么后来有人提出影片把阿炳拔高了呢？这是由于在拍摄过程中常有一个幽灵在干扰我，时常担心把阿炳拍成所谓中间人物的恐惧感在脑子里闪现。虽然我也常给自己鼓气，但又怕将来影片通不过，那样会给制片厂带来经济损失。这种作茧自缚怨不得别人，其结果便难免导致了阿炳身上留下了拔高的痕迹。

举例：阿炳头一次帮助琴妹在崇文寺前操琴卖唱，地头蛇李老虎派警察串阿龙前来阻挠，当时阿炳这样一个人决不可能毫无顾忌地同他们顶撞；又如阿炳和琴妹被李老虎抓到灯船上强迫演唱时，阿炳也不可能那样大义凛然进行争辩。莫怪有的观众说："阿炳遭毒打是自讨苦吃。"现在回想影片中那样处理，实际上就是"样板戏"中那种高、大、全的余毒对我的影响。《二泉映月》中还有一个贯穿全剧、举足轻重的人物老赵。他是阿炳的好朋友、知音、启蒙老师。按理说剧中安排这样一个人物，它有助于揭示阿炳的思想变化发展。那么老赵究竟是个什么样的人呢？阿炳青年时代同老赵相处的时间推算应是1916年到1920年之间，当时中国共产党尚未成立。拍摄前，我只是隐约意识到老赵只是个热血爱国青年，没有参加什么革命党派。老赵在太湖边登舟离去时，对阿炳临别赠言说："国家兴亡，匹夫有责，我不能坐视危在旦夕的国运呀！"这就是老赵爱国思想的流露。后来老赵和东北流亡学生重返无锡进行救亡宣传，我还只是设想他是一个救亡青年。直到无锡解放，老赵再次出现时，他臂上佩带军管会袖章，我才设想他已无疑是我党的干部了。有了这种明确的概念，那种"共产党员就要有共产党员的模样"的模式马上占据了我的思路，便不知不觉地往老赵身上贴起标签来。他四平八稳，端端正正，没有生活和情趣，只会说正确话。比如当他听完阿炳演奏《松花江上》之后就说："你有怨，你有恨，你痛恨这个旧世界，你盼着光明，盼着报仇。可是一个人抒发感情还是不够的。你的乐器就是武器，要拿起来唤醒民众，起来斗争！"我在拍这场戏的时候心中还很得意，以为这是表现影片主题思想的浓重一笔。但是我却忘了老赵和阿炳两个挚友之间谈话不能这样干巴巴,硬梆梆,像背诵社论似的。而是应当更生活化、要既诚恳又亲切才对呀!

阿炳和琴妹的爱情,则是影片中的一条重要贯穿线。阿炳一生悲惨的遭遇,包括了他爱情生活中的不幸。阿炳和琴妹的相爱,表现了他俩高尚的情操,揭示了他俩灵魂的纯洁和美。这条线如果能用适当的篇幅予以舒展铺陈,以浓墨重彩以酣畅渲染,那么观众将会对阿炳这个人物的命运和不幸遭遇引起共鸣。可惜后来这条线索被砍得支离破碎。其原因是因为"四人帮"横行的十年浩劫期间,文学艺术作品中的爱情描写是碰不得的禁区,那种"谈爱色变"的流毒仍在不少人脑子里作祟。就在我拍摄最紧张的阶段,一些报刊突然发表了对拍摄阿炳事迹的异议。尤其是某些挺厉害的《情况》、《动态》之类的内部刊物上刊载了反对拍摄《二泉映月》的文章,什么"阿炳热造成了混乱"呀,"杜绝虚假宣传"呀"离奇的爱情故事,廉价地骗取观众的眼泪呀"一时间闹得满城风雨,使影片的拍摄几乎中途夭折。在舆论的压力下,渺小如我无力抗拒,不得不忍痛将影片中的爱情线索减弱到一定限度。

《二泉映月》中无锡解放后的戏,恐怕是影片之中最令人遗憾的败笔了。一说解放,我的脑子里立刻出现了一个框架,影片既然描写了解放前的苦,就必然要描写解放后的甜。这种新旧对比的陈套,完全是脱离了剧中人物

严寄洲(左一)在拍摄电影《二泉映月》的现场给演员说戏

的命运而图解上去的。其实我掌握的素材中阿炳是在三年自然灾害时期饿死的，也是我们工作中的失误造成的损失。影片完全有可能安排一个发人深思，意境无穷的尾声。全国电影导演创作会议期间，同行们看了我的这部影片，都惋惜解放后的戏没拍好，著名电影剧作家梁信、叶楠、白桦、陈立德等艺友甚至鼓动我重拍解放后的戏，由他们重写几个方案由我来挑。电影艺术家张骏祥问我："为什么无锡一解放，你非要写北京来请阿炳去开音乐会、电台要请阿炳去灌唱片、音乐学院要请阿炳去担任国乐教授?"我回答说："这些都是确有其事呀!"张骏祥说："恰恰是这些生活里真的，在艺术上却是假的。"是啊！他说得非常对，机械地理解艺术的真实性，其结果反而损害艺术，也损害真实。

由此看来，提高艺术创作的质量，不仅仅由于外部的干扰，也在于自己头脑里还有许多无形的桎梏阻碍着我创作的步伐。

在"四人帮"横行之时，"文艺黑线专政论"的大棒，连在九泉之下的瞎子阿炳也不能幸免。不仅要"批倒批臭"，还要掘坟砸碑，妄图把他留在人民记忆之中的美好形象抹掉。"四人帮"的吹鼓手们血口喷人，把阿炳诬为"无恶不作的武训式流氓，一个地地道道的民族败类，一个靠精神屠杀劳动人民的职业道士"。把人民推崇的名曲《二泉映月》，诬为"恶臭四溢的大毒草"，"以道教音乐虚无缥缈的旋律，黄色爵士音乐低沉悲戚的节奏，倾吐着一个没落阶级垂死前的哀怨和呻吟。"真是欲加之罪，何患无词。本来这种恶劣作法在"四人帮"猖狂时期，大家是司空见惯不足为怪的了，可是怪就怪在"四人帮"垮台之后，当无锡人民为阿炳恢复了名誉，并在无锡市委领导下，准备重修阿炳墓，以供中外人士凭吊之时；当我们正在把阿炳的故事以及他的音乐搬上银幕之时，却吹来了一阵阵飕飕冷风。指责说，由于目前的"阿炳热"造成了"混乱"，要"杜绝"这种"虚假宣传"云云。

其实，在艺术创作中，有不同意见展开争论是正常的。如果是为了搞好工作，提出如何写好这个历史人物的问题，我愿意与之进行争论。

我认为今天争论怎么写好阿炳这个历史人物的焦点，是如何正确理解和掌握好生活真实和艺术真实的辩证关系，是如何正确运用革命的现实主义的创作方法问题。

文艺反映生活，但生活不等于文艺。艺术作品中的阿炳，不等于就是实际生活中的阿炳，如果一部作品，它只是为了复写现实，那么这种工作根本是多余的，因为这种作品中所要反映的，生活已经早就反映了。同其他形式一样，一部电影，(我这里不是说传记性的纪录片，而是故事片)它要有统一的故事,完整的构思和典型的人物。无论是创作的故事情节也好,或是描写历史上确有其人的故事情节也好,都必须把自然形态的生活素材,加以补充、取舍、浓缩、提炼,才能完成艺术创作的任务。当然,我们不能够完全脱离开了生活的依据,空中楼阁地胡编乱造。想象不是空想,虚构不是捏造,它应当是建筑在坚实的生活基础上的。

我想谈谈有关《二泉映月》这部影片中几个有争议地方的一点个人看法。

一、"四人帮"时期,为了把阿炳这个民间艺人搞臭,不惜造谣诬蔑,硬说他低级下流,经常演奏黄色歌曲《十八摸》,在日伪时期还演奏过反动乐曲《满州姑娘》、《支那之夜》。但据多方面采访,阿炳生前,除了他自己的作品外,所演奏的其它作品,也都是比较健康优美的曲牌。在民族危亡的苦难岁月中,他弹奏《松花江上》、《义勇军进行曲》等革命歌曲在街头巷尾进行宣传,他还常常用"唱新闻"的形式传送抗日消息和揭露旧社会的黑暗腐败。阿炳是从来不演奏黄色下流曲子的。

二、有人说电影作品中把阿炳这个人物美化了,因之是不真实的。据所有搜集到的资料证明,阿炳的一生为人正直,刚正不阿,疾恶如仇,绝不趋炎附势。当然,阿炳生活在那样一个社会中,他的思想和行动都有一定的局限性,他也染上了旧社会的某些恶习,这些都是他生活中的瑕疵。在一部作

1979 年电影《二泉映月》获奖时严寄洲(右一)与白杨、斯琴高娃等合影

品中，我们既不应当把他拔高到一个英雄人物的水平，但也不应当扬其所短。因为我们是创作一部艺术作品，是要塑造一个民间音乐家的形象，而不是给阿炳写鉴定。直到今天，阿炳和他的作品，不仅在国内，而且在国际上也是很有影响的，许多国际友人都知道中国有一个民间音乐家——瞎子阿炳。他所创作的《二泉映月》也是誉满中外的，一些外国有影响的交响乐团也常把这首优美动听、富有中国民族特色的乐曲列为他们的演出节目。它已经成了我国音乐艺术宝库中的珍品，成了我国人民的骄傲象征。今天，阿炳已经不仅仅是我国的一个普通民间艺人，他是属于世界的。难道我们为了所谓的“真实”，就要去描写那些瑕疵么？难道避开了那些瑕疵，就是歪曲了历史把阿炳拔高了么？

三、阿炳所创作的《二泉映月》这首乐曲，主题究竟是什么？阿炳早已不在人世，死无对证。但我认为阿炳在哭诉：“我的双眼呀！虽然已经瞎了，可是这不公平的世道呀，我是看得清清楚楚的。我的双眼呀，就像二泉中映现的月儿一样的明亮……”这当然只是我的理解和猜想，也许是错误的。

四、阿炳一生中有过三个伴侣，第一个是一个贫苦农家出身的女子，年轻时就和阿炳熟识，他俩之间有一段十分感人的悲剧传说，在影片中我们把三个女子加以集中，虚构了一个卖唱歌女琴妹的形象，我认为是允许的。至于说，无锡城里原本有一个名妓叫琴娘，影片中的琴妹又由于被迫卖身葬父，一度当过灯船上的歌女，因之琴妹者必然是琴娘无疑了。其实影片中的琴妹和无锡名妓琴娘两个人无论是背景、年龄、性格、经历没有任何联系，根本扯不到一块去的。阿炳一生的悲惨遭遇，包括了爱情生活的不幸遭遇。影片《二泉映月》中描写阿炳和琴妹的爱情，描写他俩的生离死别，是全剧中有机的不可缺少的组成部分。而不是什么“戏不够，爱情凑”的问题。

五、有人说阿炳的眼睛是患了梅毒瞎掉的，这也是凭空捏造的。据调查有关资料，阿炳二十一二岁时患了眼疾，恰逢此时他的父亲去世，由于悲伤过度，眼疾逐渐恶化。二十七八岁时，瞎了一只眼睛。到三十五六岁时发展成双目失明。后来又有人访问了当年给阿炳治眼病的老医生证实，他给阿炳瞎眼的诊断是由于缺乏营养和精神上受了强烈的刺激致瞎的。现在影片中把他瞎眼的原因，处理成由于惨遭毒打后，因焦急、气愤、悲伤、恼恨，精神上受到了强烈的刺激，以致双眼突然什么也看不见了。这样的变更，对揭示影片的主题和对人物的塑造是有益的。是合乎真实的。

六、有人说：阿炳是雷尊殿的当家道士，既然是当家道士，怎么可能自己把自己逐出道观呢？也有人说：阿炳是争夺道产，别人借口他违犯道教清规而被逐出道观的。还有人说:阿炳是因为害了眼疾,不能再当职业道士而离开道观的。还有人说:阿炳是由于染上了吸鸦片的恶习,不断变卖道产而被逐出道观的。关于这些,我认为:第一,不管阿炳是什么身份,反正被逐出道观是事实。第二,阿炳常和民间艺人在一起切磋琴艺,被视为有伤道规也是真实的。第三,阿炳离开道观后曾流落街头卖唱为生,这在无锡来说是人所共知的。既然是这样,影片处理成阿炳违犯道教清规而被逐出道观,似乎要比争夺道产或吸食鸦片等原因离开道观更为合适。

总之,阿炳的一生,他的主流是好的,应该予以肯定。我们拍摄的是一部历史人物的故事片,不是传记片(传记片也允许虚构),必然要把真实的生活原形进行艺术加工。影片《攻克柏林》中出现了斯大林到达柏林的场面,实际上他并没有去过柏林。《甲午风云》中邓世昌的战舰和日舰相撞,和历史真实也是有区别的。话剧《西安事变》、《沉浮》、《陈毅出山》、《东进!东进!》、《曙光》中周总理、陈老总、贺老总的形象;电影《吉鸿昌》、《蔡文姬》中的吉鸿昌、蔡文姬、曹操的形象,这些真实的历史人物,在艺术作品中都和生活原形有所不同,因之,弄清楚合理的剪裁、虚构,同杜撰、臆造之间的区别是十分必要的。

影片的主人公瞎子阿炳,根据他的生活原形来看,他一生的遭遇和为人,是值得我们同情和理解的,他是一个平凡的、在旧社会受尽苦难的被压迫者。因之我们在塑造这个人物时,摒弃了把他随意拔高的错误创作方法,没有把他拔高到先进人物或共产党员的水平,我认为唯有这样才能使观众相信、理解,摸得着他跳动的脉搏。

影片在拍摄过程中,我们尽可能地把那些公式化概念化的老套子删除,腾出篇幅来充分展示主人公的命运和人物之间感情的戏。比如原来我们拍摄了抗日战争、解放战争等交待场景的戏,后来编剪时感到写得太实了,破坏了全片风格上的统一,因而全部剪掉,戏剧情节的发展由实写变成虚写,使得全片的格调统一和谐。无锡城的解放,原来剧本规定有一个解放军入城式游行的大群众场面。我们考虑到这样拍摄既劳民伤财,还吃力不讨好,因为观众对这类场面已经看腻了。为了避免拍摄出来“似曾相识”,我们把解放无锡的这场戏改成了一组无锡泥阿福(泥人)各种姿态的特写镜头,泥人是无锡市闻名中外的特产工艺美术品,用在此时此地既有新鲜感,又有地方特色,比之拍摄一场无锡解放那种老一套手法要好。

这部影片,拍摄时我们采用了彩色片黑白片间用的方法。影片前半部分解放前的无锡,用的是彩色片,但由于那是苦难深重的旧中国,所以色彩的运用，比较雅淡凄怆。那迷蒙浩渺的太湖水，那嶙峋嵯峨的山石，那道观、乌蓬、孤雁、芦荻，景色虽美，却是那样压抑悲怆。当阿炳双眼失明后，他的眼前是一片漆黑，影片也随之变成了黑白片。当阿炳坐在二泉旁时，因为这是阿炳曾经见到过的，所以影片又由黑白渐渐转化成彩色。解放后的色彩，则一反前半部分那种冷色调子，变成了绚丽灿烂的色彩。待到阿根嫂在坟前向阿炳诉述琴妹跳湖自尽的倒叙时，影片又由彩色渐渐转化成黑白。总之色彩的变化完全是随着影片主人公的思想感情的变化而变化，从而加强了影片所要渲染的气氛。

这部影片，也还存在着许多破绽。如阿炳被赶出道观之后，从他的思想线索发展，应当是先去找寻琴妹，影片中他却先去投考了乐鼓班，使阿炳和琴妹之间的这条线索中断了；再如琴妹从灯船上逃出来之后，毫无顾虑地跟随阿炳上街卖唱而不怕船老板来抓人，也是经不住推敲的；又如阿根夫妇为什么在阿炳被李老虎赶出无锡城之前却遍寻不得呢？而无锡城又并不大，这也是说不过去的。总之，由于我的水平限制，影片留下了许多不足之处。

五十、探索中国电影的民族形式

1980 年，我参加了一次探索电影民族形式的学术研讨会，由于我刚刚拍摄了《二泉映月》，似乎在这方面有一点儿体会，于是我在会上发表了一些不成熟的浅见：

有人说："一部电影，只要它反映的内容是中国社会的内容，反映的思想感情、生活动作语言，道德品质、民情风俗是中国的，那么，别的方面完全可以不必管它。任何外国影片中的表现手段，技巧形式、蒙太奇结构方法都可以学，都可以为我所用。"

诚然，从内容出发探索我国电影的民族化，这是极为必要的。然而，除内容之外，毕竟还有一个与内容适应的形式问题。内容决定形式，不等于不考虑形式。一部影片假如没有自己民族特有的形式，那就谈不上整部影片的民族化。交响音乐《二泉映月》、油画《桂林山水》毕竟同民族乐器合奏《二泉映月》中国水墨画《桂林山水》是有区别的。对这两者我不敢擅自臧否。但是在广大人民对两种形式均接受的前提下，总还有对哪一种艺术表现形式更加喜爱或哪种表现形式更为适合口味的问题吧。

有人说："中国人最爱看外国影片。一听说观摩参考片，便趋之若鹜，一睹为快。既然如此，那么只要学习外国的就行了，还有什么必要再去考虑什么民族形式问题呀！"

这话一听，似乎有些道理，其实不然。不要忘记，我们拍摄的是中国电影，反映的是中国的事情。因之就有必要去找寻与之相适应的表现方法。中国电影的立足点，是中国的九亿七千万人民（1980年的统计数）。我们有必要去追寻具有民族特征的、民族色彩的、民族风格的艺术形式。去追寻我国人民喜闻乐见的、继承祖国艺术传统的、适应中国观众欣赏习惯的艺术形式。我真不知道，大家听了用钢琴伴奏的京剧演唱是什么滋味？

有人说："电影这玩意儿，原来就是舶来品，既然是洋货，就没有什么民族形式可言了！"

此话不妥，"洋为中用"并不是把外国的东西拿来就用。电影不是"波音七四七"，不是"可口可乐"，而是一种细致复杂的精神产品。吸收国外的好东西，要有一个消化的过程。比如：唐代的中国文化，由于它对外来的文化兼收并蓄，因而形成了"盛唐文化"，但它并没有变为外国文化，仍是灿烂的中国文化。日本一些古代建筑艺术吸取了中国建筑的优点，从而形成了日本独特的建筑艺术。但它并不是中国式建筑，而是别具一格的日本建筑。这就是说学习和借鉴，不能够简单地照搬。学习不能囫囵吞枣，借鉴不是拾人牙慧，而是一次再创造。

有人说"要想把中国电影打入国际市场，电影语言非现代化不可，因为外国人不爱看中国电影。"

此话不符合实际。单是国庆三十周年的献礼影片，就有许多深受外国朋友们的赞赏。他们既喜欢突破旧框框有所创新的中国电影，而且更喜欢那些具有中国气派和本民族传统的影片。外国人不喜欢看的，只是那些公式化、概念化、政治说教、图解政策，虚假做作、缺乏人情、拖拉冗长的影片（中国观众也不爱看）。此外，也还有一个艺术形式问题，现代化不是西洋化，一次有人问大导演伊文思："到底我们拍什么样的影片才能打入国际市场？"伊文思想了想说："外国人爱看异国风光。"此话怎么理解？我想他说的决不是单指那些万里长城、故宫殿堂、山水园林、京剧脸谱以及烤鸭涮羊肉而言，更主要的是指我们中华民族所独有的对思想感情、审美习惯、趣味情操的表达方式。

建国以来，我国拍摄的优秀故事片如《祝福》、《林家铺子》、《早春二月》、《舞台姐妹》等，都程度不同地在探索自己民族的电影艺术形式上，获得了可喜的成就。我国的动画影片《小蝌蚪找妈妈》、《大闹天宫》、《哪吒闹海》，不是已经轰动了国际影坛了吗？它成功的原因，不正是由于摒弃了美国"卡通"的模式，创造了我国独特的民族形式而获得的么？

在广西南宁"中国电影家协会广西分会"一次电影座谈会上，有一位同志问："中国电影民族形式，究竟是什么样子的？"他这一问，可把我给问住了。由于眼下大家对这个问题还处于摸索和探讨的阶段，还有待于反复实践，才能找到答案。所以我也说不清、道不明。我只觉得中国的观众，尤其是广大农村的观众，他们基本上比较喜欢故事情节有头有尾，线条清晰、脉络分明而不是颠三倒四的那种电影；喜欢情节连贯、戏剧冲突强烈而不是散文式的那种电影；喜欢叙述方法通俗易懂而不是晦涩费解的那种电影；喜欢镜头运用流畅通顺而不是使人头晕目眩的那种故弄玄虚的电影。

有人说："提电影民族形式，会不会束缚创作人员的手脚？"我认为不会的，民族形式的电影，决不是只有一种模式，也没有什么死规定的"样板"，它同样需要百花齐放，有时一部电影的问世，它不一定适应所有观众的口味。有的城市里的观众喜欢些，有的农村观众喜欢些，有的高级知识分子喜欢些，有的家庭妇女喜欢些。但是也应该承认，真正优秀的，具有民族特色的好电影，它必然是雅俗共赏的。尊重本民族的艺术传统和欣赏习惯，并不是提倡因循守旧、墨守成规。相反，它仍须要有所发展，不断创新，哪怕有丁点儿新意，也值得提倡鼓励，以前看京戏，台前没挂大幕，后头挂个"出将入相"，换场时由检场出来搬桌椅，演员唱久了还有人端着小茶壶走到舞台中间给演员润嗓。现在不同了，京剧舞台上检场取消了，换场用闭幕来解决，还有布景实物，天幕上还打上幻灯背景。能说这已经不是京剧艺术了吗？一桩新生事物，总难免有缺点和不足之处，还须经过反复实践、认识、修改、再实践之后才能日臻完善，没有必要在它刚刚问世之际便对之评头论足，横加指责。时代在前进，人民在前进，人的生活习惯、精神面貌、服饰穿戴、动作节奏都在变。作为最近代化的艺术——电影，怎能一成不变呢？我小时候看电影，它的镜头基本上以全景和中景为主，近景用得比较少，特写更是少见。现在一部影片中，特写、大特写、甚至细部已经大量运用。过去在电影中的一场戏里，由远景到特写，或从特写到远景，它中间总得要有过渡镜头。现在影片中两极镜头紧接着用已经很普遍。过去电影的叙述方法，基本上是按照顺序进行的，即便偶而回忆倒叙，也都用得十分慎重，事先还要作好必要的铺垫，不然观众会弄得丈二和尚摸不着头脑的。现在电影中大量运用回忆、倒叙、幻想、梦境、推理的蒙太奇手法，观众已经看得很习惯了。早期电影中常见的镜头技巧“划出”、“划入”，现在已经彻底消灭了，这在当时却是天经地义的，是时空转换中非用不可的。近年来许多影片中，甚至连“淡出”（渐显）、“淡入”（渐隐）“叠化”之类的技巧都已经用得很少了。现在基本上用硬“切”的方法。看惯了非但不觉得突兀，反而觉得干净利索。过去影片中如果张三在家里说要去李四家，总得要出门、上街、进门等过程。现在只要张三说要到李四家，下个镜头就已经坐在李四家喝茶了。近年来，在我们的影片中，经常出现高速摄影、慢速摄影、定格、多画面的运用。决不能说提倡民族形式就不能用这些拍摄方法。所以说凡是科学的、先进的东西，都可以用来丰富我们的电影语言。我们反对的只是那种生吞活剥的单纯模仿，不求实际的卖弄噱头，哗众取宠的追求猎奇方法。

同时，我们也不能因为要搞电影的民族形式，而不分青红皂白，把旧东西往里硬套。我曾经看到过一部戏曲片，它非但不充分运用电影的手段来丰富舞台上的不足，仍在影片中依样画葫芦地挂上一块“出将入相”的帐帏。一个半小时的时间，从头到尾，剧中人都在两个门帘里出出进进，看了真叫人哭笑不得。过去我们有一些建筑，楼房上加一个有飞檐的大层顶，不伦不类很不实用，而且费工费钱劳民伤财，这算什么民族形式呢？

新中国建立以来，我们电影艺术家们，在继承三十年代左翼电影传统的基础上，为创造无愧于中华民族的电影而付出了辛勤的劳动，为中国电影的民族化作出了应有的贡献。这是我国电影艺术家们爱国主义的表现。今后，我们应当更要有志气、有雄心、有气魄、有劲头，为创作我国群星灿烂的民族化电影而不懈努力。

五十一、《三个失踪的人》的失误

我要拍摄的《三个失踪的人》，是早在 1975 年冬天由作家黎静和我两人合写的。那时,正是万恶的“四人帮”兴风作怪、恣意横行、妄图篡党夺权的年月,社会主义新中国面临可能改变颜色的危险。每一个真正的共产党员和有良心的中国人,无不忧心忡忡地为国家的命运担心。就在这白色恐怖气氛的笼罩下,我和老黎商量着要写一个本子。“四人帮”诬蔑革命老干部是民主派、走资派,我们就是要通过银幕,让人们看看那些为了共产主义远大理想前仆后继、舍己成仁的革命前辈是如何生活和战斗的。我们想,今天的年轻一代,他们没有经历过革命斗争的锻炼,没有碰到过前辈所遭遇的艰苦生活。不了解革命前辈是淌了多少汗,流了多少血,献出了多少宝贵生命,才换来了新中国。年轻的一代是继承革命事业的接班人,若想要他们保持革命意志,继承革命传统,就需要用真的,而不是假的共产主义思想去教育他们,就像用阳光雨露滋养禾苗一样去滋养他们。《三个失踪的人》描写的是解放战争时期延安保卫战中,在掩护党中央及边区人民撤退时某部队中发生的一个插曲。影片摒弃了正面图解战略思想,也没有纪录片式地报道这一战役那种习惯的创作方法。而是叙述了在阻击战中三个失散的同志——排长焦金虎、老炊事员车才贵和女护士长佟秀华,他们在敌人后方极为危险的环境中,发扬人民军队的传统,人自为战地主动和敌人展开斗争的故事。

电影《三个失踪的人》剧照

尽管我们的创作意图是积极的,愿望是良好的,主题也是鲜明的,但是在当时那种乌云压顶的年月却不敢公开我们的创作立意。“文革”一开始黎静就被投进了监狱,我也戴上了“反革命”的帽子。后来当我们在写这个剧本时,我们俩人都还是靠边站的“游鱼”,我们都心有余悸,不敢造次。真可谓“一朝被蛇咬,十年怕井绳”。我们要写这个剧本,只是内心的愤懑要发泄。在剧本的整个创作过程中,我们始终沉浸在激动之中。剧本的内容,也是当年搜集的真实故事。尤其值得一提的是,有两次黎静写到剧中人的命运最激动人心之际,他忍不住痛哭起来,半夜三更吓得他老伴不知道发生了什么事。

遗憾的是拍摄出来的完成片却不尽如人意。当时电影局局长陈播打电话给我,他说"老严呀,《三个失踪的人》我看了,心情很沉重,坦白地说,这是你严寄洲拍片以来最差劲的一部,你是怎么搞的吗?"

陈播坦率而中肯的批评很使我感动,我也已经觉察到片子没拍好,可是为什么和我当时的创作意图相违呢?动机与效果为什么有如此的差异?

总结这次失误的教训,我发现当时有些脑子发热。拍摄时,一味渲染三个共产党员所遭遇到的艰难险阻,一味追求故事情节的惊险性剧场效果。却忽略了最根本的要塑造好"人",人的思想感情,人的遭遇命运。脱离了这个根本其结果是见戏不见人,不能使观众产生共鸣。

总之,仅仅有生活积累,仅仅有良好的愿望是不够的。还必须在创作中紧紧把握主题,运用电影艺术诸手段来突出主题,尤其是突出人物,才有可能拍出好影片来。

令人没想到的是,影片公映后观众还很多,电影厂也赚了钱。可是我心里明白,这是由于片名很有吸引力。我和黎静写剧本的时候,原名《三个共产党员》,我觉得太硬梆梆,缺乏吸引力,才改成后来这个片名,这也算是一个小小的经验收获吧。不过我的头脑很清醒,尽管拷贝卖了不少,但并非影片拍得好。

五十二、任广西厂、潇湘厂艺术指导

第四届文代会上,我被推选为"全国委员",肩上加重了一副担子。正在此时,广西电影制片厂的青年导演曾学强专程来京邀请我去南宁,为他即将执导的故事片《不该凋谢的玫瑰》担任艺术指导。我看完了本子以后认为基础不错很有戏,便答应了。签订合同之后不久,我来到了风光旖旎的广西首府南宁。

二十三年之前我曾经到过广西南宁,那是为了拍摄《英雄虎胆》改写剧本去十万大山来到广西的。由于任务紧迫那次来去匆匆未及观光,这第二次到南宁,趁着拍片机会,我想实现久藏心中的愿望。

前面提到过，1938 年我从西安奔赴延安时，结伴的两位广西女学生，一位名叫刘治群，另一位姓陈，名字已经忘记了。在旅途之中，她们两人不仅从经济上帮助了我，途中我病倒在洛川，她们两人省吃俭用地照顾我坚持不与我分开，一直到延安。后来，我被分配到七大队去了蟠龙，她们两人则到了女生大队。分手那天我们依依惜别还约定常联系，此后由于战争年代行踪不定，彼此失掉了联系。1942 年我重返延安时到处打听，都是石沉大海，打探不着。

南宁是她们两人的老家，这次来我一定要找到她们。常言道："滴水之恩，当涌泉相报"我必须要实现我这个心愿。

到达南宁之后，报社记者前来采访，我当即欣然接受，因为我觉得这是一个大好机会，只要报上发表了采访文章，如果她们两位在南宁就一定会来找我的。谁知采访文章发表后仍如石沉大海，音讯全无。我失望了。

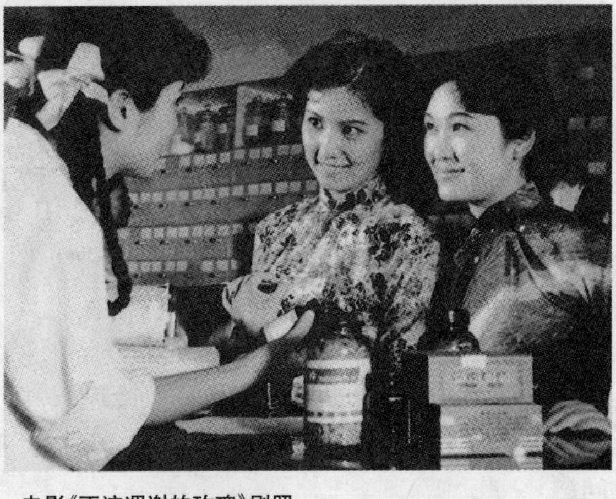

电影《不该凋谢的玫瑰》剧照

言归正传，这段时间我全身心地投入了《不该凋谢的玫瑰》的拍摄工作。正当此时，突然接到电影局长陈播从湖南长沙打来的长途电话，他要我立即抽空去一趟长沙。原来，北京人民艺术剧院著名老艺术家欧阳山尊在潇湘电影制片厂导演了一部名叫《透过云雾的霞光》的新片，要我去看看完成片提提意见。欧阳山尊和陈播一样都是我在战斗剧社的老社长，老领导，我不能，也不应该推托不去。于是我向摄制组请了几天假，乘火车到了长沙。后来才知道，潇湘电影制片厂通过陈播要我去长沙的主要目的，不仅仅是观摩《透过云雾的霞光》，而是该厂即将投拍一部新片《贺龙军长》。他们知道我是贺老总的老部下，长年跟随贺老总转战南北，比较了解这段历史和人物，希望我能出任这部影片的导演。潇湘厂的几位厂领导和该剧编剧贺新桐多次找我交谈，定要我答应参加。这使我十分为难，一是我在广西厂的任务还没有完成，二是我的老搭档黎静又写了一部新作名叫《零点起飞》，是描述国民党飞行员起义的故事，剧本非常好，很吸引我。而且由于我没拍好《三个失踪的人》心中觉得对不起黎静，因之决心一定要拍好这部《零点起飞》。对潇湘厂的要求只好婉拒。但经他们再三热情邀请，最后我想出了一个两全其美的办法：由我推荐一位导演，我只担任艺术指导。

窃思在"文革"中，我臭得成了一堆臭狗屎，可是如今咋又香得成了香饽饽，真有点儿不可思议。不过我心里明白，我这块料值几斤几两，如果我因之而冲昏了头脑，那还得跌跤不可。那种"枪打出头鸟"的恐惧再一次提醒自己一定要谦虚谨慎才是。为此我写下了一段"座右铭"以此自勉，文曰：我一生无成功之秘诀，所仗者唯终生耕耘不懈耳。而每当工作略有成就而荣受赞赏时，不以此自满。而每当遭遇挫折而横遭詈骂时，亦不垂首叹息。我一生将以歌德名言"你若失去财产，失之甚少；你若失去荣誉，失之甚多；你若失去勇气，乃就失去一切"自勉，如今我已逾六十，仍以"君子不恤年之将衰，而忧志之有倦"自勉。

五十三、电影危机到了吗？

1985年，中国电影界吹起了一股冷风，惊呼"中国电影危机到了！"为此几家电影报刊召开了一个小型座谈会，请大家来谈谈所谓中国电影的危机问题。

我这个人就是不信邪，在会上，我曾对当时的中国电影在外国电影冲击下的现状，提出过个人的一些粗浅意见，这些意见不仅被当时《八一电影》（现刊名为《中外军事影视》）全文刊载过，我以为就今天看来，也是有其现实意义的。在此我不妨把这篇见著于报刊的文字摘录如下：

……

新中国的电影，自从第一部故事片《桥》问世以来，一直被人们誉为最具吸引力、最富群众性的宠儿。"皇帝女儿不愁嫁"，只要你拍出来，就不愁没有观众看。

可是，近年来情况发生了变化，电影的票房收入急剧下降，于是有人惊呼"电影危机到了"。

果真电影危机到了吗？

危机论者大抵有两点理由：一曰电影市场受到冲击的原因，主要是电视、录相、球赛、舞会、游乐场、音乐茶座、夜市……等对电影市场的瓜分，夺走了大批观众。二曰许多电影平庸浅薄，手法陈旧，跟不上时代脉搏的跳动，表达不出人民的心声，缺乏美学价值。

如果是前者，我们的电影果真到了穷途末路了吗？不！我并不这样认为。

如果是后者，那么，这是一个提高艺术质量的问题，我认为是这样的。

我注意到，近几年来各电影厂创作出来的一些思想性和艺术性都堪称上乘的好影片，由于这些影片雅俗共赏，所以上映时仍盛况空前，并不像危机论者说的那样悲观。可见只要你有好货，不怕观众不识货。不是吗，尽管《霍元甲》武艺高强，却敌不过靳开来（《高山下的花环》里的连长）；山口百惠迷人的表演魅力，夺不走《红衣少女》的拥护者。所以，目前影片的境况，并不完全像有些人说的那样要么"叫好不叫座"，要么"叫座不叫好"。事实证明，一些优秀影片，它们既叫好又叫座的。

任何事物要改进，就要冷静分析它的原因，症结找到了，才能对症下药。盲目悲观或盲目乐观的瞎起哄是解决不了任何问题的。以我个人浅见，目前的电影创作中有三个问题，值得引起我们思考。

一是有关领导对电影创作横加干涉的极"左"思潮带来的影响。

我们的某些领导干部，总习惯于从纯政治角度来审查影片，"文艺为政治服务"的口号虽然现在不提了，但并没有扭转他们传统的老习惯，仍旧对每部影片只考虑它的政治意义，不考虑它的艺术价值，总希望电影从属于临时的、具体的、直接的政治任务，而不大注重艺术自身的特征和发展规律。不懂得电影除了它的教育作用之外，还有它的美育作用，以及多种认识作用。不顾这些一味强调政治教育，势必导致电影内容和题材的单一化和艺术表现上的公式化、概念化，而且还会导致某些人利用组织手段来横加干涉。有人喜欢拿影片来"对号入座"，指责某部电影影射了他或他的部门，于是暴跳如雷，穿凿附会地上纲上线，随意将一部好端端的影片扼杀，即使未置死地，或者一阵刀斩斧劈，把影片弄得体无完肤，惨不忍睹。我在这方面的体会真是"刻骨铭心"。可是等到把这些动过大手术、已经面目全非的影片拿到社会上之后，观众指责的是导演，却不指责在幕后指手划脚的那些人。

试想，如果一个电影艺术家是在前怕狼、后怕虎的紧张状态中进行艺术创作,怎么能消除“不求艺术有功,但求政治无过”的杂念?在这种氛围中能搞出像样的电影艺术作品来吗?唐三藏的紧箍咒好念,苦就苦了孙悟空。这种现状,十一届三中全会以来有了很大改善,但习惯势力还很难一下根绝。而且还必须看到,这种极“左”思潮,不单是某些领导有,我们创作人员自己脑子里也有,甚至连许多观众脑子里也有。

邓小平同志说:“对四化有利还是有害,应成为衡量我们文艺工作的最根本的是非标准。”如果大家都按这个原则行事,不要再层层加码,不被歪嘴和尚把经念歪了,我们的电影事业就会大有希望,我们的电影将会重新获得观众的信赖。

二是电影的“唯票房价值论”带来的迎合低级趣味、粗制滥造的恶果。

近年来,除了好的或较好的影片以及中等水平的影片之外,还有为数不少的平庸影片。这是由于创作人员缺乏社会责任感,缺乏生活积累,缺乏哲学、社会学、文学、美学方面的修养造成的。我们承认电影是商品,但不等于说电影要商品化。电影不是蛋糕,不是冰棍,就是蛋糕冰棍也得讲究质量,何况我们生产的是精神食粮。过去我们有许多电影,思想内容确实不错,就是枯燥乏味。而看到了这个问题后,及时提醒要加强影片的趣味性和娱乐性,这是完全对的。但我们却忽视了这个所谓趣味性和娱乐性,它必须是生活积累的提炼和遵循美学的原则。于是便一股风刮出了不少臆造离奇情节,把故事编得神乎其神、玄乎其玄,什么鬼呀、蛇呀、尸呀、血呀、贼呀、盗呀的海报充满了影院门口。我并不反对这些颇具吸引力的字眼,而是反对那些借以招揽生意的“卖假药”。这种“时髦货”随着观众鉴赏力的提高,很快就会被厌弃的。

说到这里,也许有人要提醒我:“嗨,你说错了,近年来影片上座率下降,指的不是这类影片。相反,这类影片的观众非常之多。”此话不假,今年就有一部漏洞百出受到观众指责的影片,拷贝一下子就卖了三百多个,上座率也的确很高。可是当电影放完之后,不少观众连呼上当。所以,我说这类影片可能暂时会有一定市场,但它毕竟没有生命力,长此下去,观众看多了,当上够了,也就不会再问津了。前几年刀光剑影、拳打脚踢的功夫片不是曾经红极一时吗?可是老那么“嗨、嗨、嗨”现在也走下坡路了。所以,要想繁荣电影事业,还得靠“货真价实”才行。

三是新的探索带来了新的问题。

近年来在我们的影坛涌现出了一大批有朝气有才华的电影创作新人。他们敢于创新,勇于探索,以极严肃的创作态度在摸索和实践,并奉献出一批令人耳目一新的"新产品",其表现可喜可佩。中国电影的未来,就是要这批年轻人的开拓和创造。

但是不能否认,在一片赞美声中,除了有几部被广大观众推崇之外,大多数在票房上却遭到了冷遇,不但拷贝数不多,上座率也很低。我们反对唯票房价值论,但并不反对影片要有票房价值,票房价值是检验影片是否受观众喜爱的天平。我个人是很赞赏这些具有新鲜气息的影片的,但同时也产生了一丝忧虑。"阳春白雪"固然令人神往,可是"曲高和寡"群众不买账,难道就听其"孤芳自赏"下去不成?我们总不能丝毫不考虑当今中国广大观众的欣赏习惯、欣赏趣味和欣赏水平。中国人拍中国电影首先是给中国人看的,而且除了城市观众之外,还有八亿农村观众。奇怪的是竟然有人说:"群众不欢迎,专家欢迎。"说:"中国人不爱看,外国人爱看。"说:"今天看不懂,将来会看懂的。"这些论点能站得住脚吗?你就是给高水平的人看的,那么普通的群众看什么呢?你说外国人爱看,那么中国人看什么呢?你说将来会看得懂的,那么今天叫人看什么呢?

邓小平同志说,我们的文艺事业是"崇高的事业。"因为文艺"满足人民精神生活方面的需要"离开了这点,忘记或是忽略、割断艺术与人民群众的血肉关系,"艺术生命就会枯竭。"电影创作人员如果片面地在电影技巧和表现手段上面打转转,以晦涩飘渺、虚幻莫测当作电影新观念或现代电影来愚弄人,其结果必将碰钉子,这里涉及到一个艺术社会学的问题。我们拍影片,总是力图赢得大量观众,总是力图获得最大的社会效益。没有人拍电影只是为了供少数人品味而不讲求效益的。我们不是经常挂在口头上大叫"观众是上帝"吗?那么今天观众面临的问题不正是我们缺乏群众观点的表现吗?从美学上探索生活的艺术形式是重要的,但"观众学"也同样是重要的,舍弃哪一方面都将会碰个头破血流。

探讨中国电影票房下降的原因,还有很多其它因素。如电影生产的体制改革问题,不合理的发行制度问题,电影评论队伍的培养问题……我这里仅仅谈到了三个方面的问题,是很不全面的。可是说了半天,我们究竟如何才能重新赢得观众呢?我觉得大致也是三个方面的问题。

一是电影要有一个生动的、有趣的、发人深思的,耐人寻味的好故事。在这里我郑重声明,我并不反对有些影片可以"淡化情节",可以像诗、像散文一样。穿衣戴帽各有所好,不要强求一律,但那种认为电影一定要"丢掉戏剧的拐棍",一定"要和戏剧离婚"的主张未免过于绝对。戏剧情节虽然不是提炼生活的唯一手段,但却是很重要的手段之一。情节性很强的影片,在今天的中国仍然拥有广大的观众(电影公司的观众人次统计表都异常清楚地表明了这一点),因此,强调重视戏剧性情节的电影,乃是今天和其它文娱活动争夺观众的最富于活力的武器。古人李渔曾说,“前人呼剧本为传奇者,因其事甚奇特,未经人传而传之,是以得名。可见非奇不传。新,即奇之别名也。”金圣叹说:“山无起伏,便是顽山,水无潆洄,便是死水。文章之妙,无过曲折。”奇、曲折就是戏剧性,就要有矛盾、冲突和悬念。强调电影特性,并不意味着非排斥戏剧成分不可,生活本身就存在着戏剧性,只是要求表现得更像生活本身一样自然、真实可信。从三十年代至今,许许多多优秀的传统戏剧情节的电影现在仍有她的生命力便是明证。而那种歪曲现实生活的胡编乱造、细节失真、手法拙劣的影片,怎么能归咎于戏剧性情节呢?

二是电影要有民族特色。无论哪个国家的电影,都是根据自己民族的特定的生活方式、历史传统、地理条件、风俗习惯、欣赏趣味等创作出来的。违背这个原则,本民族的观众就会对你冷淡。说到这里又会有人提醒我:“嗨!你又说错了,许多外国影片,并没有我们民族的特点,可是为什么偏偏爱看的人特别多呢?”此话不假,中国人爱看外国电影,但这里的原因我们要具体影片具体分析。我认为大体上有两个方面:一是不少外国影片确实思想和艺术水平高超,电影技术的条件也使我们望尘莫及。二是开洋荤、猎奇、看新鲜、找刺激。外国影片有许多东西值得我们学习借鉴,但借鉴不是拾人牙慧。邓小平同志说:“中国的事情要按照中国的情况来办,要依靠中国人民自己的力量来办。”我们一定要有民族的自尊、自信和自强心,为拍出具有中国民族风格的影片而奋勇拼搏。我还得声明,不要一说民族化,就是一部影片从内容到形式都是具有民族的特色。就拿中国早期的《姐妹花》、《渔光曲》……到解放后的《白毛女》、《祝福》、《林家铺子》、《青春之歌》、《早春二月》、《舞台姐妹》、《柳堡的故事》、《归心似箭》等影片来说,无不散发着浓郁的民族气息,它们不但受到中国观众的喜爱,而且也受到了国外观众的欢迎。

三是电影要敢于说出群众想说而没有说出来的话。今天的观众,特别是青年观众,他们是思考的一代,他们不愿意看到电影板起面孔教训人,不愿意看那些不痛不痒、不咸不甜、不冷不热的电影。观众的文化水平提高了,欣赏水平也提高了,因而他们的审美要求也将不断提高,这就要求我们电影的质量也要不断提高。所谓提高不仅仅是电影技巧标新立异,更重要的是要提高影片的思想和美学价值,以适应当代观众的审美取向和艺术趣味。我们的影片放过之后,应能引起观众深深的思索,不仅仅思索影片中的人和事,而且要思索影片之外的人和事,思索它的哲理,思索比看到的更多的更深的东西,思索自己的生活道路和对待人生的态度。大家都喜欢听曲啸同志的报告,一般地讲,听大报告是最乏味的,甲乙丙丁一二三四ABCD一大套,很难引起听者的兴趣,不是打瞌睡就是思想开小差,不是打毛衣就是窃窃私语。可是这次曲啸的报告不同,听者十分踊跃,听了一遍有些人还想听第二遍,可以说“票房价值”是很高的,原因何在?我以为,首先曲啸讲的是他亲身经历的有血有肉的生活,而他的坎坷生活曲折离奇富有戏剧性,他所思考的问题富有哲理性,而且和听众心理发生了共鸣;他的语言朴素而又非常生动,没有洋腔洋调……这些不正是我们搞电影的需要着力追求的东西吗?

电影受到了冲击和挑战,这是客观事实,但不能说电影已经掉进了失去竞争能力的深渊了。还是一句老话,关键在于提高我们影片的质量。

……

五十四、《零点起飞》的厄运

唐代大诗人刘禹锡说:“浮言可以事久而明,众嗤可以事久而息。”可是不知何故,我们在那漫长的岁月之中,电影创作中所遇到的一些不公正的浮言和诋毁总是既不明,又不息。说起来未免令人十分苦涩。

对电影创作不要横加干涉这个问题由来已久,呼吁了几十个年头,“文化大革命”之前,敬爱的周总理和陈毅副总理等党和国家领导人,在各种会议上都有过明确的指示。“文革”后,邓小平同志亦有多次指示,使我们听了就像服了一副副清凉剂,觉得我们的文艺创作有救了,电影有救了。然而实际情况却没有那么简单,那种幽灵似的、讨人厌的横加干涉仍旧阴魂不散。

拍摄一部故事片,其创作过程和工艺制作过程是很复杂的一件事,几十号甚至几百号人几千号人员,耗资几百万甚至几千万,历时几个月甚至几年才能完成一部片子。但是审查者只花一个半小时或两个多小时看上一遍便就可以决定它的命运。其间当然有不少领导会提出一些中肯的有道理的修改意见，博得创作人员的好评。但也还有一些人只凭主观好恶，用老一套用惯了的套子来套所有的作品，随意指责，甚至一语定乾坤，置影片于死地。我们的行话叫“枪毙”。在十年浩劫中，电影的命运除了枪毙还有无限上纲，更是没有公理可言。

奇怪的是，“四人帮”已经被扔进了历史的垃圾堆；十一届三中全会亦已开过了好多年了，第四届“文代会”上邓小平同志的祝词已经念过了。可是为什么对文学艺术，尤其是对电影创作的横加干涉却有增无减，怪事迭出呢？

过去电影界常把管卡我们的某些人说成是“婆婆”，就是旧社会蛮横管卡小媳妇的那种婆婆。而今除了那些执掌生杀大权的“婆婆”之外，什么小叔子、小姨子，甚至七大姑八大姨都可以来插上一杠子说三道四。加上一些报刊不加调查就乱发“简报”或“内参”，扰乱了领导的视听，直弄得“小媳妇”手足无措，哭笑不得。那些家伙抓辫子、戴帽子、抡棍子、穿小鞋子，各种手段竭尽所能。一直弄到把作品“枪毙”而后快。

1981 年，我拍摄了一部自己比较喜爱也是导演艺术创作中比较满意的一部影片《零点起飞》，由王贤才、黎静、春潮、孙穆编剧。后来莫名其妙地被强迫改名叫《破雾》。据说是怕片名会刺激某个起义飞行员的妻子。当影片受尽折腾，到 1984 年公映时，观众看到的是一部缺肢断腿的残废品，全片几乎删剪了五分之一的戏，作为一个导演，对此是十分痛心的。

拍摄《零点起飞》期间接待国民党起义飞行员王植诚（右二），左一为严寄洲

拍摄《零点起飞》在当时来说，是有其现实意义的。经历了十年浩劫，许多人，尤其是年轻人，他们的思想、理想、志趣、情操、道德观念严重地扭曲了。假如观众看了这部影片，把主人翁国民党飞行员丁兆瑜的行动对照一下自己，将会是极其有益的。丁兆瑜是一个正直的，有良心的，爱国的年轻飞行员。他有理想，有抱负。但对反动腐朽的国民党统治，感到失望。他在十分严峻的时刻，毅然抛弃优越的生活条件，冒着生命危险飞回大陆寻求真理和光明。他的行为提出了一个值得深思的问题，那就是保尔·柯察金的名言："人的一生应当这样度过：当回忆往事的时候，他不会因虚度年华而悔恨，也不会因碌碌无为而羞愧。"

我在整个艺术创作过程中，力图着力塑造好三个活生生的有血有肉的人物。影片中除了飞行员丁兆瑜外，还有一个大华仪表厂的总经理端木丽婷，另一个是国民党空军女秘书梅娜。先说端木丽婷，她无论是阅历、才智、经验、甚至年龄，都和她的身份极不相称，但却是可以理解的。而梅娜这个人物，往往会被传统的偏见视作妖冶玩世的女交际花。其实她酷爱生活，她有憧憬、有追求，她虽然算不上出污泥而不染的莲花，还总不失是独处浊水中的一株芦苇。总之，我喜欢这三个具有个性和立体感的人物。可惜后来在压力下修剪得看不清人物思想感情发展的脉络了。尤其是争议最大的梅娜这个人物，已经被砍得面目全非了。

在这部影片中，绝大部分人物虽然是国民党和资本家，但我并没有按照简单的阶级划分公式来刻画他们。甚至连蒋介石和空军田副官这些人物，都没把他们脸谱化。而沿着各自性格发展，去塑造他们的形象。这些人，由于世界观的不同，走的道路不同，结局也就不同。我反对把反面人物演得横眉竖眼，龇牙咧嘴。因为无论好人坏人，他们都是人。"人，在阶级社会中，从来只有带阶级性的人性，却没有不带人性的阶级性。"

拍摄中，我始终抓住一个比较隐晦的贯穿线：三条道路，该选择哪条道路？如果想以孙中山先生的实业救国的观点，去完成父亲的遗愿，在反动统治下，是根本不可能的。空想主义，其结果是家破人亡。这是端木丽婷的命运。要想摆脱开这个令人厌倦的环境，去找一块理想的王国，享受罗曼蒂克的生活，那只是空想，结果只能以自杀来控诉现实，表现心中的绝望。这是梅娜的命运。宁愿抛弃升官发财的机会，抛弃舒适的生活，抛弃温暖的家庭，抛弃金钱与美女，毅然驾机投向光明。这是丁兆瑜的命运。这三个人物，三条道路，三种命运，可以令观众细细咀嚼、慢慢思索、点点体会。这是这部影片的灵魂。

整个艺术构思，在完成片上基本达到了预期效果。我很欣慰，因为这不是瞎猫碰死老鼠侥幸所得，而是按照设计蓝图施工的结果。

谁知道天有不测风云。正当我高高兴兴地进行最后制作阶段，突然间一阵钢鞭铁棍，雨点似的迎头打来，必欲将影片置于死地而后快。起因是有一位国民党起义飞行员的妻子对号入座，一口咬定影片中主人翁就是她的已故丈夫，而她的丈夫起义前已经同她结婚了。影片中却描写了他的爱情，这是歪曲起义人员的光辉形象，不利于对今日台湾统战工作云云。

一个家属不懂得创作规律，不懂得艺术虚构，这还情有可原。可气的是某中央级大报纸竟不问青红皂白，不作调查核实，不顾文艺政策，不负责任地印发内参上送。一纸谎言，影片被勒令停止发行！呜呼！我们电影界原本有一句令人心惊肉跳的口头语："电影审查婆婆太多。"如今又多出一个"婆婆"。如此下去，"七姑八姨"都可以出来指手划脚，那还怎么干呀？

这且不说，更奇怪的是南（上海）北（北京）两家颇有影响的大型电影画报，也同时发表文章，捕风捉影乱抡棍棒配合围剿。南面的画刊以《庸俗化、电影创作一害》为题的批判文章中说："……飞行员起义写成是恋爱失败的结果，明明是女特务，却被美化为出污泥而不染，对爱情忠贞不二，不惜以死殉情的圣女，……听说又在这个女特务身上花了不少功夫：诸如轻纱裹体，以肉体曲线勾引男人，观之不免作呕……什么样的灵魂，制作出什么样的作品。……"北面的画报上则说："……迷恋于红灯绿酒，争风吃醋三角恋爱之中，它们不仅严重地歪曲了我党我军的地下斗争，丑化了革命的起义志士，也无形地向观众、特别是青少年观众散布了腐朽庸俗的思想毒素……污蔑历史，伤风败俗。"

我真怀疑这两位尊敬的"评论家"，看了这部影片没有？看懂了没有？在我这部影片中，哪有三角恋爱？哪有女特务？哪有地下工作者？哪有轻纱裹身？"善者不辩，辩者不善"。宋朝欧阳修说得好："利口伪言，众所共恶。"我没有必要再去争辩，因为这种上纲上线、乱戴帽子、凭空捏造的信口雌黄，并不存在于《零点起飞》之中。倒是南面画刊所属的电影厂拍摄的有些影片，北面画报署名作者自己导演的影片中，被他们射出的箭击中了各自作品的要害。

"浮言可以事久而明，众嗤可以时久而息。"子虚乌有之议，非但不伤我分毫，反而激励了我投入新的探索。

五十五、琵琶声声知音少

当我拍摄完成《二泉映月》之后，总感觉到余兴未尽，还没有尽情发挥我想象的翅膀，总想再拍摄一部以我的故里、似诗如画般的江南水乡为背景的影片。

我自幼酷爱富有江南特色的评弹艺术，经常跟着父亲到茶馆去听长篇评弹，嘴里喝着醇郁的清茶，一听就是十天半月，一天不落。那蝉缓燮和的悠扬曲调，那三弦琵琶和谐的合奏，幽美的唱词和简洁朴素的演出形式，深深地吸引着我。可是我身为八一电影制片厂的导演，不可能去拍摄单纯描写评弹艺人生活的影片。不久，我终于找到了既可反映评弹艺人生活，又将党的地下斗争相结合的故事题材，这就是《琵琶魂》。

《琵琶魂》是浙江军区创作室张重天同志和我合写的一部电影剧本。它描写的是新四军女战士苏小琴接受了一个重要任务，以评弹艺人身份作掩护，只身潜返故里江南水乡莲镇，在父亲老艺人苏文卿的帮助下，进行秘密工作的故事。我喜欢这个剧本既有《二泉映月》那种清丽秀润，又有《野火春风斗古城》那种飞洒豪放。它虽然内含尖锐激烈的斗争，却又非惊险影片；它虽然多次出现评弹演唱，却又非音乐片。我极想把它拍成"抒情诗、水墨画"那种具有独特风格的影片。

《琵琶魂》中两个主要人物，一个是饱经风霜的评弹老艺人苏文卿，另一个是苏文卿的女儿，从新四军派回来的地下工作者苏小琴。只要这两个角色选对了，这部影片也就成功了一半。这父女二人都是江南水乡人，要具有艺人的气质。苏文卿一角我首先想到的是江西省话剧团的老演员吕玉堃。解放之前他在影片《秋海棠》中扮演的京剧名伶曾经风靡全国，由他来扮演苏文卿可以说是再合适不过的人选了。至于苏小琴一角，我选中了中央广播剧团的青年演员向虹。她虽然生长在北方，可是在她身上有一种南方少女特有的气质。此外我还邀请了曾经成功拍摄《归心似箭》而荣获"文汇电影最佳摄影奖"的杨光远出任本片摄影。

电影《琵琶魂》剧照

经过了一段紧张的筹备工作后，我们选中了浙江的嘉兴、杭州、绍兴一带作为拍摄外景的场地。

我自认为《琵琶魂》拍得比较讲究，拍得很细腻，拍得有情有意境。然而，我高兴得太早了。影片公映后，发现观众对这部片子反映很冷漠，票房不高。我猛然明白过来了，原因是除了江南观众，大都不习惯欣赏评弹艺术。而且影片内容过于单薄，失之平铺，缺乏曲奥。回想拍摄前我给影片定的“烟柳画桥，风帘翠幕”的调子是不妥的。因为这部影片的内容，已经具有揪人心魄的悬念。形式是内容决定的，不能强扭。而我欣赏的所谓“它是淡淡的清茶，不是醇厚的烈酒”，却是曲高和寡，观众并不买账。

我深有体会的是拍片一定要心中有观众，不管是探索创新，还是遵循民族风格，再好的愿望，都必须是建立在不脱离广大观众的现有审美习惯和鉴赏水平上。我注意到，近年拍摄的一些被“家”们吹得天花乱坠、捧到九霄云上的“精品”，观众同样不买账。我曾经想，如果我把《琵琶魂》按惊险样式拍摄，那么它的命运会比现在的影片要好。

五十六、补充艺术营养

我是一个土八路当了电影导演的，没有上过专业的艺术院校，没有经过名人师傅的指点。虽然也已经拍了二十来部片子，但总感觉不能满足时代的需要，不能满足广大观众的需要。自己已经感到有点儿“江郎才尽”了。怎么办？唯一的办法就是多看一些优秀影片，有的不光看一遍，甚至看两遍三遍，借以补充自己的艺术营养。在中国影片的海洋中，我看到了三部好影片。

在这三部风格隽永的好影片中，那不落窠臼的故事、沁人心肺的情感、栩栩如生的人物，一直在我的脑海中久久不能消逝。

这三部优秀影片是《啊！摇篮》（上海电影制片厂摄制，谢晋导演）、《归心似箭》（八一电影制片厂摄制，李俊导演）、《樱》（青年电影制片厂摄制，詹相持、韩小磊导演）。

一年多来，由于广大电影艺术家的辛勤劳动，出现了一批思想性较高、艺术性较强的好影片，使我国的电影百花园中，透出了春天的气息。而这三部影片，又好像是在琳琅满目的万花丛中，绽开的三朵闪烁着奇光异彩的宝石花。

《啊！摇篮》描写延安保卫战时期，延安保育院中的一批孩子们，在女干部李楠等同志的掩护下，经历了千难万险，撤离到了安全地带的故事。《归心似箭》描写东北抗日联军的一个基层军事指挥员、共产党员老魏，在一次与日寇遭遇战中负伤并和部队失去联系，在历尽艰辛找部队的途中，遇到了一个又一个考验的故事。《樱》描写的是日本军国主义发动的侵华战争所造成的中日人民之间的一段悲欢离合的感人故事。这三部影片的题材、风格、样式迥异；时代、地点、人物、故事也都完全不同。但由于这三部影片都着重写了人物的命运和富有人情味，因之感人至深，获得了广大观众的欢迎。我作为一个电影导演，从这三部好影片的艺术创作中，获得了启示和教益。

粉碎“四人帮”之后三年以来，各电影制片厂拍摄了一批如《从奴隶到将军》、《傲蕾·一兰》、《吉鸿昌》、《曙光》等受到观众欢迎的影片。但也还有一些片子受到了观众的冷遇，原因固然是多方面的，但其中重要的一条恐怕就是未能深刻地塑造有血有肉的、性格鲜明的典型人物。以一些军事题材的影片为例，本来军事题材的影片一向是深受广大观众欢迎的。但有些军事题材的影片，往往只是着重描写了一个战役或一次战斗的过程，并在这些戏中组装进去一批当活动道具使用的所谓人物，编导者像耍木偶戏似的牵引着这些活道具去解释某个战役或某次战斗。自然观众是不会为这些剧中人的命运担心的，因为不管如何，反正影片最后定然是敌人必败，我方必胜。军事题材的影片也同样如此。莫怪观众批评某些影片是"一看开头，就知结尾"。

上面提到的我喜爱的三部电影之所以受到观众的喜欢，究其原因是故事的情节不落俗套，内容也健康。它既不概念说教，又不追求猎奇和故作惊人之笔。它的特色就是通过扑面而来的生活气息，写出了一批富有人情的、活生生的、平凡的人们的命运。影片中矛盾冲突的展开，都是和影片中的主人公的命运紧紧相扣的。《啊！摇篮》中的李楠、罗大爷、肖汉平；《归心似箭》中的老魏、玉贞；《樱》中的森下光子、陈建华，这些人物都不是概念的化身，他们是真实的人，他们的喜怒哀乐能引起观众的共鸣，他们的脉搏跳动能让观众摸得着，他们命运的起伏跌宕能触动观众的心弦。

观看了这些影片，激动之余，不免要引起一些痛苦的联想。我想如果这些影片的摄制时间不是今天，而是在"四人帮"横行之时，甚至更远一些，是在那个"理论权威"插手控制文艺工作的时期，那么，这三部影片都势必被戴上"人情味"、"人性论"、"中间人物"、"宣扬战争残酷"等莫须有罪名的帽子，会被宣判为"大毒草"。当然这三部影片的创作人员谁也逃不脱被当作"反革命修正主义黑干将"而横遭灾祸。请读者不要以为我说笑话，恐怕连《啊！摇篮》中刚满两岁半的小演员小方超和那个刚四岁的饰演亮亮的小央拉，也会被诬为"修正主义黑苗子"而给以无情打击的啊！

人有人情，人有人性，本是无可非议的。可是在林彪、"四人帮"横行的那十年浩劫中，甚至更长一个时期以来，我们却不能提、不能写、不能演、不能拍。绿灯只为那些不食人间烟火的"神仙"开路。粉碎"四人帮"后，党号召我们"开动脑筋、解放思想，创作无愧于时代的文艺作品"所以拍出这些动人心弦的影片来。

尽管这三部影片还存在一些不足之处，如《啊！摇篮》中多余地运用了一些当时流行的技巧镜头；《归心似箭》过于拖沓；《樱》中母女会面不相认的处理不够真实等等。但这不过是白玉小疵，我仍旧喜爱这三株难得的"宝石花"。

此后不久，我又看到了一部由八一电影制片厂张勇手执导的好影片《祁连山的回声》,这里没有妖娆的风光,这里没有绚丽的美景。有的只是荒凉的沙漠,有的只是贫瘠的山岩。但,它美!这里没有悦目的衣装,这里没有娉婷的美人。有的只是褴褛的军服,有的只是寒怆的女兵。但,它美!

美在哪里?美在她们的心灵!美在她们的人性!美在她们的情愫。

托尔斯泰曾经这样说过:"人不是美丽才可爱,而是可爱才美丽。"看了影片《祁连山的回声》,使我更加深了对这两句话所包含的"美学概念"的体会。

张勇手同志邀我看他导演的这部新作试映,我不由得被影片深深吸引,不能遏止地老泪纵横。也许是职业习惯,我这个人看片子很难激动,倒不是我血冷,而是为了观摩学习跳出了看片的范围,可是这回不同。这是我在观看军事题材影片中,自 1980 年谢铁骊同志邀我看他导演的《今夜星光灿烂》试映以来第二次动情。

到底如何拍摄军事题材影片,一直是个令人困惑的课题。我是一个参军四十五载的老兵,拍摄军事影片责无旁贷。但我不安于那种按传统习惯的创作方法。那就是先定下一个反映什么什么战役的大框框,尔后便搜集有关历史资料进行编排,再按照部队编制表组装进敌我双方的人物。于是敌人开军事会议,部署如何如何消灭"共匪"。我方开军事会议,如何如何消灭敌人。然后乒乒乓乓一场激战,战火缤纷,煞是好看,结果也总是我军大获全胜。剧中最高领导走出来站到高处说上一通胜利的伟大意义……这样的影片,伟大则伟大矣,可惜但闻枪声不见人,看到的只是雷同和概念,难以使观众动情。而一部作品欲把观众引向某种审美感受,总是离不开艺术的感染力的。可惜长期以来我们并不觉察。

《祁连山的回声》故事简单平常,它描写的是我红军第四方面军女子独立团,在同红军主力失掉联系的情况下,遇上了宁夏马匪骑兵部队的追击。独立团领导决定利用有利地形阻击马匪,以便为主力争取时间摆脱险境。但终因寡不敌众,最后全部壮烈牺牲……这样的故事,听似毫无新意。可是影片却震撼人心,令人动情。为什么?主要原因是它写出了"美!"写出了几个熠熠闪光、活生生的、有血有肉的、心灵美的"人"。那耿直勇敢的女子独立团团长吴姐,那深沉睿智的团政委秋菊、那执拗孟浪的蛮妞,那质朴单纯的桑吉措,甚至还有那胆小孱弱的妙姑和天真无邪的小羊妹。有的人物在全片中虽然着墨不多,但无不具备独特的性格。总之这些冷峻而又热情,平凡而又傲岸,粗陋而又隽秀的女子形象,在我脑海里久久难忘。

影片中最使我难忘的一场戏:秋菊政委想到,我们决不能让敌人发现我们是女的。她毅然从卫生包中拿出一把剪刀,毫不犹豫地剪掉自己的一头长发。接着团长吴姐坚定地说:“政委! 来! 我也剪,剪得像男子汉一样。”于是姐妹们一个个咯嚓咯嚓剪起头发来……试想,一个年轻女子,谁不爱美,谁不珍惜自己的一头秀发,可是在严峻的时刻,她们毫不犹豫和吝惜。是什么力量支配她们的呢? 是意志! 是勇气! 是决心! 是信仰! 这平常的动作,却如此令人肃然起敬,如此令人慑服。在银幕上本来她们已经蓬头垢面,衣不蔽体,如今又把头发剪得乱七八糟,看起来就像一群女丐,但给予人们的感受,却是如此的美! 如此的高大! 可惜在拍摄这场戏时,还未达到饱和,如果能再剪短些,那将更会感人至深了。

观众常常讽刺我们电影中的英雄人物都是刀枪不入打不死。究其原因那是因为心中有一种余悸和预悸,唯恐被说成低沉不高昂,被说成宣扬战争恐怖。其实谁都懂得战争总是要流血的,天安门广场的烈士纪念碑不就是千千万万革命英雄的鲜血凝成的? 我们在影片中不应当渲染战争恐怖,关键是在描写英雄的牺牲时,是否写出了浓醇的人性美和高尚的人情美? 并写出了她们的死是重于泰山的?《祁连山的回声》中正面描写了秋菊的死,描写了桑吉措的死,一直到团长吴姐和全体女战士的死。她们把宝贵青春献给了人民,献给了祖国,谁能不为之动情。我们看完了这部影片,只觉得壮烈、激昂,而不感到忧伤、沮丧。

影片的故事发生于1936年。就是说那些献出生命的姐妹们离开我们已六十年了,如果她们活着的话,大都已经八十岁上下的老太太了。而我们这些今天幸存下来的人,那些尚未经过血与火的洗礼的年轻一代,追索一下往昔,缅怀那些有名的和无名的革命烈士,我们将思考什么呢?

五十七、《再生之地》中的巧合

抚顺话剧团演出了王永志编剧的话剧《战犯》,我对这个题材十分感兴趣,便和王永志商量合作改编成电影。这就是我1983年拍摄的《再生之地》(与杨光远联合导演)。

《再生之地》描写的是“抚顺战犯管理所”改造日军战争罪犯的故事。我非常喜欢这个题材的内涵，它有挥斥风雷的冲突，深沉凝重的情愫，回肠百转的故事，涤荡心胸的意境。我希望把它拍成一部豁达流畅、浓重遒劲、不事雕琢、粗犷质朴，具有传统风格的纪实性影片。

屡屡失误的教训告诫我，要想拍出一部真实可信，富有艺术魅力的影片，不是艺术家灵机一动，或冥思苦想就能凭空臆造得出来的。必须将思想的触角，扎根到生活的海洋中去，潜心观察、深入体验、仔细揣摩，反复品味，通过辛勤的积累，提高自己对纷繁复杂的社会生活的认识力。在此基础上，再加以精选、加工、增删、浓缩，用自己真实的感情，燃烧起激情的火花，在心灵的熔炉中煅造出成品。

《再生之地》所描写的日本战犯，释放已经二十四年之久了。我在抗日战争时期曾经接触过不少日本战俘，也曾和"日军反战同盟"的日本朋友们在一起工作和生活过，这是我拍摄这部影片的有利条件。但毕竟他们和影片中所描写的日本高级将领是有区别的。尤其惋惜的是过去战争年代记录下来的一些生活素材、资料，在十年浩劫中已被洗劫殆尽。怎么办？深入生活已属不可能，只有凭借追思记忆和博采旁蒐找间接生活了。为此我先后走访了抚顺、沈阳、长春、大连、旅顺等地当年设立的监狱。接触到了当年曾

电影《再生之地》拍摄现场，严寄洲（左）向演员胡浩（中）斯琴高娃（右二）说戏

经在战犯管理所工作过的领导、管教员、翻译和工作人员。阅读了大量释放回国的战犯们写的回忆录。特别值得一提的是还采访了曾经在抚顺关押过、而现在是“中国归还者联合会”的不少日本朋友们。我的脑子里渐渐充实了起来，一些主要人物在眼前开始活动起来。

拍摄前，我给自己订了几条要求，其中最主要的一条就是绝不把这些战犯搞成“八格雅鲁”式的脸谱化人物。反面人物要正演，因为他们是人，他们也有七情六欲，也有思想感情，重点是挖掘他们灵魂深处最隐蔽的东西。

这次我坚持用较长的时间做准备，让演员去查阅大量资料，去参观访问。当我们到抚顺战犯管理所参观时，我事先暗地和管理所领导商定，演员们一进牢房，就猝不及防地将他们统统关押起来。虽然时间不长，但对演员的角色创造却是大有裨益。饰演主角伊藤弘一中将的胡浩在笔记中写道：“关到这里，准死无疑，这牢房是我生命终结前的最后一处了。我是大日本皇军的师团长，在支那人面前决不屈服，死也要死得像一个大和民族的武士。”饰演日本细菌女战犯川岛真美子的斯琴高娃则写道：“啊！这冷冰冰的铁窗，这空荡荡的牢房，这硬梆梆的木炕，要耗尽我的青春。我怎么熬得下去呀！我想我的女儿呀！”除了演员的准备外，其它各个工作部门，都严格要求真实！真实！真实！我不允许往演员的脸上粘贴胡子或胡子渣，选演员时已经注意到了他们必须是能长胡子的。我不允许制作日军制服，虽然做了新的可以弄旧，但终究不像。因为我看到好些影视中日军的穿戴根本不像。当然难度是很大的，成百上千套破旧的真的日军制服，仅靠本厂的服装仓库是凑不出来的，只得到长影、抗敌话剧团等单位去租借。我要求每一件大小道具都要有图片为根据，即便几盒战犯家属从日本带来的普通糕点，也要请当年伪满时期开点心铺的朝鲜老人来制作。我们还请了“日本通”参加到摄制组当顾问，指导有关日本人生活的细节。同时叫演员熟读日语台词。

《再生之地》与观众见面了。我作为这部影片的导演（第二导演为兼摄影的杨光远）心情是复杂的。上海人有一句俗话：“瘌痢头儿子自家的好。”对自己的作品难免会有些偏心眼。但不可否认，由于自己功力不足，尚未能很好地驾驭这么一部具有重大历史意义、政策性很强的严肃主题的影片，致使影片仍存有不足、有缺陷、有破绽。

公映之后，观众的反映很强烈。国内不少报刊发表了许多评论文章。日本《读卖新闻》等报纸刊登了大幅报道。但同时也引起了一场争论，为此上海《文汇报》副刊特地邀我从编导角度撰写文章。

争论焦点：有关影片中的生活真实与艺术虚构中戏剧性巧合的问题。

严寄洲(右一)在电影《再生之地》获奖现场。

巧合之一:战犯管理所所长潘云在战争年代抚养了一个日本小女孩,而这个小女孩恰好是关押在抚顺战犯管理所的头号大战犯、中将师团长伊藤弘一失散多年的亲生女儿。

巧合之二:战犯黑川靖治在日寇统治时期,原本就是这座监狱的典狱,而曾经遭他毒打,几乎致死的游击队队长佟景阳,正好是管理所的管教科长。

巧合之三:女战犯川岛真美子的丈夫川岛进原是这座监狱的军医,由于他同情中国人民,偷偷放跑了身处危境的佟景阳。日军发现后将他押送到哈尔滨七三一细菌部队作了细菌试验的牺牲品,而偏巧川岛真美子就是当年七三一细菌部队的研究专家。

据说,影片的这种传统结构“有悖于当今时代潮流”,是“老掉牙的陈套”。而“现代的电影语言应该完全摒弃这种讲故事和展现戏剧情节的窠臼。”

我不反对根据世界潮流去追求各种新的电影语言。不过我认为完全排斥戏剧情节未免过于绝对。我总认为严谨的戏剧结构,要比松散的结构更易于被我国广大观众所接受。事实证明,《再生之地》在全国上映之后,我几乎没有听到过观众对这种巧合的异议,只是在报刊上才读到对这种巧合的挑剔。尽管个别“专家”“权威”对影片嗤之以鼻,但我却从千百万观众之中得到了慰藉。

诚然，一部影片必须强调它的真实性，要有生活实感。因为艺术脱离了真实，艺术就成了失去灵魄的躯壳，而艺术的美也就失去了前提。生活是艺术创作的源泉，但它不等于就是艺术。从生活的自然形态到艺术境界，必须有所提炼、加工、集中和浓缩，是允许想象和虚构的。当然这种想象不是空想，虚构不是捏造，它是建筑在坚实的生活基础上的。

《再生之地》中所设计的三处巧合，并非胡编乱造的主观呓语。在抗日战争时期，在战争中失散而被我军收养的日本孤儿何止数十近百，报刊上也频有报道。《再生之地》完成后，我还特意邀请了一批当年被我军收养的“日本小八路”(现在是日中友协的积极活动家)来看片。他们都为这个情节叫好。在座谈会上，他们还嫌影片中表现得太少了些。那么既然生活中我军收养了那么多孤儿，为什么影片中战犯管理所所长潘云就不能收养一个日本小女孩呢？这种巧妙的糅合，我认为是必要的、可信的，它有利于深化主题。而潘云把抚养十几年、相依为命的“女儿”交还给伊藤的戏，表面看似人情的感化。但透过这个行动，不正是表现了他高尚的革命情操和高度的政策水平吗？影片完成后，我还约请了一些曾在抚顺战犯管理所关押过的战犯、现在是“日本归还者联络会”的日本友好人士观看影片，他们看着看着一个个痛哭起来。而并没有人说“这是编出来的戏”一类的议论。

据我掌握的材料中，日寇七三一细菌部队不但残害了许多中国人、朝鲜人、苏联人，同样也残害同情中国抗战的日本人。那么现在影片中设计潜心研究细菌的川岛真美子所在的七三一部队，杀害了一个反对日本军国主义的日本医生，完全是可能的。不管他是否是川岛的丈夫，因为他并不是川岛亲手杀害的呀！

至于黑川靖治曾是这座监狱的典狱，现在自己也被关进了这座监狱，确是生活原型中确有其事的真实素材。

我总觉得假如《再生之地》抽掉了上述三部分戏剧情节，那么它所剩下的还有多少感人的戏呢？前一阶段，从影片在北京、上海、南京、沈阳、大连、抚顺等地试映的反映来说，观众对这种戏中的“巧”，他们还是能够接受的。

古人刘勰说：“酌奇而不失其真，玩华而不坠其实。”不正是指的这种传奇色彩的戏剧情节吗？任何一国的文学艺术，总是根据自己的民族的特定历史条件、心理、性格、遭遇、习惯、兴趣、爱好而创作出来的。这是本民族长期劳动的结晶和智慧的贮存。忽略和割断艺术与人民群众的血肉联系，艺术生命也就会枯竭。

五十八、摩洛哥之行

正当北京炎热的七月中旬,我们中国电影代表团乘坐法航飞机,去摩洛哥参加“第六届世界和平运动会电影节”活动。我是代表团团长,团员有电影评论家邵牧君和著名电影演员张力维。在空中一共飞行了十三个小时,于凌晨在法国巴黎戴高乐机场降落。看看手表已经是第二天下午一点钟了,由于两国间的时差,我们得把手表拨回到早晨六点钟,北京和巴黎时差七个小时。

在巴黎逗留期间,我和邵牧君、张力维瞻仰了闻名世界的埃菲尔铁塔和凯旋门,游览了市容和地铁等地。巴黎除了繁华的市区和商业地段,许多道路上几乎看不到行人,幽静、整洁,给人一种异常的舒适感。据说每到夏天,巴黎几乎有一半居民都到外地避暑去了。

从巴黎转乘飞机,飞越地中海,约两个多小时,于午夜抵达摩洛哥,下飞机后连夜驱车赶往古城菲斯。途中公路平坦宽阔,异常洁净。路上不时通过一些具有阿拉伯民族风格建筑的居民点,所有房舍都是白色,显得格外幽雅、纯洁。奇怪的是虽然已经是午夜,但公路旁边仍旧灯火通明,一些咖啡店、酒吧间还在营业,店门外的凉棚下仍有不少人在喝咖啡或啤酒。

菲斯古城分新城和老城两部分,我们下榻在市郊不远的一座名叫“让蛮伊宫”的大饭店。大饭店的房屋建筑豪华而富有民族特色,大厅内高悬摩洛哥国王哈桑二世的大照片,两侧还悬挂着王储和王子的照片。有趣的是,这座富丽堂皇的大饭店,四周却环绕着一圈土围墙和我国北方农村的“干打垒”一模一样,不过更高更厚。远远望去,就像一座古代的城堡,参加这次影展的各国代表团全都住在这里。

整个电影节的日程安排非常紧,只留给我们半天自由活动时间,我们决定去参观闻名北非的菲斯老城。老城和现代化的新城截然不同,它修筑在一片山坡上,城内街道忽高忽低全是坡路。路面狭窄,只能通过驮两只筐子的毛驴,而且弯弯曲曲到处是叉路,我们好像走进了迷宫,若无向导引路,简

严寄洲访问摩洛哥时留影

直晕头转向走不出去。街道上熙熙攘攘，除了本地居民外，大多是来自欧洲、美洲以及苏联和日本的游客，街道两侧全是单开间的小店铺，最多的是富有民族特色的刻花银器店，世界闻名的摩洛哥皮货店、色彩缤纷的地毯壁毯店、烧烤羊肉的小吃店。身临其境，我们好似走进了小说《一千零一夜》中描写的那种奇妙世界。也许这地方很少见到中国人，所以人们一见我们便跟着连声用英语喊："JAPAN! JAPAN!(日本)"我连忙纠正，拍拍胸脯说："CHINA! BEIJING!"(中国，北京)他们一听非常惊讶而好奇，上下打量着我们，竖起拇指说："CHINA! GOOD!"(中国，好!)表示友好。

下午，摩洛哥电影中心的接待小姐引导我们驱车约一小时，来到另一个城市麦克纳斯，出席各国电影节影展的开幕式。大会规定这次参展的影片一律要以保卫世界和平为主题的影片。我国参展的影片是八一电影制片厂1983年摄制的《再生之地》。所有参展的影片，包括苏联的、法国的、美国的、叙利亚的、巴勒斯坦的……轮流在菲斯、麦克纳斯和伊夫兰三个城市巡回放映，放映后就在当地举行座谈。

麦克纳斯是个比较繁华的商业城市，并以空中花园及摩洛哥王家骑兵的养马场驰名。伊夫兰则是以国王避暑的夏宫闻名，整个城市像一个大花园。法律规定在这个城市户口只能迁出，不能迁入，所以人口非常稀少，整个城市树木葱郁，气温要比其它地区低三四度。

参加影片座谈会的人各行各业都有，有电影工作者、作家、电影评论家、社会名流、记者、教师、学生……一般的二三十人不等。当座谈我国的《再生之地》时，他们在发言中最感兴趣的话题，是询问中国人是怎样改造日本战犯的？是不是用共产主义来洗他们的脑筋？我回答说："我们是用人道主义(他们不习惯用革命人道主义这个词)来改造他们，主要是让他们懂得战争的正义性和非正义性，懂得日本帝国主义是侵略者。他们侵略中国，不但造成千百万中国人民的灾难，也造成日本人民的灾难，要让这些罪大恶极的战犯认清自己所犯下的滔天罪行，从此不再参加这种侵略战争。……"有一位法国电影女评论家说得好，她说："看了影片《再生之地》，使我们更加确信和平不是用乞求得来的，要和平，必须斗争，只有用斗争才能获得真正的和平。"

在座谈中间，彼此也交换一些影片生产的信息。摩洛哥没有正式的电影制片公司，影片是由一些电影艺术家自由组织起来拍摄的，年产约三至四部故事片。影院放映的主要是法国片和美国片。(摩洛哥人很多都会法语，懂英语的人较少)他们很少看到中国影片。当《再生之地》在麦克纳斯一家最大影院放映时，观众在门口挤得人山人海，都盼望弄一张门票进去看看中国电影，以致不得不动用警察挥动警棍来疏散人群。这不由得使我联想到我们为什么不能通过一定渠道，打开这个电影市场呢？

电影节的闭幕式是在菲斯举行的，会开得简短而别致。主持人致闭幕词后，让各国代表团成员每人说一句保卫世界和平的警句，来结束这次电影节盛会。

结束了电影节活动，我们又连夜赶回摩洛哥首府拉巴特，第二天游览了市容。然后驱车去达尔贝达(即卡萨布兰卡)，这是摩洛哥濒临大西洋的现代化大城市，市内车水马龙，十分繁华。所有建筑虽然是现代化的，但却具有本国的民族风格。不像我们修建的不少高楼大厦一味摹仿外国模样，失去了自己建筑艺术的民族风格。这恐怕也是值得我们思考的问题吧？

短短的访问，摩洛哥这个美丽的国家给我留下了非常美好的回忆。

五十九、为惊险电影正名

1985年初，《电影艺术》杂志社在北京香山卧佛寺宾馆召开了一个"全国惊险电影学术研讨会"，在这次会上，我被大伙选为"中国惊险电影学会"

的会长。还被“赶鸭子上架”在会上发了一通言。后来被发表在《电影艺术》1985年的第三期上。我在这次发言中阐述了我对惊险电影的一些粗浅的看法。

人,往往非常喜欢听取那些在超常状态下各色各样的奇闻怪事。比如地下斗争、间谍活动、行刺仇杀、抢劫偷盗、历险探奇等等。因为这些在自己平凡枯燥的生活中很难或者根本不可能遇到的,所以对此便格外兴趣盎然。

许多人爱看杂技表演,就是因为这些表演的动作,令人瞠目结舌,不可思议。它越是惊险,越是奇特,越让人爱看。

许多人爱读传奇小说、侦破小说、地下斗争小说、疑难案件小说,也就是可以从中体验到平时自己体验不到的奇异世界。

所以许多人爱看惊险电影,这是可以理解的。因为它适合当今观众的欣赏心理的需要和欣赏水平的档次。

建国以来,我们曾经创作了不少脍炙人口,长映不衰的优秀惊险影片。这些影片的上座率名列前茅,独占鳌头,这是众目共睹的事实。但是也应当看到,许多观众对我们创作的惊险影片颇多非议。奇怪的是非议归非议,惊险影片的上座率依旧不错。甚至有些观众看完了一部平庸低劣的惊险影片之后大呼上当,可是下一次还要冒着再上当的风险再去看惊险影片。

那么观众对我们的惊险影片到底有些什么不满呢?我想可以用社会上流行的四句顺口溜来概括,那就是:“胡编乱造瞎胡闹,似曾相识老一套,情节虽奇不合理,迎合观众低格调。”

所有种类的影片,不管它是什么样式,都有被观众赞赏的佼佼者,同时也都有被观众抨击的次劣品。因此说惊险影片中出现了一些问题,其罪不在“惊险”这种样式。我们应该找一找原因。

我不是影评家,自愧缺乏这方面的研究,说不出个子丑寅卯,不可能给提高惊险影片的质量开什么灵丹妙药,更不敢奢谈理论,只是想饶舌几句,谈谈一些个人浅薄的看法。

长年来不知为什么,在我们的电影创作中,好像惊险电影片只是一种难登大雅的玩意,不受人重视,报刊也不屑发表惊险片的评价和研究。致使一些颇具才华的惊险片导演拍了一两部惊险片便洗手“改邪归正”了。据说影界有一句不成文的话,要成电影艺术家,最好不拍惊险片。把观众面很广的这一影片样式,视为俗物,不足挂齿。我认为这是一种偏见。苏联电影大师罗姆、英国悬念电影权威希区柯克、美国著名导演匹伯史伯格等都拍惊险片。一部《逃亡雅典娜》就有罗杰、摩尔等六位国际大明星参加拍摄。一部

《东方列车谋杀案》就有英格丽·褒曼等十七位大明星参加拍摄。可是他们的地位并没有因此而降低。

我认为对广大观众喜欢的这种样式,不要一味抡棍子、打板子、戴帽子。而是应该大力扶持、热情帮助、总结教训。

惊险影片最主要的引人入胜之处,在于它通过错综复杂、曲折离奇、尖锐激烈的故事情节来展示影片的主体思想。它那特有的艺术魅力,可让观众瞠目结舌、惊心动魄、拍案叫绝。从而激发勇敢、增添机智以及提高警惕性的教育作用。

"惊险片"顾名思义:惊者、惊异、惊愕也。险者、险恶、危险也。它和"催人泪下"、"捧腹大笑"、"回肠九转"、"婉转缠绵"又有什么高低、雅俗、等次之分呢?

惊险片和其他样式影片一样,要求情节严谨、合乎逻辑,要塑造具有典型性格的人物和发人深思的思想内涵。而反对闭门造车、生理刺激和那种一味追求某些低档外国影片的模式的"出口转内销"货色。

要发展惊险影片的创作,首先应当为惊险恢复名义,给予平反。使有才华的编导愿意来拍惊险片。要做到这一点,首先必须澄清几种观点:

说惊险片是迎合观众对不对?难道曲高和寡才算好吗?难道只有阳春白雪才算艺术吗?

说惊险片登不了大雅之堂对不对?电影是一种群众性的艺术,什么叫大雅?难道只有少数人欣赏才算雅吗?

说惊险片是商业片对不对?任何种类的电影拷贝最后都是要通过商品形式作为媒介介绍给广大观众的。因而商业片这个名称并不是贬义词。难道越是赔钱才越算高雅吗?

说来说去,说穿了,那就是我们的电影创作者的群众观点问题,电影要为人民服务,要为社会主义服务,而惊险影片恰恰是广大群众喜闻乐见的样式之一,我们没有理由弃之不顾。

惊险样式的影片是一个品种,但它的范围很广。有军事惊险片、探险救险惊险片、科幻惊险片等不同门类。目前广大观众习惯上指的惊险片是"反间谍片"、"地下斗争片"和"侦破片"三种。但就这三种,也不一定全是惊险样式的影片。

比如《永不消失的电波》、《母亲》、《野火春风斗古城》等影片都是描写地下斗争的,虽然都具有惊险的故事情节,但习惯上大家没有将它归于惊险样式影片之中。

比如《十级浪》、《飞越天险》等影片，虽然令人提心吊胆，但习惯上大家也没有将它归属惊险样式影片之中。

还有一些武打功夫片，也很惊险，但它也不归属惊险样式影片之中。

如果说："凡是具有惊险情节故事的影片，都可以算作惊险影片，那么《孙悟空三打白骨精》算不算？《蓝光闪过之后》算不算？

思考惊险影片如何提高质量问题之时，我忽然想到这么一个问题，那就是多年来，在极"左"思潮干扰下，受到批判或停映的影片约八十余部(截止1984年)，但其中却没有一部是惊险片。(只有带惊险情节的《兵临城下》和《冰山上的来客》受到了冲击)。这是什么缘故呢？难道惊险电影得天独厚，"左"老爷特别优待？我想了好久，好像逐渐找到了惊险片质量不高的症结。在许多惊险片中，绝大部分都是反间谍片和地下斗争片，都是敌我矛盾故事，案件片则一般都是刑事犯罪问题。这些影片都碰不着我们说的"危险的边沿"。它既惹不着极"左"的思潮，又没人来对号入座，因而才平安无事。说明了什么呢？它说明了我们的惊险片内容的浅薄，挖不到深处，挖不到痛处，挖不到要害。其实惊险片题材的开掘，是很广阔的。

难道不是那些官僚主义、派性作祟、麻痹泄密的人，给敌特造成了可乘之机吗？

难道不是那些溺爱放纵子女、那些衙内新贵、王孙公子崇洋媚外、追求物质享受，给了敌特拖之下水的机会吗？

难道不是因为党内不纯、某些领导执行路线上的偏差、信仰上的危机，致使我们的地下工作受到了严重的损失吗？

难道不是因为某些错误的方针政策、传统的习惯势力、思想工作的薄弱、极"左"思潮的泛滥。使一些人滑到敌我矛盾的泥淖吗？

由此可见，惊险片的主题，除了单纯的"提高警惕、保卫祖国"或"正义与邪恶的斗争"之外，题材面宽广得很呢？

惊险影片，不论剧中所提的问题是多么复杂，其主要秘密的揭开，必须要有逻辑的根据，不可随心所欲。这样才能激发起观众的想象和思考。只表现出侦察人员在破获敌人时的积极勇敢行动是不够的，必须揭示人物的内心世界。一部惊险影片中，不管作者设计多么复杂、布局多么巧妙、手法多么独特。只要作者忽略了"情节是性格形成和发展的历史"，那就难免遭到失败。

惊险影片，顾名思义，它姓惊险。因而它能使观众倾倒。

当一部惊险影片，它剧本的主题思想已经确定之后，就是说它的社会价值已经明确之后。首要的任务就是用全力去追求影片的样式，追求惊险样式的蒙太奇语言、构图、音响、光影、色彩……内容是决定形式的，但反过来，完美的艺术形式又可以丰富内容。如果一部影片缺乏艺术魅力，单靠正确的思想性是征服不了观众的。一部影片的艺术价值决定着社会价值的体现，惊险影片尤其如此。

怎样才能使影片具有艺术价值，它没有灵丹妙药，只有那句名言："艺术来源于生活。"所谓"出乎意料之外，在于情理之中。"并不是天花乱坠、胡编乱造。而是站在生活基础上观察、积累、提炼、夸张、浓缩、加工而来的。惊险影片和其它影片一样，重要的仍然是真实性。离开了真实，艺术形式就成了失去灵魂的躯壳，艺术的美也就失去了灵魂，一部惊险影片中，不能没有想象和虚构。但想象不是空想，虚构不是捏造，它是建筑在真实的基础上的。这些年一些惊险影片由于故事情节失真，因而受到观众的指责。比如：

——我看过的好几部惊险影片中，地下党员不是在舞会上、就是酒会上，总之是大庭广众下，竟然说（当然是声音很低的）："××同志，党组织如何如何……"。其实，我们在培养地下工作干部时，他们生活中就以先生小姐相称，连写字都力避我们那种所谓八路军自造简化字。怎么可能那样谈话呢？

——我看到一部惊险片中，领导派一个男侦察员去和一个女特务套近乎。这是违背反间谍条例的呀？

——地下党员混在书场里听评弹。1931年茶馆里居然会有穿旗袍的女士出现，还有男女双档评弹演唱。其实1935年之前评弹都是两个男演员弹唱，男女双档在1935年之后才在上海出现，小县城还要晚些。

——反动派发现了地下党的领导，于是便追赶了起来，追得实在跑不脱了，那位党的领导竟然投射飞标，一个个将敌特扎死，很像章回小说中的飞标黄三泰。

——最普遍的是片中都要设计几场开打。开打不是不可以，要看有没有必要，不要把开打当作味精或胡椒面。而且要打么就得像个打样。好像影片中那种打法一看就知道是我们的侦察员当替身、用的是捕俘格斗的套数，看了实在倒胃口。

——地下党走在街头，总要做出警惕偷窥的神色，派遣特务必然是贼眉鼠眼地东张西望。要是地下工作者和特务果真这样。五分钟就抓起来了。还有在秘密接头时，不论敌我都是一个师傅教出来的，背对背向着空气说话，这种方式还不如面对面大大方方地说啦。因为一看就明白他们是在干什么。

——刑警队中必然要有一个女的。而几个刑警队员中必然有一个思想比较简单的、毛糙的,当敌人弄了点假象迷惑我们时,那个单纯急躁的小伙会说(大多是在汽车行进中)“可以破案了!”结果事实并不如此。等到最后破案之后,这个小伙还要不好意思说上几句检讨的话。

好了,不再啰嗦了,离题远了。

六十、陈赓大将的传奇故事

这些年来,我是在喜悦和苦闷、赞美和詈骂声中过来的。我似乎逐渐有些苏醒,从朦胧到清晰的认识到了一条艺术创作的道路。

电影艺术同其它艺术一样,从总体衡量,它的标准应当是思想性第一,艺术性第二,这是毋庸置疑的。毛主席说:“正确的政治方向和尽可能完美的艺术形式”,就是指出两者不可偏废。可惜这两句完整的话,常常被极“左”思潮阉割。四届文代会邓小平同志在祝词中提出“文艺为社会主义服务,为人民服务”,代替了长期以来“文艺为政治服务”的口号。因之我认为断定一部好影片,无疑它的思想深度总是第一位的。但当一个主题经过层层审核,确定并通过投产之后,作为一部影片总指挥的导演,就应当理直气壮地认定自己在创作过程中,应该是艺术第一。我为什么会有这么吓人一跳的提法呢?问题很简单。一部没有灵魂的影片,再高超的艺术也是没有价值的。反过来说,一部艺术上粗劣的影片,主题思想再好,它也不可能完成任何使命。电影,它是精神产品,是属于意识形态方面的艺术产品。但当它一旦完成出厂,拿到社会上就必然成了商品。观众来看电影不是来上政治课,不能强迫他们掏钱来受教育。观众总是带着娱乐的目的走进电影场的。周总理一再提醒要“寓教于乐”。遗憾的是那些自认为政治上敏感的人,却把周总理的话忘得一干二净。

根据以往的经验教训,认定了自己拍片必须尊重三个要素,或叫三个价值,即社会价值、艺术价值和经济价值。三者不能偏弃,偏弃其中任何一个,都将受到惩罚。

一部影片的社会价值,或者是它的政治思想主题,是在选定剧本之时早已明确了的,不然就根本不可能投产。因之导演只须把握住主题,就不必老被它拖住手脚。而经济价值是与艺术价值相互作用的。三者是辩证的统一体。

我在抚顺外景地拍摄《再生之地》时,电影剧作家王军寄来了他的新作《陈赓大将》。在中国近代革命史中,陈赓是一个传奇色彩的革命家、政治家和军事家。他的不同于其它红军将领的独特个性和独特经历,使他的传奇故事脍炙人口,令人神驰。陈赓大将生前,我有幸和他熟识,他那轩昂的气度、坦荡的襟怀、磊落的品德和倜傥的风度,给我留下了深刻的印象。尤其是他那幽默的语言和诙谐的谈吐,更是妙趣横生,睿智机敏,令人钦佩。当我一接触这个剧本时,陈赓的生动形象已经栩栩如生的活跃在我脑海里了。

原作《陈赓大将》容量很大,故事情节曲折离奇,若删之未免可惜,我征得作者同意下,将他略加调整充实,改写了两部,这就是后来的《陈赓蒙难》和《陈赓脱险》。

这两部影片,描写陈赓将军于1931年将离开上海时,因叛徒告密被捕。蒋介石用高官厚禄、金钱美女、牢狱酷刑,均不能使其就范。后来蒋介石慑于营救陈赓的宋庆龄、鲁迅等人的巨大威望,又恐杀害陈赓将会引起黄埔系将领离心的后果,被迫将陈赓释放。全剧展示了陈赓坚定不移的原则立场和崇高的共产主义理想,揭示了一个无产阶级革命战士高度的警惕性和高尚的品德情操。

我认为拍摄这部电影,将有助于净化思想意识,清除精神污染。影片给所有的人们提出一个严肃的思考题:人应该怎么活着?

《陈赓蒙难》与《陈赓脱险》两片中,贯

电影《陈赓蒙难》剧照

穿着一条男女同铐，一个共产党人是怎样影响了一个基督教女青年的主线，陈赓以他诙谐爽朗的性格和风趣幽默的语言，构成一幅具有艺术魅力的长卷图画。再加上宋庆龄、鲁迅、杨杏佛、许广平等历史名人的出现，以及蒋介石、宋美龄、顾顺章等对立人物的出现，使影片的戏剧冲突更加尖锐复杂。

《陈赓蒙难》与《陈赓脱险》描写的虽然只是陈赓将军光辉一生中的一个小小插曲，但这却是一个传奇色彩浓郁的小插曲，一个题材新颖独特的小插曲。影片故事出人意料之外，却又在情理之中。“陈赓的命运如何？”悬念始终紧扣人们的心弦。而故事的叙述方法又是通俗易懂的“中国式”蒙太奇结构。

影片摄制完成公映后，在全国各地受到广大观众的欢迎。北京、上海、广州、南京、昆明等地纷纷举行座谈会。尤其是陈赓将军的故乡湖南湘乡县和长沙市，以及解放后陈赓将军担任司令的昆明等地反映更加强烈。

可是一方面在上海及东北等地把这部影片当作党员必看影片之一，对影片从政治上给予了肯定。但另一方面电影界对这部影片颇多非议，有些专家甚至在评委讨论会上，看了《陈赓蒙难》后声言：“不要再让我们‘蒙难’了，我们也不必再‘脱险’了。”

《解放军报》为此片辟专栏展开了讨论，不少报刊也发表了评论文章，其中褒贬不一。本人限于水平，对这些评论不敢臧否，还有待进一步消化吸收。但对有些问题，也有我自己的看法。

必须说清楚的是我拍摄的那是两部“传奇性故事片”，而不是“传记片”。争论就出在一个“奇”和一个“记”字上。当我接受拍摄任务时，认为陈赓将军的这段经历非常新颖特殊，有传奇性。

在生活真实中，与陈赓同铐在一起的女囚是个共产党员，如按原型去写当然未尝不可，但这样写的发展，必然是两个革命者相互鼓励，共同斗争。我觉得这种戏似曾相识，流于一般。如剧作中把女囚改为普通女子有新意。这两部影片的主题是“信仰”二字，即革命斗争必胜的信仰，为无产阶级利益奋斗的信仰，实现共产主义理想的信仰。现在把影片中的女共产党挪改为笃信耶稣基督的女大学生，描写它通过与陈赓同铐的不平凡经历，在信仰上产生了飞跃，这将更能突出主题。

这样改动会不会损害历史真实呢？我认为机械理解真实，其结果是损害艺术，同时也损害真实。一部故事影片，包括历史人物的故事影片，甚至包括传记影片，如果完全排斥艺术加工，它就很难赢得观众。黑格尔说：“模仿自然是冒昧的游戏。它实际给人的不是真实的生活情况，而是生活的冒充。"想象和虚构是文学艺术的两只翅膀,这与空想和捏造是两码事。在《陈赓蒙难》和《陈赓脱险》中的女主角,虽然她的身世变动了,但应该说仍是真实的,因为当时确实有一个与陈赓同铐的女囚。

在苏联巨片《攻克柏林》中,有一段苏军攻占了希特勒固守的总理府后,苏军最高统帅斯大林元帅乘飞机来到柏林站在高台阶上向欢呼的群众和士兵致意的镜头,但实际生活中并无此事。我认为这样的艺术加工是高明的、大胆的,是了不起的突破。原因是影片中这个场面,它顺应了全世界人民反法西斯的态度和决心。在反法西斯斗争胜利之时,斯大林既然可以在莫斯科的红场上演说,为什么不可以在希特勒的老巢柏林总理府门前演说呢?美国巨片《巴顿将军》和苏联名片《夏伯阳》,在实际生活中都是确有其人,但在影片中许多情节是虚构的,可是我们并不觉得影片不真实。真实是艺术的生命,而有生命不等于就有价值。席勒说:"真正美的东西必须一方面跟自然一致,另一方面跟理想一致。"艺术的真实性是指艺术作品通过形象反映生活的正确性和深刻性。正如巴尔扎克所说,文学创作是一种"庄严的谎言。"

我在这里说了半天,似有"王婆卖瓜"之嫌,其实上面说的仅是我执导本片的主导思想。至于影片,当然尚存在着不少遗憾和欠缺,就拿片中那位与陈赓同铐在一起的玛丽小姐来说,似乎落笔过重了,有些地方冲淡了塑造陈赓的浓度。着重影片的传奇性,这是无可非议的。但相对的忽略了影片的纪实性,以致降低了感染力,这是我应该汲取的教训。

最后,我还得说挑选演员中的一点体会,凡是拍摄历史上有名有姓的人物,必须要形神相似才能使观众信服。我曾听到不少同仁主张神似重于形似。我却认为演一个特型角色形似尤为重要。首先观众一看就认可而予以承认。要是不像,那么这个演员演技再高强也无补于事。因之我在准备拍摄《陈赓蒙难》和《陈赓脱险》的筹备阶段,为挑选扮演陈赓一角的人选煞费了一番苦心。我们一共录了五个候选演员表演的片断录像。我把录像带拿到陈赓夫人家中,请他们全家人评论。最后大家一致认为杨绍林(上海人民艺术剧院院长)最接近陈赓的形象和气质。后来影片完成之后,我和主创人员来到陈赓的故乡湖南湘乡地区放映,连当年陈赓家里的老阿姨都误认为杨绍林就是陈赓本人。此外,剧中蒋介石一角我请赵恒多来扮演,他的形象酷似蒋介石,它已经在银幕上扮演了无数次"蒋委员长"。宋庆龄一角我之所以启用武汉人民艺术剧院的肖桂云,那是原于当年宋庆龄副主席看了肖桂云在舞台上饰演的宋庆龄之后表示说:"只有她演我最合适。"至于宋美龄一角我选朱可心，那是因为在影片《西安事变》中，第一次出现的宋美龄形象就是朱可心扮演的。

六十一、枪毙了三年的影片

1985年，我受国家安全部委托，执导了《女间谍的遗书》(后公演时改名为《柳菲的遗书》)。

我为什么要拍摄这部影片？我想通过影片告诉观众什么？我准备怎样拍摄这部影片？

多少年来，大家整天挂在嘴边上的“以阶级斗争为纲”、“念念不忘阶级斗争”、“我们的哲学是斗争的哲学”……这一类口号现今已经不提了。我认为这个决定是英明的，我们需要安定团结，不能再这样“七斗八斗”斗下去了。但这样并不是说现在天下太平了，再没有阶级斗争了。在我们这个星球上，只要帝国主义还存在，斗争(民族斗争说到底也是阶级斗争)依旧存在，而且比以往更激烈、更尖锐、更复杂、更隐蔽。十一届三中全会以来，党中央提出的“对外开放，对内搞活”的政策，得到了全国人民的拥护，出现了前所未有的生动活泼的政治局面。但是应该看到，帝国主义无时无刻不在妄图改变我们社会主义祖国的颜色，隐蔽的阶级敌人随时随地都在挖我们的墙角，我们哪能高枕无忧，失掉政治警惕心呢？

我跟电影剧作家黎静有合作的友谊，可惜我们合作的两部影片，《三个失踪的人》和《零点起飞》都很遗憾。前者拍得不够理想，后者因客观原因改得支离破碎，惨不忍睹。我的心中一直觉得十分抱歉对不起老黎。因之这一次我特别邀请他来参加这部影片的创作。

这一天我和黎静第一次来到国家安全部，当时的部长凌云接见了我们。凌部长开门见山地说：“国际间谍机关对我出国人员中发展秘密组织的主要对象是高干子弟，尤其是军队的高干子弟。我们希望能有这样的影片来教育大量出国留学的青年学生。重点是向某些高干子弟敲响警钟，提高免疫力。”我们听了觉得这个题材非常重要，而且有戏可挖掘。从此我们开始了准备工作,先是参阅了大量留学生在国外学习和生活的资料,我们还采访了几个比较典型的在押高干子弟,还旁听了审讯潜入我国的敌特的供词。总的来说,我国大学生出国深造,绝大部分都是兢兢业业,努力学习的。但也有一些留学生,缺乏对形形色色糖衣炮弹的防御力,缺乏对侵袭思想病菌的抗病素,他们被国际间谍机关套上了圈套,干出了出卖祖国的勾当。我从许多案例之中,触目惊心地看到了问题的严重性。由此,我极想拍摄这么一部影片,向人民,尤其是青年们敲起警钟。

《柳菲的遗书》内容描写高干子弟、女大学生柳菲在日本东京留学期间,由于经受不住西方物质文明的引诱,陷入了美国情报机关设下的泥沼而不能自拔的悲剧性故事。

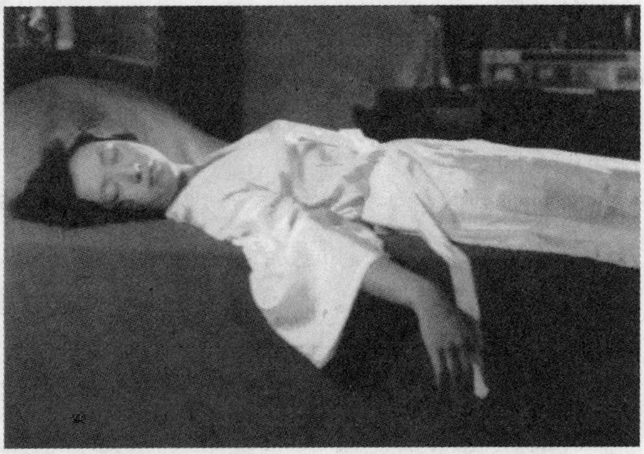
《柳菲的遗书》殷新饰柳菲

我想透过柳菲的遭遇和结局,向观众提出两个思考题。

当我接触到不少犯了间谍罪的案件时,我惊异的发觉,犯罪者中不少是养尊处优的高干子女。按理说他们的生活条件是优越的,家庭环境是美满的,出路前途也是理想的。可是偏偏就在这些年轻人的跌入犯罪的泥淖,为什么?原因何在?从表层看,他们羡慕资产阶级的生活方式,经受不住花花世界的物质诱惑;但透过这些表象,剥开灵魂加以解剖,不难发现他们之所以沉沦、堕落,乃是失去了理想,失却了信仰,而尤其重要的是他们失却了对党、对人民的忠诚,对祖国的爱。影片女主角柳菲,其所以落到自杀的下场,一方面是外因的条件,但更重要的是内因的根本。这内因和外因的结合,导致了这场悲剧的发生。这就是本片所要引起观众思考的两个方面的问题。

把《柳菲的遗书》拍成一部什么样的影片,这是我最早思考的问题。开始我曾想尽量渲染神秘的间谍活动,曲折的破案过程,把影片拍成一部扑朔迷离的惊险片。我一直非常喜爱惊险片这种群众喜闻乐见的样式。似乎把这部电影拍成惊险片样式责无旁贷。可是鉴于那些年来惊险影片有些泛滥成灾，虽然其中有几部佼佼之作，但绝大部分都是胡编乱造，故弄玄虚、破绽百出，倒了惊险片的牌子，因而再去凑热闹似乎不理智。更主要的是影片的内容并不着重在惊险两个字上，因而决定不去追求那些玄乎其玄的故事情节，神出鬼没的秘密动作和离奇曲折的疑团悬念。克拉考尔说得好："只有日常生活的最平常的事情，才真正有广泛的意义和深刻的思想性，才会有长久的魅力。"所以这次我想着力挖掘人物的心理状态，而不去费力外在的戏剧冲突。只有揭示人物灵魂深处最隐蔽的东西，描写好人的命运，才能拨动观众的心弦，撞击观众的灵魂。

另外一个考虑，目前我国电影中，大段大段的闪回倒叙用得太多、太烂，甚至倒叙中套倒叙，连剧中人并未亲身经历过的事也能荒谬地回忆出来。这些影片名为"新观众"、"新手法"，在我看来实则是蒙太奇句子不通，章法混乱。把观众看得如堕五里雾中，不知所云。为此，我把原文学剧本中几大块回忆镜头，一律按照顺序重新组装，把影片拍成一部"平铺直叙式"的发人深思的人间悲剧。

平铺直叙不等于寡淡死板，它只是一种叙事的方法。和影片的观赏性、娱乐性不矛盾。影片，总是要让观众在娱乐中不知不觉地受到教育，否则就违背了电影的审美规律。而不管你采用什么样叙事手段，只要能够引人入胜，法宝就是"悬念"。

观众，特别是青少年观众，在当代社会里，他们是坐在电视机前成长的一代，是观察世界的一代，是思考的一代，是有主见的一代。他们不再愿意像爷爷奶奶那样看那种板着面孔教训人的影片，不再愿意看那种一厢情愿给观众强行灌输主题思想的影片，不再愿意看那种令人厌烦、平庸浅薄、模式刻板、没滋没味、死面馒头式的影片。观众总是"喜新厌旧"的，他们的审美要求取向和艺术趣味的追求，就是要求"好看"、"耐看"、有"回味"、有"嚼头"。

《柳菲的遗书》取材的角度是新颖的，没有走故弄玄虚的惊险老路子，没有人为的编造戏剧情节。但是并没有排除一定的戏剧性因素。我总认为只要是合情合理的戏剧情节总是能赢得观众的。所谓"淡化戏剧性"的提法，只是一种孤芳自赏，缺乏群众观点的片面嗜好。当然，为情节而情节，为票房价值而不惜背离生活真实也是没生命力的。

确定了拍摄的总蓝图，接着便是如何施工的问题。借用时髦的名词，是用什么样的"电影语言"来表达我的创作意图。

守旧会陷入僵化，标新易流向轻浮。干任何事总得要个基本立足点。

中国人拍中国电影，它的基本点应该是给十亿中国人看的。当然我们还要面向世界，但首先应当是本国人民。电影是一门群众性的艺术，电影与观众的关系，是一种与“艺术社会学”有关的问题。

片面强调“电影要丢掉戏剧拐棍”，“电影要和戏剧离婚”，唯有这样才能达到当今电影艺术高峰的论点，是一种无视中国观众的单相思。不管你搞什么派什么潮，决不能不考虑广大观众（尤其是僻远农村）现有的审美习惯和欣赏水平，更不应抛弃我国固有的民族传统。由此，我将尽量把影片拍得通俗一点，再通俗一点，力求雅俗共赏。当然民族化不等于是顽固化，它不是一成不变的，它也要发展求新。今天的人民生活，比之过去发生了巨大的变化。人们的生活方式、精神面貌、欣赏趣味都在不断嬗变。所以拍摄一部影片，无疑应当紧紧跟上这个时代的步伐。

一切新的电影语言、电影观众、电影技巧，只要有利于影片主题的开掘，有利于人物思想的深化，并且能为观众所接受，都将为我所用。

《柳菲的遗书》经过全体创作人员的通力合作，终于摄制完成了。对于这部影片，在国家安全部、公安部试映后，反映不错。国家安全部还准备购买拷贝，专为出国留学生放映。我的自我感觉也是良好的，拍得比较精致、动情，超越了我预期设计的艺术效果，我品尝到了辛勤劳作收获的喜悦。

然而，我高兴得太早了。“祸兮，福之所倚；福兮，祸之所伏。”突然间《柳菲的遗书》被判“枪毙”，不许公开放映。什么缘故呢？据说其罪状有四：一曰丑化了高干子弟的形象；二曰丑化了出国留学生的形象；三曰描写了国外的花花世界生活方式；四曰把国内的女个体户写得热爱祖国、而高干子弟却沦为间谍，颠倒了阶级关系，如此等等。

我对这些简单粗暴的行政干预，怎么也想不通，也根本无法修改。影片既然已经被判“死刑”，渺小如我也无回天之力。搞了大半辈子电影，我真的有些怀疑自己的命运不济了。不然为什么一次次的灾难都落到我的头上来呢？说《五更寒》宣扬了叛徒哲学（指县委组织部长莫文阶）、说《英雄虎胆》比土匪还土匪（指侦察科长曾泰）、说《海鹰》是吉普女郎（指女民兵队长玉芬）、说《赤峰号》是战斗恐怖、说《哥俩好》是歪曲连队、说《野火春风斗古城》是中间人物（指地下党员银环）、说《破雾》丑化了起义飞行员、说《陈赓蒙难》和《陈赓脱险》违背历史真实……如今又来了个《柳菲的遗书》问题。不知是命运的作弄还是作弄的命运，一次又一次的“莫须有”令我困惑，令人无所适从。

我常想起 1961 年周总理在《新桥饭店故事片创作会议》上讲的话：“如

果我们的意见，不允许怀疑、商量，那还有什么研究商讨呢？我们的讲话不是党正式批准的。即使是党已经通过的东西，也允许提意见。”周总理还在《广州话剧创作会议》上说过：“这不能写那不能写，还要给人有戴帽子，右倾保守。这样很多作品就成了公式化、概念化的东西了。”……如果我们的电影创作，都能按照周总理的指示精神办，那将是一个多么美好的局面呀。可惜这些话，常常被一些人所遗忘。直到“四人帮”垮台，才又听到邓小平同志《在第四届文代会的祝词》中说：“党对文艺工作的领导，不是发号施令，不是要求文学艺术从属于临时的、具体的、直接的政治任务，而是根据文学艺术的特征和发展规律，帮助文艺工作者获得条件来不断繁荣文学艺术事业。”这些话，听了令人振奋，令人鼓舞。所以每当好心的朋友劝我说：“算了吧！这么大年纪了，退下来吧！这碗饭不好吃，安度你的晚年吧！”听到这些话，我确实也曾有所动摇，可是我总不能因为挫折和困惑放弃我最热爱的事业吧。或许，我这只“出头鸟”遭受的责难批评打击太多了吧，正所谓虱子多了不痒，对非难早已有了抵抗力，甚至反抗力。

这一次的厄运与上一次不同的是我坚持了全片艺术构思的完整性。《零点起飞》的教训，最后虽然通过公映了，可是在层层审查和不断刁难之时，我出于不想让影片遭封杀，尽量满足审查者的意见，修呀剪呀，东拼西凑，修剪得疙疙瘩瘩。就好像一个死刑犯，虽然改判无罪释放，可是已经体无完肤面目全非了。

有了上一次的教训，这一次我的态度是要“枪毙”就“枪毙”，坚持不同意按那些无理意见乱修改一通。一直到三年之后，承蒙开恩可以通过公映时，我还是不得不忍痛作了一些让步，修改了两处并不伤筋动骨的不伤大雅之处：

修改之一，把全片的台词中所有“高干子弟”一律改称“干部子弟”，其实画面上出现的人物一看就是高干，这不过是掩耳盗铃的“安慰”罢了。

修改之二，剧中安全局长的一段台词改写之后重录了一遍。原台词是安全局长向侦察人员布置任务的话。后来把台词改为：“我们出国留学的学生，绝大部分表现是好的，被特务利用上钩的只是个别人。”扮演安全局长的郑邦玉（解放军艺术学院院长）对着银幕上的画面试了两遍苦着脸对我说：“严导！这台词和我的表情根本不是一回事呀！”我也苦着脸说：“没法子，为了几百万人民币不成水漂，只有这么一招了。”

最让人哭笑不得的是在全国正式公映时，上海、广州、天津等大城市的街头，都悬挂着大幅海报大广告牌，可是唯独北京不宣传，既无大广告牌，报上也没有评论文章，事后我问一个知情熟人，他说："这是为了不刺激那位领导。"

至于为什么要把片名《女间谍的遗书》改称《柳菲的遗书》呢？据说影片中女主角归国留学生柳菲的所作所为还够不上"间谍"的份。我心中很纳闷，一个人偷拍了高干父亲的机密文件交给了敌人，这不算间谍那算什么呢？

六十二、抗日战争胜利五十周年祭

正当我拍摄《柳菲的遗书》之际，突然看到"纪念反法西斯胜利四十周年"的纪念文章，我的心头突然"咯噔"一下，啊呀！我怎么竟把如此重要的日子都忘了呀！作为一个参军四十七年的老兵，作为一个老文艺工作者，应当拍出一部反映抗战题材的影片才对，这是义不容辞和责无旁贷的，可是我偏偏把它忘在脑后了，这真是不可原谅的疏忽。

1986 年，我选中了拍摄《死亡集中营》，是为了纪念 1987 年"七七"卢沟桥事变和抗战爆发五十周年，我为了履行我这个文艺老兵的职责。

《死亡集中营》的创作，起因于多年前新华社的一则新闻报道，该文叙述太平洋战争时期，日本在东南亚各地战斗中俘虏了一批同盟军，日军将他们押送到海南岛的昌江县，强迫他们服苦役，开采"石碌露天大铁矿"，疯狂掠夺我国的宝贵资源。由于饥饿、劳累、热带病以及疯狂地杀戮和镇压，致使战俘大批大批死亡。部分战俘不堪蹂躏和死亡的威胁，经过周密策划，冒险逃出虎口，找到我党领导的琼崖抗日独立纵队，成立了"国际义勇队"，与日军作战。我认为把这段历史搬上银幕，它将有助于激起全世界爱好自由和平的人民对法西斯侵略战争的憎恨。

《死亡集中营》的故事很简单，但题材角度新颖。当时恰逢"中国电影家协会"召开第五届代表大会，开会期间，我找到了曾经成功地编写了《南征北战》《柳堡的故事》《渡江侦察记》《自有后来人》等影片的沈默君合作，经过实地采访，查阅资料，很快写出了文学剧本，并立即投入了拍摄。

那么，我是怎么拍这部影片的呢？

西方电影曾经掀起过多次"电影艺术化"浪潮，所谓"艺术化"，我理解无非是："愤世嫉俗、蔑弃传统、哗众取宠、主观放射"。

我欣赏一些探索电影新观念、新意识、并运用新的电影语言设置的一批令人瞩目的影片。它打破了陈规陋习的束缚，挣脱开了电影模式的枷锁，使人耳目一新。我赞赏电影要含蓄深沉，要从平凡的生活中挖掘哲理，要顺应时代的审美要求。但我不同意说："只有这样才是中国电影的唯一方向。""唯有这些才是中国电影的光辉前途。""只有这种电影才能打入国际市场"云云。

电影，同其它文学艺术一样，应当百花齐放，百家争鸣。决不应该为了讨伐公式化概念化的政治宣传电影，同时也讨伐了为广大人民所乐于接受的戏剧性和娱乐性电影；不应该为了否定那种胡编乱造，迎合低级趣味的电影，同时也否定了以矛盾冲突为核心的情节结构和叙事方法。实践是检验真理的标准，事实已经雄辩的证实，由于那种所谓"纯艺术电影"脱离了中国观众的欣赏习惯而遭到了冷遇。一味拿"外国人喜欢，中国人欣赏水平太低"来堵国人之嘴是不明智的。徐悲鸿大师有一句名言："人不可有傲气，但不可无傲骨。"这种傲骨即是中国气派和民族风格，而中国气派和民族风格来自中国的文化传统。

我一直执著地追求和锐意探索的，既不是板起面孔，强迫观众接受的主题思想；也不是用图解政策，复述历史，宣传中心等概念说教的赝品当作艺术去左右观众；更不是把政策当政治、庸俗地把电影艺术当作化妆演讲活报剧，强令观众接受的错误创作方法。同时也不一味追求抽象的哲理，唯美的造型，孤立的图像，空洞的抒情和朦胧的意念愚弄观众。我将在这部影片中尽量避开人为的编戏痕迹，但又不排斥戏剧性的悬念设置。

《死亡集中营》没有严密的情节结构，只是在剧中人物性格的发展中掀开了矛盾冲突。高尔基说："情节是人物性格成长的历史，是人物关系史。"

我反对编造虚假情节，但不反对生活本身固有的因果关系，事件发展自然构成的联系。这部影片乍看会感觉不像传统电影那样给人直观明确感受，但如从整部影片体会分析，则可以察觉这些零碎的东西所构成整体的融合性。正如克拉考尔所说："只有日常生活的最平常的事情，才真正有广泛的意义和深刻的思想性，才更富有长久的魅力。"

筹拍《死亡集中营》时，我希望影片产生如下几方面的效果：

要使观众看了影片后，反思历史对照现实，探索明天。

电影《死亡集中营》剧照

要使观众看了影片后，感到历史的幽灵会在现实中重现，感到现实生活会在历史长河中找到踪痕。

要使观众看了影片后受到启迪、悟出真谛、看到人生的价值。

《死亡集中营》必须符合观众的欣赏习惯，靠近观众的艺术趣味，满足观众的审美要求，从而引起观众的情感共鸣，触发观众的思考联想。

《死亡集中营》是具有多重寓意的：它说明法西斯主义给全人类带来的浩劫；它说明人活着不光是为了自己；它说明兽性和人性之间的角斗是不可避免的。

这部影片的故事是真实的，历史背景也是确切的，但情节却是虚构的，人物也是虚构的。我认为写历史事件应当是尊重事实，但又不被事实所困囿。要使历史真实升华为艺术真实，并达到和谐统一，必须认真进行加工筛选，而这种虚构编排是建筑在坚实的生活基础上的。欲写古人之事而励今人之志，必须从纷纭复杂的生活素材中提取精华，汰除渣滓。一部作品它不仅仅反映生活，而在于影响生活。同时艺术家也不可避免的要在作品中灌注自己对生活的态度，表达自己对生活的臧否。

根据我对这部影片的阐述，确定要把《死亡集中营》拍摄成一部深邃凝重、粗犷浑厚的严肃正剧。整部影片的造型强调粗、重、野三个字，把颜色基调处理得近似黑白片，藉以造成一种这是一段已经消逝的、灰暗的历史悲剧感。

“矜伪不长，盖需不久。”按照我的美学理想，我拍摄完成了《死亡集中营》。

六十三、最后一部影片

1988年，当我即将退出影坛之际，应香港三洋影业公司、电影学院青年电影制片厂、中国合拍公司之邀，担任摄制一部警匪片《猎豹出击》的导演任务。

严格说来，接受拍摄《猎豹出击》的任务，有违我拍片的原则。我一贯主张要选拍的片子，必须是我自个儿有过亲身体验的生活题材。这样抓得住、摸得着，拍摄起来才得心应手。当然我并不反对别人去拍摄未曾经历过的生活故事，甚至拍摄历史题材的影片，他们可以借鉴间接的生活。我在“文革”之后也曾尝试拍摄了一部我很陌生的《猎字九十九》，此后曾决心再也不去碰我不熟悉的题材了。可是为什么这次我又接受了去拍摄一部我不熟悉的题材呢？

《猎豹出击》是一部惊险片，港台叫动作片，也就是一部娱乐片。

要满足人们的娱乐需求、调节人们的生活节奏，提高人们的审美情趣，就必须适应观众渴求愉悦、轻松、刺激和渲泄的需要，我们应该拍摄“娱乐片”。

电影不是哲学，看电影不是上课，观众看电影是为了娱乐，他愿意思考就思考，不愿意思考就不思考，无法强求。硬要思想性、哲理性、深奥性，好像非此算不得艺术，实际上却妨碍了观众的认可，排斥了影片的娱乐功能，其结果也丧失了影片的审美功能。宋朝苏辙云：“天下之乐无穷，而以适宜为悦。”所谓“寓教于乐”我以为：艺术性乃娱乐性的高雅说法，而娱乐性乃艺术性的通俗说法。

娱乐片的审美价值，就在于观众喜爱它，这是无法否认的客观现实。我认为除了那些庸俗的迎合、粗制乱造的赝品之外。只要观众欢迎，那么它就一定有艺术性。

当拍摄之初，有朋友规劝我，别去拍这种玩意儿了，要保持晚节。我却并不那么想。百年前法国戏剧家斯克里布一针见血地指出："对于群众，你要投其所好。"此话十分通俗，十分透彻。其实说穿了，我们拍摄电影某种层面旧说也算是服务性行业，就是用文艺的形式服务于人民群众的工作。我不认为这是揶揄，而是荐誉。唐代大诗人柳宗元力主创作要"始闻而骇，中而疑，终乃大喜。"要做到这点并不容易。

《猎豹出击》描写的是一支武装警察特别小分队，以超群的武艺，对祖国和人民的崇高责任感，做出了神话般的奇迹，显示了军威和国威。剧本提供了一个充满尖锐矛盾、激烈冲突的基础蓝图，以强烈的动作悬念，步步紧迫，扣人心弦的情节，强烈地吸引观众。现实地生活往往是平淡的、一成不变的。因此为了从平凡的工作、学习和生活的压力中放松和调剂自我，人们往往愿意通过欣赏艺术的方式实现身心愉悦的欲求。因此我相信这部影片将以其巧妙的剧情吸引观众，使他们甘心情愿带着假定性的依赖，来观赏这部影片，从中获得感官的审美享受。

接受任务之初，我也冷静地掂量过，近几年来"警匪片"风靡一时。于是各厂竟相拍摄，造成质量下降趋势，在观众心理上产生了日渐降温的逆反心理。尽管你拍得再花样翻新，也难逃门庭冷落的窘境。究竟其原因何在呢？我看主要是一个"假"字。观众感到这是不可能的，虚假的，产生了一种受骗感。

《猎豹出击》不应是廉价迎合，既要超乎日常生活的艺术夸张，又要给人认可的真实感，并要符合多层次观众的欣赏口味。影片完成后我认为做到了这点。

电影《猎豹出击》剧照

悠悠岁月，半路出家从影，走了不少弯路，碰了不少钉子。人家都说我爱踢擦边球，因而经常出界，这话不假。总之，一个半瓶子醋，到头来还是个半瓶子醋。回顾我所拍的片子，没有像样的东西，可告慰的是我在创作中从不随风杨柳去吃人的残羹剩饭，而是兢兢业业走自己选择的创作之路。总相信一个国家电影，必然要根据自己民族长期劳动的结晶，来丰富自己的艺术橱窗。如果忽略或割断艺术与人民群众的血肉联系，那么艺术生命也就枯竭了。

汉代徐干有诗曰："君子不恤年之将衰，而忧志之有倦。"

六十四、告别影坛论剧作

从导演岗位上退下来已届71岁了，常云"人过七十古来稀"。虽已年迈，但犹感精力尚存，故难免有些惆怅，闲来无事，于是将过去曾经浏览过的大量电影文学剧本做一回顾。写下拙文，以做告别银坛的告别留言。

常闻一些创作友人云：谁要去碰一碰（写）电影剧本创作，就要"触电"，这一触电不要紧，拽也拽不开手，势必弄得焦头烂额，半死不活，筋疲力尽，哭笑不得。大有"谈电色变"之感。可是奇怪的是仍有不少电影爱好者（尤其是青年作者）不怕"触电"。

据了解，全国各个电影制片厂每年共要收到三千多部电影文学剧本，加上在各地电影文学杂志上发表的数量，两项合起来，足有将近四千部。这是一个巨大的数字。在这电影剧本的大海洋中，当然不乏优秀之作，或许还有一些基础较好的"半成品"。但若按被选用的比例讲，却是凤毛麟角，成活率低得可怜。大概只有千分之零点几拍成了影片。假如按照一个剧本四万字计算，总共是一亿六千万字，这耗费了多少人的多少宝贵时间和精力呀！

其实"电"这个玩意本是好东西，"危险"者也，在于你不懂得它的性能，自然就会发生危险。可是一旦你认识了它，它就可以乖乖地为你服务。为此，我曾在几个报刊上写过几篇有关电影剧本创作入门的小文章。现在我把过去发表的那些一鳞半爪的浅见，重新整理补充，作为总结。这里我必须声明：关于电影剧本的创作经验，前辈们早就有不少精辟的论述，我不是电影剧作家，没有资格侈谈电影剧本创作的规律。我只是想说一点"触电"的基本常识，或者说是读了不少初学电影剧本创作的作品之后的读后感。寡闻陋识，一孔之见，错误在所难免。抛砖引玉，冒昧提出，向同志们讨教。

写电影剧本，既不能单凭热情和干劲就可以一蹴而就，也没有任何诀窍或捷径可寻，更没有规定模式的“电影剧作入门”。我是做电影导演工作的，我在挑选剧本的时候，其标准概括起来不外乎要有“积极的主题，鲜明的形象，独特的见解，深远的哲理，巧妙的构思，有趣的情节，匠心的布局，不凡的悬念”这八个方面。刘勰在《文心雕龙》中说：“老足而言文，情信而辞巧，乃含章之玉牒，秉文之金科矣。”以上所述，因不属本篇讨论的范围，就从略了。以下我就来谈谈如何“触电”的一些常识性问题。

我读到的许多剧本，其中问题最为严重的，也是最普遍的就是虚假不真实，严重违背生活，生编硬造，违背了文学创作基本准则。写电影剧本和其它文学创作一样，是一种创造性的艰苦劳动，而这种劳动的基础便是生活，包括直接生活和间接生活。回想“四人帮”垮台之后的头三四年中，涌现出了一批好的和较好的电影剧本皆出自初学创作的青年之手。他们的这些作品之所以获得成功，大抵是作者对剧本中所反映的事件有切身体会。这些作品讲述的故事基本上都是作者曾经亲身经历过的，并且非常熟悉剧中的人物，熟悉他们的音容笑貌，因此，表现在作品中仿佛能触摸到他们的脉搏跳动，这不是证明了生活对创作的重要性了吗？所以说从事创作一定要认真观察生活，体验生活，仔细揣摩，辛勤积累。在动笔之前剧中人物已经跃然纸上，一些故事情节也已经成竹在胸了。如果只凭一点浮光掠影的材料，或一点灵感臆造，任意杜撰，那么他的作品肯定纰缪丛生，笑话百出，可是有些年轻作者偏偏不走正道，不去写自己熟悉的生活，战士不写部队，工人不写工厂，农民不写农村，却去写根本无法驾驭的题材，而且特别喜欢写什么“深入敌巢”和“疑难案件”之类的剧本。有一个中学生写了一个以旧社会为背景的剧本，其中有这么一段：“跳舞厅里的大挂钟正敲午夜一点钟。”殊不知旧社会的舞厅老板为了让舞客乐而忘返，舞厅里是从来不放置挂钟的。还有一个青年写了一段日军占领区的戏，他写：“一位穿着华丽的阔太太走进软席卧铺车厢。”其实火车之分为软卧硬卧，那是解放之后才有的，过去只有头等、二等、三等、四等这类的区分，还有的写西北高原的八路军吃饭，竟然吃的是白米饭。写江南农妇，居然说出北方的土话：“他大爹，您就甭操这份心啦”。有一个青年写了一个国际斗争的剧本，竟把纽约当成联合国的“首都”。如此等等，读了真是令人啼笑皆非。

还有这么一种情况，有些喜爱电影剧本创作的同志自己既没有生活，又编造不出来，便整天翻看小说，也不管对书中的生活熟悉不熟悉，也不征求原作者的同意，更不说去查阅小说中的有关资料，便轻率地改编了起来，记得有一年一篇颇受读者欢迎的名叫《神圣的使命》的小说，我收到了这本书的五部改编本子，其实这部小说的作者就在我的身边，他自己改编的电影剧本很受读者欢迎，也就在这年峨眉电影制片厂已投入拍摄了。文坛巨匠茅盾的著名小说《子夜》，上海电影制片厂已经筹备拍摄了，可是我还是收到了一个学生寄来的《子夜》电影剧本。有的人甚至根据一本连环画小人书，也可以改出一个电影剧本来，像这类极不严肃的创作态度，我认为是不可取的。

端正创作态度，首要的一条便是踏踏实实扎进生活的海洋中去，去认真观察生活，体验生活，仔细揣摩、不断积累，提高自己对社会生活的认识能力。然后把纷繁复杂的生活现象进行判断和鉴别，再经选择、筛选、加工、增删、浓缩。车尔尼雪夫斯基说："美，是生活；但是在艺术生活的文库里，生活只是一种粗糙的原料，恰如未经熔炼的金沙。"因而必须通过自己的真挚感情，把燃烧起来的激情的火花，在心灵的熔炉中锻造，这样创作出来的成品才叫做电影文学剧本。

生活贫乏，创作题材自然也就贫乏。于是喜欢写又不知道该写什么，在这种情况下，便瞪着眼睛看"行情"，张着耳朵听"风声"，抱着侥幸的心理赶时髦，这就产生了创作题材的"一窝蜂"现象。1978 年上映了几部反特片很受观众欢迎，当时我便收到了几乎是清一色的这类反特题材的电影剧本。而且写得神乎其神，玄乎其玄。一部《保密局的枪声》获得了好评，就招来了一大批写地下斗争的电影剧本，而且把地下工作者写得来无踪去无影，一身是胆，逢凶化吉。地点则大抵是舞厅、宴会厅、夜总会、小洋楼、游泳池等豪华场面。人物关系大抵要有一个敌方高级人员的姨太太就是地下工作者的旧情人、或者敌军司令的女儿和担任秘书或副官的地下党员产生了爱情之类陈谷子烂芝麻套数。1976 年之后上映了几部揭露"四人帮"罪行的影片，马上招来了一大批揭露"四人帮"罪行的电影剧本。《樱》和《情天恨海》的出现，又引出了一批描写日本妈妈、中国爸爸、台湾母亲、大陆儿女的电影剧本。1980 年一年中，那些片名冠以"血案"、"奇案"、的"案"字号电影剧本几乎泛滥成灾。这些闭门造车、想入非非的电影剧本，就像挂在自由市场上的千奇百怪的服装一样，虽然看起来眼花缭乱，可是挑不出一两件真正面料好、做工好、款式好的衣服。尽管作者挖空心思追求形式的新奇、怪诞、刺激。但却找不到有肉有血，有思想的活生生的人，这样下去电影不出概念化、雷同化那才怪咧。

六十五、电影剧本是供拍摄用的

写电影剧本,既然冠以电影两字,那就说明它不光是供读者阅读的,顾名思义它是供拍摄用的,它是未来影片的施工蓝图。小说可以长篇累牍地作客观的介绍,小说可以花较长的篇幅描绘相对静止状态中人物的内心活动,电影则不可。电影剧本中所写的必须是实在的、具体的、可见的。我们的行话叫"造型素材"不然就违反了电影剧本创作的基本要求。可是我读了许多剧本,作者偏偏忽视了这一点,尽管从文字上看,描写得那样细腻、那样优美、那样华丽、那样深远。可是拿到导演手中,却是一筹莫展,因为它缺乏造型素材,无法变成形象,信手拈来几例为证:

"炮火连天,烟雾迷漫,剩下的二十几个游击队员虽然已被敌人重重包围,但英雄们一个个面无惧色,视死如归。他们不断砍杀,左冲右突,终于杀开了一条血路,一口气跑了十来里地……"

试问,这"重重包围"到底是怎么个包围法?"视死如归"又是怎样的表情?"终于杀开一条血路"这血路是什么样的?"一口气跑了十来里地"又如何表现得出来?

"席面上摆着十来个大海碗,不知碗里装的是水还是酒?……

请问,"到底你想要告诉观众这里装的是水呢?还是酒呢?"

"看上去年纪不过十六七岁,实际上她已经二十多岁了?……"

那么到底想要交代给观众她多大年岁呢?看上去十六七好办,那么实际上二十多岁却无法表现得出来呀。

这种抓不住,看不到、摸不到的描写,是电影剧本创作中的大忌。为了加深一下大家对此通病的印象,我再噜嗦举一些例子。

"人民忘我地劳动……"

这"忘我"究竟是什么具体样子?

"战火缤纷,歌声响彻原野。"

这"缤纷"究竟什么形象?这响彻原野的歌声唱的又是什么内容?

“她亭亭玉立,像是一朵盛开的玫瑰花。”

人怎能拍成一朵玫瑰花似的样子呀?

“她等呀!等呀!几乎等了大半天。”

这种“等呀等呀”到底是怎么个等法?这大半天又如何表现?

“凄雨像哭泣,一声声刺痛了异乡人的心房。”

银幕上怎么能把雨点处理得像哭泣?刺痛心房又是如表现得出来?

“敌军猛扑,一次、两次、三次,死伤累累……”

这种连续好多次的冲锋,银幕上是难以一一表现的,而死伤累累究竟是说十个?一百个?还是一千个?

“这批青年,离开了武汉,经过千辛万苦,终于来到革命圣地延安。”

这批青年究竟是怎样离开武汉的?坐船呢?乘火车呢?还是步行?观众又怎么知道他们离开的是武汉?那千辛万苦又是些什么样的苦?那圣地又是什么形象?

“那婴儿不知是冻?是饿?还是惊?哇哇地哭个不停。”

作者提出了三种哭的原因,但要告诉观众具体是哪一种原因呢?

再例如:“战斗!战斗!再战斗!”“刀光剑影”“令人头晕目眩。”“过了好久。”“翌日”“数日后”在电影中都是难以表现出来的。

此外还有一些夸张的过火描写,在电影剧本创作也是没有多大用处的。例如:“一阵风,把干枯的老树吹得像弯了腰的老人。”“那钢水像果子酱似地倾泻出来。”“他那炯炯发光的双眼,好像要刺穿茫茫的黑夜。”“两只眼睛像两支利箭,射向对方”等等。我并不排除电影剧本中可以有文学描写,这对摄制组的创作人员可以起到提示作用。但上述那些冗墨赘词,对影片的拍摄毫无补益。凡是优秀的影片中的描写,它必然也是好的文学描写。但是有些即使是优秀的文学描写,却不一定就是好的电影剧本中的描写。

其实中国的古代文学中,无论是汉赋、唐诗、宋词、元曲以及明、清的小说,一些文学描写的绝句,都具有非常丰富的“电影感”,虽然古人并没有见过电影,无从知晓电影文学描写,但他们触景生情,把眼睛看到的,通过自己的感情过滤,将切身的体会跃然纸上,成了极为生动的画面,试看……

“蝉噪林逾静,鸟鸣山更幽。”

“梨花院落溶溶月,柳絮池塘淡淡风。”

“谷静秋泉响,岩深青霭残。”

“鸡声荒戍晓,雁过古城秋。”

“青山不见人,但闻人语响。返景入深林,复照青苔上。”

难道这些不正是最生动的电影描写吗？它不但写出了幽美无比的景色，而且写出了作者对景情的主观感受。它不但有想象丰富的造型素材，而且有渲染诗情的音响效果。情景交融，音画相交，这才叫真正的电影文学。

古人论诗："若隐若现，欲露不露，反复缠绵，终不一语道破。"讲的是含蓄，这我们在创作电影剧本时，应当遵守的，切勿唯恐交代不清，写得直露无遗。

既然写电影剧本不能像写小说那样写法，那么是不是像写话剧那样呢？因为话剧剧本都是有形有声的。只要把几幕几场拆散、展开视野就可以了。不！电影剧本和话剧剧本也不同。话剧除了他的行动之外，主要依靠台词刻画人物，通过对话回忆过去、叙说现在和幻想未来，并通过对话介绍人物，推动剧情的进展，电影剧本则是通过表情、动作和景物气氛来刻画人物，推动剧情的进展。举凡现实生活的矛盾纠葛，内心世界的微波细澜，回忆倒叙、梦境幻觉，神仙鬼怪、鸟兽鱼虫、晨曦暮霭、太空海底、风雨雷电、山崩海啸，上下数千年，纵横几万里都可以淋漓尽致地表现出来，电影既可以展现辽阔的草原、广袤的沙漠，也可以表现嘴角的颤抖，睫毛的闪动，这是话剧无法比拟的。这里我想告诫初学写电影剧本的同志，不要因为电影有无穷尽的表现力，便可以毫无约束地写得天花乱坠。因为电影的时间空间的转换，场景的变化是受内在的蒙太奇结构制约，场景多了并不意味剧情便丰富了，缺乏匠心的滥用场景只能导致结构松散，无补于电影剧本质量的提高。

六十六、似曾相识和拾人牙慧

写电影剧本贵在创新，不落窠臼，凡是"似曾相识"的东西，一概弃舍。拾人牙慧是最没有出息的拙劣创作现象。十年动乱年代，在"四人帮"控制电影时期，清规戒律束缚了创作者的自由。结果当年我国八亿人只得整天除了看八个样板电影，就是看"三战"（《南征北战》、《地道战》、《地雷战》）应该说这八部样板电影和"三战"片，都是优秀影片，但是整天让你翻来复去看，也会胃口倒尽。"四人帮"垮台以后，特别是党的十一届三中全会以来，"双百方针"得到了贯彻。电影剧作者的笔下，题材广泛了，风格样式多了。

电影百花园中奇花异葩，千姿百态，万紫千红，春色满园。但是不能否认近年虽然出现了好兆头，可是也还有不少剧作中“复制”、“摹仿”、“抄袭”现象没有杜绝，随手抓来一些例子为证：

凡是剧中人的内心万分激动或者痛苦之时，假如他的手抓的是铁丝网，那么他必然要使劲猛捏带刺的铁网让鲜血从指缝中流下来却不觉得疼痛；假如他抓的是树枝，那么他必然要使劲“喀嚓”一声把树枝折断；假如他手中拿着刀或剑，那么他必然会猛力一刀，把桌子角或树杆砍落下来。

凡是剧中人拿起茶杯（或药瓶、花瓶、玻璃器皿之类易碎物品），突然听到了什么惊人的消息，他必然会一松手，杯子落地，摔得粉碎，而且还要注明这是“慢动作”。

凡是国民党军（或日军）用手枪逼着革命者的胸膛进行恫吓威胁时厉声说：“快说，不说老子毙了你。”（或“你的不说的死了死了的。”）而那个英雄人物必然会撒开衣襟或一拍胸膛（拍在心脏地方）笑着说：“来吧！朝这儿打！”

凡是一个坏蛋向另一人瞄准，枪声一响，被攻击的对象闻声回头一看，那坏蛋被击中了，原来开枪的是另外一个第三者。

凡是剧中人有了思想矛盾，或是男女两人谈情说爱，都要跑到海边沙滩上，而从不感到潮水已经冲湿了他们的鞋袜。

凡是女方听到男方说了几句俏皮说，她定会擂着男方胸膛说：“你坏！你坏！你坏！”如果男方害羞说不出话来，女方就定会说：“傻样。”

凡是剧中女主角极度痛苦时，跑进房门必然会靠在门上，或者直奔床头，倒在枕头上，甚至咬住了枕巾。

凡是剧中人干渴万分时，必然夺过盛水的家伙仰脖狂饮，而且大量的水从嘴角流了下来而毫不可惜（喝酒动作也一样）。

凡是有了身孕，总是丈夫不觉察，直到几个月了，妻子拿出小衣裤来，丈夫才狂喜起来。

凡是剧中人做恶梦，做着做着，突然惊醒大叫一声直坐起来，汗流满面，呆若木鸡。

凡是老干部，必患心脏病，病情按剧情需要召之即来，挥之即去。

凡是女主人在厨房做饭，丈夫或儿女回来伸手就抓吃，女主人打开对方的手说：“馋猫！”

凡是菜（主要是鱼）已下了锅，此时发生了别的事，结果必然把锅里的鱼烧焦了。

凡是中了枪弹或挨了打，不管受伤的部位在哪里，都一律从嘴角流出血来。

凡是死了人，站在身旁的战友或亲戚，必然先是轻轻喊一声，没回音，再狂叫一声，接着扑在死人胸口嚎啕大哭起来。

凡是两个老朋友重逢，必然要紧紧抱住，连转两个圈，咯咯咯笑上一阵。

凡是审讯犯人，犯人总要提出："给我一支烟吧。"

凡是敌人或小偷逃跑，后面边追边喊："站住！站住！"喊的人是不是傻子，敌人或小偷能听你话站住吗？

凡是办案人员外出办案，总忘了自己的爱人或孩子的生日。妻子摆好的酒菜，久等不归，等回来时，孩子已经睡熟了。

凡是公安刑警等开会研究案情，几乎人手一根烟卷，吞云吐雾，烟雾迷漫。

凡是进屋从暖瓶倒一杯开水，接着就喝而不觉得烫。

凡是枪战或武打，其场地总在未盖完的大楼、酒吧饭馆、仓库之中。

凡是……算了，不再凡是了，我之所以这样不厌其烦地举了一大堆"凡是"，目的是想请大家想一想，假如让你老是看这些重复的旧货，腻味不腻味？烦人不烦人？

除了以上举例的那些老套子，近年来有不少新套子。在许多剧本里，写海滨浴场穿游泳衣的姑娘多了；写练功房穿紧身衣的多了；女角在洗澡盆内的多了，拥抱的多了；接吻的多了；跳交际舞跳迪斯科的多了……我不反对在电影剧本中出现上述的场景，只要用得恰当，切合内容的需要，它可以增添影片的光彩。但如果把它仅仅当作胡椒面，任何汤里都可以撒上一点，那就完全没这个必要，如果塞进这些东西的目的仅仅是为了迎合观众趣味，为了票房价值，那就未免低估了今天观众的欣赏趣味。

这些新老套子，甚至传染到了剧中人的姓名和影片中的地名上了，凡是正面人物，大都要叫志勇、志刚、勇刚、大勇、志坚、志强……而反面人物大都要姓刁、姓赖、姓侯、姓邱……（我为这些姓的人们叫屈）。也不知为什么，许多作者独钟情于复姓，尤其是姓欧阳的三天两头的在影片中出现。许多反特片中的地名全都叫滨海市、临海市、海城市……至于对人物的描写，女主角必然有一对"乌黑发亮的、黑葡萄似的大眼睛"，反面人物不是"肥胖如猪"就是"尖嘴猴腮"，英雄的两道眉毛必然是又粗又黑像两把刷子。

人名、地名、长相何止千万，为什么非要往一个模式的死胡同里钻呢？这只能说是作者缺乏生活积累，脑子空空，或者只是图轻便，信手拈来，这都是进行电影剧本创作的不负责任态度。

六十七、电影中的对话

电影中的对话,是自从发明了有声电影之后,电影艺术中不可缺少的一个重要组成部分。许多优秀影片中,那些生动的、意味深长的、有着鲜明性格的、地区特色的、富有哲理性和文学性的台词,脍炙人口,令人难忘。但是电影毕竟主要是供人看的,故语言必须要"言简意赅",要"惜墨如金",有无限丰富的表现力。有时千言万语,还不如蒙太奇运用得好的一个无声镜头,所谓"此处无声胜有声",就是这个意思。我们有些初学写电影剧本的作者,唯恐观众不明白你想阐述的意思,总爱喋喋不休地、饶舌妇似地说主题、说思想、说情节,我们好多演员经常埋怨作者把他的潜台词都说尽了。这些都是不合乎电影特性不可取的创作弊端。请允许我举两个比较好的例子:

……林则徐获悉放跑英帝国主义鸦片商人的,原来是监督豫堃的同党伍绍荣。林则徐故意请豫堃来议事。豫堃知事推诿不来。林则徐再派戈什去请。戈什走后,林则徐生气地把茶杯重重地桌上一蹾,茶杯碎裂。走廊下被召来质问的伍绍荣吃惊地往里偷看。老家人林升闻声走进书房,见状愣住。林则徐看看林升,又看看碎裂的茶杯,从激怒中渐渐清醒过来,他舒了一口气,仰头望壁上,壁上横幅,上书:"制怒,壬戌三月,林则徐自警"字样,林则徐轻轻敲着前额,林升收拾桌上茶杯碎片,林则徐也在帮助收拾……

这是一场多么耐人寻味的好戏呀!把林则徐恼恨贪官污吏的千言万语,全都表达了出来,及至看到壁上横幅,他强制感情平息下来,表现得如此丰富饱满,但一个字也没有说,不妨闭上眼想一想,这要比说上一大堆话生动多少?再看:

……伯爵夫人心中爱着举止文雅的工程师,伯爵是个庸俗而粗鲁的人。他们三个人坐在花园里喝着甜酒,各人想着各人的心事。一只小蜜蜂飞到伯爵手中酒杯的杯口,伯爵用肥壮的手指轻轻一弹,可怜的小蜜蜂摔倒在草地上,扑打着翅膀挣扎。伯爵伸过脚去用笨重的方头皮鞋狠狠踩着小蜜蜂拧了几下,伯爵夫人看着,不禁皱起了眉头。这时又一只小蜜蜂飞到工程师的酒杯杯口上，工程师慢慢地把酒杯举到嘴边轻轻一吹，那小蜜蜂随风飞走了，小蜜蜂在蓝天白云下自由地飞舞着。伯爵夫人看着，眼睛里露出了对工程师的钦慕神色。

在这里三个人谁也没有说一句话，可是三个人物的性格，相互间的关系，感情的变化全都一一揭示了出来。

我并不是说只要台词越少就越好，不是的。一些优秀电影剧本中，那些或是雄辩有力的、或是妙趣横生的、或是意味隽永的、或是出人意料的台词，听了令人拍案叫绝，久久难忘。可是一些平庸电影剧本中的台词却是那些毫无个性、千篇一律、味同嚼蜡、寡淡如水，只能叫观众心中生厌。

还有一些低劣的台词，完全无视生活语言，只是为了交代而交代，比如："我刚才已经见到张德忠副团长了！""昨天王林山校长曾经来看我！""你夫人刘珊珊刚才打来电话！""我弟弟赵小刚不会去的！"……请问，人生活里会这样说话的吗？不就说张副团长、王校长、你夫人、我弟弟就行了吗？作者这样写是为了让观众知道，可是却没想一想，这根本不像"人"话。

而最令人厌烦的几乎每部影片，每部电视剧中天天可以听到的一个字台词。当剧中人激动至极时、或剧中人无可奈何时、或剧中人气急败坏时，都会说："你！……"试问生活里有这样说法的吗？你听到过多少次呀？其实明眼人一看就知，这不是剧中角色要这样说，而是作者没词了。

由此可见，电影剧本应该通过动作，通过典型环境、气氛和典型动作语言，展示典型人物性格。同时还必须力避直露，力避一览无余。古人严羽说："语忌直，脉忌露。"刘勰说："文之英，有言有隐。"这都是强调含蓄之意。含蓄可以通往"言有尽而意无穷"的美妙境界。

许多初学写电影剧本的同志，总喜欢在剧本中津津有味地写上一大堆只是在导演编写分镜头剧本中才需要添上去的电影术语。例如："他转过头来，镜头急推成特写。""从一朵鲜花摇到少女的脸上。""镜头从她微微颤抖的手拉成卧室全景 。""音乐骤起，急推出片头字幕，""起伏的胸脯叠化成起伏的波涛。"甚至还有"多画面"、"慢动作"、"空格"……之类的字句充斥剧本之中。好像非这样就不足以说明这是电影剧本似的。殊不知这些都是导演分内之事，毋庸剧作者代劳。而且这些拍摄方法上的术语是要在导演熟悉了剧作内容、理解了作者意图，确定了拍摄方案，安排了高潮起伏，并同摄影师、美工师、录音师反复切磋之后才能产生的蒙太奇处理，并不是随心所欲贴上去的。

这里还要附带说一说影片的片头。记得好几十年前，看到一部外国影片中一开头就没头没脑地来了一段“戏”。之后才出现片名和演员表,当时觉得颇为新颖别致。从此以后我国影片中,也如法炮制,出现字幕前有些影片也来上这么一段,看后也还感到新鲜有趣。谁料到到后来又来了一个一窝蜂,好象全国的电影作者开了一个会做了决议似的,凡是剧本一开头都要来这第一段序幕,短则数百字,多则一两千字,不管剧情是否需要,不论影片的风格样式,大有无此序幕便不成电影剧本之感。

我并不反对在影片字幕之前可以来上一段序幕。如果用得恰当,它有助于把观众带进“戏”中,但若是为了赶时髦,那就会是东施效颦,也就大可不必,创新的重复就是陈套,借鉴的滥用就会落俗。“画蛇添足”早被世人讥讽,而“画蛇添角”亦属多余。

六十八、写电影剧本不是写小说

写电影剧本,还有一个和写小说不同之处,那就是当作者在构思布局时就要对全局的节奏处理做到心中有数。小说,读者可以看一会搁下来过一阵再看。碰到枯燥乏味和冗长平庸之处,还可以干脆跳过去不看。感到没有看懂的地方,还可以倒回去重看一遍。看电影则不同,观众坐在漆黑的电影院里,精神高度集中地望着银幕,始终聚精会神、从头到尾把一部影片看完。所以就要求电影剧作者在全剧的节奏处理上心中有个谱。诸如起伏、浓淡、跌宕、繁简、动静、快慢都要有所设计,不能随心所欲写到哪里算哪里。

一部电影的放映时间,大致是九十多分钟。如果一部影片已经放映了十分钟,可是主要人物还没有介绍清楚,剧中人物之间的相互关系以及时间地点也没有交代清楚,矛盾的焦点是什么也没弄清楚,依我看这部影片十有八九要失败的。

如果一部影片,已经放映了五十分钟,矛盾冲突虽然已经展开,但是却不能够急推直上,一步紧逼一步,一直奔向高潮,而拖拖沓沓像一个饶舌婆娘那样喋喋不休说个没完。依我看这部影片十有八九是要失败的。

如果一部影片,戏剧矛盾的解决,不能做到意料之外,情理之中,而是观众早已了如指掌的话。依我看这部影片十有八九是要失败的。

如果一部影片,其矛盾已经基本解决了,人物的命运也成定局,扣人心弦的悬念已不复存在,高潮已经过去。可是作者还在不厌其烦地点主题,面面俱到做总结,不急速扫尾刹车,使影片看完之后,不能发人深思,没有余味可寻的话。依我看这部影片十有八九是要失败的。

我提醒初学电影剧本创作的人们,当你构思落笔之时,虽然你只是用墨水写在稿纸上(现在更多的是电脑写作,表现为电子文本)就可以完事大吉,但因为你所写的是为了之后要表现在电影胶片上去的,是要用大量人力、物力、财力才能使之搬上胶片的。因之必然要考虑到节约和省略问题,举一个例子:

将军颓然坐到藤椅里,心烦意乱地拿起一把蒲扇扇着,扇着……

(回忆)将军骑在马上,率领千余铁骑,冒着连天炮火冲进敌阵,日军四散溃逃,尸横遍野……

将军想到这里,眼中露出兴奋和激动的神情。然而,他那炯炯有神的双目忽然失去了光泽,他又沉浸入了苦难的童年……

(回忆)嚣闹的大马路上,少年时的将军衣衬褴褛,在一家家熟食店、点心店铺门前贪婪地张望。不远处数百个老乡正拥挤在粮食店前抢购大米。警察举着棍子驱赶……

这仅仅是两段说明将军的回忆,写到纸上很容易,大笔一挥半页稿纸就行了。可是我的老天爷,假如要拍起来却要化费多少劲呀! 那当年鏖战的战场布置,那无数战马和骑兵、那无数溃逃的日军……还有,那嚣闹的旧社会大马路的环境布置、那当年路上行人的服装道具(包括老式汽车、人力车、马车),都要一一表现出来,要比拍几场重场戏还要费工费力,可是这些只需要三言两语就可以交代清楚的呀。

电影剧本创作,还有一个很重要的长度问题,究竟一个剧本多少字数比较合适呢? 这很难硬性规定。一般地一部放映一个半小时的电影,其电影剧本的字数大约是三万到五万字左右。字数的多少要看剧本的写法而定,这里我举两上不同的例子:

第一例:"……他东张西望地穿过热闹的集市。"一共十三个字。

第二例:"……她遥望渐渐走远了的亲人,她那两只俊秀而发亮的眼睛,突然失去了光泽,像是蒙上了一层灰雾,眉头也紧紧地皱了起来。她强压制住感情,咬着嘴唇,不使眼泪滚落下来,但她失败了,两行热泪终于扑索索地像断了线头的珍珠,顺着消瘦的脸颊滚落下来。"一共一百零四个字。

上面第一例中仅仅用了十三个字,作者写的是极为简短的字句,表现的却是极为复杂的场面。所以这短短十三个字拍摄起来最低限度的估计,大约需要一分半钟左右。

而是第二例中虽然长达一百多字,由于其中不少描写在银幕上不独立占用时间长度,所以拍摄起来,大约需要十五秒钟也就足够了。

从以上两例中不难看出,字数的多少,不能决定影片的长度。如果按照第一例那种写法,三万字恐怕得放映两个小时以上;如果按照第二例那种写法,写上六七万字,在一个半小时的放映时间中也能容纳得下。

拉拉杂杂写了这么一大堆,都是一些电影剧作方面的 ABC。

六十九、尝试拍电视剧

我是 1953 年"六一儿童节"走进八一电影制片厂大门的。于 1988 年中秋节之前离休退了下来,前后共历 35 个年头。其中扣除因"反右倾"中下放连队当兵九个月。"文化大革命"当了十三年"反革命",算起来在导演岗位上一共干了二十二个年头,在这短暂的日日夜夜,我先后参加了二十九部片子的拍摄,平均每年一又三分之一部片子,数量倒是不算少,可是拍片中总是遇到一些麻烦干扰着我的艺术创作。

退下来后,我曾经在一篇拙文的开头这样写道:

"时哉不与我,去乎若云浮"。庸庸碌碌一生,弹指一挥间,回顾往昔,虽则拍片不少,却无上乘之作。扪心自问,我既不怠惰,亦非笃旧,只是自愧鲁钝,因而有负众望也。

过去常有记者或编辑来访问我:"你一生中拍了那么多的影片,你自个儿认为最满意的是哪一部?"我回答说:"下一部。"因为人们都说:电影是遗憾的艺术,此话一点儿也不假。因为电影不像其它文学艺术,写小说可以不断修改,直到校对时还可以增删,舞台上演出后觉得哪儿不合适,马上可以修改重排。电影则不行,拍在胶片上抠也没法抠,再加上编剪完成后还要配音响效果,要作曲乐队配音、混合录音等等一系列工艺工程,牵一发而动全身。尽管每拍一部片子之前总是满怀信心一定可以拍好，可是完成之后总有不少遗憾之处。如今已经退出影坛了，我这个“下一部”也只得等下一辈子了。

1985年，我曾经尝试着参加了两部电视连续剧的拍摄，不过我只是担任艺术指导。这两部电视剧，一部是安徽电影制片厂摄制的《刘少奇在皖东》、另一部是山西榆次地区投拍的《晋中大捷》。我在这两部剧中虽然没有直接参加执导，但也获得了拍电视剧的初步体会。

到了1988年，我受湖北银河电视制作中心委托，执导了一部电视连续剧《谢觉哉在兰州》，内容描写的是谢觉哉接受党的任务在兰州执行统一战线工作的故事。这个故事发生在抗日战争的初期。

谢觉哉，我们都称他为谢老，他是“延安五老”之一。谢老生于1884年，卒于1971年，1925年参加中共共产党，新中国成立后任中央人民政府内务部长、最高人民法院院长、全国政协副主席。他是我党老一辈的无产阶级革命家，有着极高的文化素养和道德情操。谢老的一生是平凡的一生，但却是光辉灿烂的一生。我们要拍的这部电视剧，已经是五十年前的老故事，时间非常遥远，但却犹如近在咫尺。

今天毕竟是昨天的延伸和发展，不了解艰苦创业的昨天，哪能深刻体会自由幸福的今天？因之说：“否定昨天就等于否定今天，否定先人就等于否定自己，我认为本剧就是为此而摄制的。”

拍摄之前，我和扮演谢老的北影老演员张连文及其他主创人员走访了当年和谢老一起在兰州工作的伍修权老人，还访问了谢老的夫人王定国。对这两位老人的采访，使我们更深一层了解到谢老的身世和当年工作的情况。

《谢觉哉在兰州》一剧撷取了谢老一生中的一个短短的插曲。但就是这一段小小的篇章却给予了我们极其丰富的精神营养。它将引起我们深沉的思考，无穷的回味和有益的启迪和教育。

邓小平同志曾经说过：“对四化有利还是无利，应成为衡量我们文艺工作的最根本的是非标准。”因此，我们拍摄《谢觉哉在兰州》无疑有其历史意义和现实意义。

为了电视剧的真实感，我选择到兰州实地拍摄全部内、外景，并把“十八集团军(即八路军)驻兰州办事处”作为主要拍摄场景。

剧本的故事内容很集中，写的是1937年7月，谢老受党中央委托来到甘肃省会兰州，担任十八集团军驻兰州办事处的代表，在这个政治环境错综

严寄洲(左一)在拍摄电视剧《谢觉哉在兰州》时访伍修权。

复杂的地区,谢老坚持"抗日民族统一战线"政策,忠实执行党中央提出的方针,全力发展进步势力,争取中间势力,反对顽固势力。同国民党当局进行了有理、有利、有节的斗争。使兰州地区的统一战线工作取得了显著的成绩。出色地完成了党中央交付的艰巨任务。他于 1938 年 9 月离开兰州。

谢老坚持原则,全心全意为人民服务的精神;谢老坚持实事求是、注重调查研究的作风;谢老勤奋好学,不倦写作的习惯;谢老艰苦朴素,不谋私利的品德;是永远值得我们好好学习的。它对今天的精神文明建设和发扬"延安精神"是有现实意义的。"学习谢老!拍好反映谢老事迹的电视剧",成为我们拍摄工作的座右铭。

《谢觉哉在兰州》是一篇充满革命激情,充满革命人情的真实的报告文字,又像是一篇平淡琐事之中隐含着刀光剑影的纪实性诗篇。内容决定形式,拍摄时我为这部电视剧定的基调是一部深邃凝重的史诗式的正剧,它将摒弃那种隐晦、暗涩、朦胧和故弄玄虚的花招。

《谢觉哉在兰州》没有严密的结构,没有完整的故事,没有奇特的情节,没有激越的起伏。它只是浓缩和概括了谢老在兰州一年之中所经历的平凡而伟大的"琐事"。它是个整体融合,克拉考尔说"只有日常生活的最平常的事情，才真正具有广泛的意义和深刻的思想，才更有长久的魅力。"我在拍摄这部电视剧时，定的调子是应该具有一汪清水，像万里晴空那样赏心悦目，通顺流畅的风格样式。

《谢觉哉在兰州》是我第一次参与拍摄的电视剧，接受这个任务之后，我首先思考的一个问题是：电视剧上的开关钮是掌握在观众手里的，他想关闭或换频道你是无法控制的。不像在电影院里买了门票看影片，坐在黑暗的放映厅里无法另选别的节目。这是一种与社会学有关的问题。

《谢觉哉在兰州》的客观要求是它必须以通俗的形式，展示自己独特的美学价值和永恒意义，它应当给人以美的愉悦，美的享受和美的教育。

在拍摄时，我还着重考虑这部电视剧的时代特征（抗战初期）、地区特征（西北重镇）、民族特征（回民聚居）、政局特征（国共合作）诸方面的复杂要求。我认为这一次接受的不仅仅是一个艺术创作任务，而更重要的它是一个政治任务。

为了赶进程，我们几乎是夜以继日地突击拍摄。然而在紧张的拍摄过程中，突接到中央电视台的通知，说为纪念七月一日党的生日，要播放一批主旋律的电视剧，因之要求我们摄制组一定要赶在七月一日之前制作完成，我一听，没二话可说只有加快拍摄进程才能向党的生日表示我这个老党员的一份心意。记得有一天，我们从早上七点钟开拍，一直拍到半夜三点钟，一共拍了一百三十个镜头，可说是打破记录的跃进。最后，该电视剧终于在七月一日党的生日时，如期在中央电视台播出了。这是我初次执导电视剧，它给我带来了愉悦，从此激发起了我参加拍摄电视剧的浓厚兴趣。

七十、一个真实的故事

1991年，我接受了拍摄十集电视连续剧《部长还乡》的导演任务。这是由财政部供稿，并和湖南省话剧团联合筹拍的。因为这位部长名叫喻杰，是湖南平江人，所以要到湖南来拍。

这部电视剧的内容是讲述原财政部副部长喻杰生前的一段故事。"文化大革命”后，刚被落实政策的喻杰，目睹家乡农村的贫穷落后，决心不当京官，还乡当农民，艰苦创业，带领当地人脱贫，鞠躬尽瘁，死而后已的故事。

一开始我接到这个真人真事的剧本时，心中有些犹豫不定。初看本子觉得有点枯燥缺少戏剧性，拿我们的行话说：缺少“戏”，缺少“水分”。可是当我再仔细读剧本后，细细一咀嚼，却发现这个故事主题积极，内容深沉而且回味无穷。

高尔基说过：“艺术的任务，就是要把人的身上所有最珍贵的东西——高贵的、自豪的、优美的都体现出来。”社会审美心理是一种复杂的情感现象，其中包含着人们对社会生活的感性认识和理性认识。观众观看电影和电视剧的目的是为了娱乐，并于娱乐之中受到教育、陶冶和启迪。

电视剧和电影一样，都是精神产品，它是通过创作者主观世界过滤了的社会生活，体现着创作者的感情、理想和愿望，燃烧起真挚的而不是虚假的激情火花，才能在心灵的熔炉中重新锻造出反映生活真实和艺术真实的辩证统一的和谐的作品。托尔斯泰说得好：“艺术，最重要的特点是传达感情。”

剧中主人翁喻杰的高尚品质，值得我们学习。这部电视剧，它能提高人们的认识，净化人们的思维。因之我内心产生了拍摄这部电视剧的冲动。

1991年在拍摄电影剧《部长还乡》时，严寄洲（右一）与演员王润身（左一）、邸力（左二）合影

这部电视剧的另一特点:全剧之中没有红男绿女花花哨哨的场景,主要人物都是些老年人。剧中除了主角喻杰老人,再就是他的妻子,还有他的老母亲。所以这次拍摄首先一定要选好饰演这三个老人的演员。演员选对头了,这部戏才会有看头。一号人物喻杰是确有其人的,尽管大家并不认识他,没有必要找像他本人的演员,可是当我一看到喻杰本人的照片,我的眼前立即浮现出长春电影制片厂的老演员王润身。王润身曾经和我合作拍摄过《战斗里成长》和《野火春风斗古城》,我相信他一定能演好这个角色,而且他的形象酷似喻杰本人。另一个主要角色喻杰的年迈的老母亲选谁来演呢?几个电影厂的几位演老太太专业户都不太适合,主要是年龄不够老。我要找的是一个干瘦满脸皱纹的老妇人形象,想来想去只有一个人最适合,那就是曾在《祝福》、《林家铺子》等许多影片中扮演老妇人、原北京电影学院表演系的老教授邸力。抗日战争时期我和她同在一二〇师战斗剧社,她比我年龄要大好几岁,几年前就已退下来了,由于年老体弱,她的丈夫坚决不让她再出去拍片。不过事有凑巧,她丈夫当年和喻杰同在财政部当副部长,当他听说我要请邸力出山到《部长还乡》剧组扮演喻杰的母亲时高兴地说:“别的戏我坚决不赞成你去拍,可是这部戏拍的是老喻部长,你得去,严寄洲是你的老战友,你就最后再演一次吧!”此外还有一个角色是喻杰的老妻,我选中了上海人民艺术剧院的老演员严丽秋,早年她因在舞台上成功扮演《枯木逢春》中的苦妹子而享誉满上海。

三个老年主角确定了,其他角色基本上全都是湖南省话剧团的老班底。由于这个剧团长年深入到农村演出,熟悉农民的生活,由他们来扮演湖南农民非常合适。记得有一天要拍摄一个老贫农来找喻杰的戏,我一到现场就看到一个穿着破衣烂衫的农民坐在拍摄现场的小竹椅子上抽着水烟筒,我走过去挥手说:“老乡,你到那边树底下看吧,我们这儿要拍摄了。”只见那个老农咧咧嘴笑着对我说:“严导演呀!今儿个你们把我从长沙叫来,拍的这场戏我可是主角呢。”我一听恍然大悟,我上下打量这位身穿一套破旧农民服装的人,简直分辨不出他是一个演员。我高兴地说:“哈!像!真像!太逼真了!好,准备开拍。”

《部长还乡》在湖南浏阳、平江两地拍摄完毕,回到北京在中央电视台做后期,完成之后在中央电视台先后连续播放了五次,可见反映革命传统的纪实性电视剧并不像有些人说的那样没人看。

七十一、闲谈“注水”名人

拍摄完成了《部长还乡》之后，一直延至1995年没有接拍新戏，但在这四年中我也没有闲着，先后为湖南的《人在世上走》、河南的《别廷芳传奇》、北京的《军魂》以及江西的《长城作证》等电视连续剧当艺术指导。

在此期间，老是碰到一桩桩烦人的事干扰着我，比如经常收到一些名不见经传的出版单位来函邀请我写自传一类的文章，来函中往往写得天花乱坠，什么全国首家呀！国际标准呀等等不一而足。

从前，有几家响当当的国家级或省级出版社，确也出版了几本正儿八经的名人辞书，如《中国艺术家辞典》(四川人民出版社)、《中国电影艺术家列传》(中国电影出版社)、《中国现代戏剧电影艺术家传》(江西人民出版社)、《中外文学艺术名人肖像》(新疆美术摄影出版社)、《中国电影大辞典》(上海辞书出版社)、《世界名人录》(中国国际交流出版社)、《中国专家人名辞典》(北京出版社)之类的辞书。其中所列入的“家”，全部是经过严格筛选，响当当摆得上桌面的人物。而小小不才老朽的我居然也被选入这些辞书，实在深感汗颜。谁知近年来不知从哪儿又冒出不少出版单位纷纷拟出这类辞书。当我翻开这些将要出版的所谓的名人辞书目录一看，怪哉！一些影艺界一般人员和一些很陌生的人名居然都被大量选入。我不明白这些编撰人根据的是什么标准？是经过哪些权威人氏钦定的？过了一段时间，我才弄明白了其中的奥秘。原来有一些“聪明”的编撰人和出版者，他们为了迎合那些一心梦想成名成家者的需要，挖空心思想出了这么个“绝招”让你上圈套。他们首先开列了一个庞大的人名单(几千人)，并对被列入名单的人发出通知说：“我们(出版单位)荣幸地通知你，你已经被列入即将出版的书之中。”而且还通知你，请把你的亲笔签名寄去，以便将来在你购的该书封面上，按照国际标准将你的大名印在精装本上。另附订单一份，可以“优惠”认购若干册。(当然其价格比较昂贵)我经常收到这类说得天花乱坠的信函，记得有一本辞书“荣幸”地通知我，由于对此类信函见得太多了不感兴趣没有汇款去订书。不久又来函催购,我还是没有理睬,再来函时竟然说如果你暂时经济上有困难,等下一次再订购。这一次暂时把你的传记抽下来,待续集出版时再列入,这简直是明目张胆的诱骗和威胁。后来有知情者告诉我:这类辞书只要被列入的人名单中的一两千人上钩订购,那他们根本无需发售就已经够赚一笔钱了。我听了恍然大悟。我把这种列传中所谓谁也不知道的所谓"名人"(当然书中必然要列入一部分货真价实的真正名人),称之谓"注水"名人。猪肉注了水外表挺有卖相,实则滋味不行。名人如果是"注水"的那就可想而知了。

由此我联想起一件往事,四十多年之前,我有一次参加接待"南斯拉夫电影代表团",在机场的贵宾休息厅里。我国著名电影导演艺术家、电影界元老、中央电影局副局长蔡楚生在给外国同行介绍我时说:"这是我国的著名导演严寄洲。"我当时一听不禁打了一个寒噤,脸上有点儿挂不住,寻思我咋成了"著名导演"了? 我只是一个刚刚跨入电影门槛不久的新兵,一共才拍了三部影片,没有丁点儿的知名度,怎么能担当得起这么崇高的头衔呀!我连忙对记者们声明:"蔡老那样介绍我,不过是为了今后接待工作的方便,你们写报道的时候千万不能那样介绍我,否则会笑掉同行们的大牙的。"

回想起在新中国成立后很长一段时间里,人与人都比较谦逊,很少见到不符合实际的随意吹捧。我们电影圈内(戏剧、音乐、文学……也不例外),有一条约定俗成的规矩,一般的都称呼某某人为编剧,某某人为导演或演员,某某人为摄影或美工。必须要有了显著的成绩,有了优秀的获奖的作品,并为广大观众所熟悉了的人,才可以冠以著名电影剧作家,著名导演、著名演员(那时候还不兴什么"明星"、"笑星"之类的称呼)等称号。如果艺术造诣更深,作品更精,威望更高,知名度更大才可以尊称为"电影导演艺术家","电影表演艺术家"之类的称号。绝不允许张三李四王二麻子随便什么人都可以称"家",称"星",称"著名"等胡吹乱捧等称呼。

"文革"之前,全国所有大小电影院门厅里的墙壁上,全都悬挂着我国著名演员的大幅照片,这些照片都是由各电影制片厂慎重推荐,并由中央电影局正式通过之后才能悬挂出来的,不像如今有一些画报杂志,随意刊登一些没有多少人认识,也不知道他们拍过什么电影的所谓"明星"照片以及"著名导演"照片。有些封面女郎(极少男性)照片,其印刷之精美,色彩之鲜艳,姿态之婀娜,服装之单薄,真可谓无与伦比。可惜美则美兮,大众却不知道他们。此外,还常见一些报刊介绍某一部电影或电视剧的文章中吹嘘说:"本剧由某某著名大导演执导,某某大腕明星联袂主演。"当然其中也确有不少为观众熟悉的名牌。可是更多的却是“注水”货。

注水肉遭人人唾骂,那“注水”明星呢?

七十二、拍《贺龙》的夙愿

贺龙元帅是我国家喻户晓的民族英雄,是新中国的开国元勋。

贺龙两把菜刀闹革命的传奇事故,“八一”南昌起义担任总指挥的辉煌业迹,激励了为创立新中国、为建设新中国而奋斗的几代人。

在贺龙的一生之中,那种威武不能屈、富贵不能淫的做人准则,那种追求真理,百折不挠的坚定立场。那种虚怀若谷,刚正不阿,坦荡无私,热情奔放的高贵品格,深深激励着我们。多少年来我早就盟生了一个夙愿,就是要拍摄一部反映贺龙一生的故事片或电视剧。

1939 年冬,贺龙师长(八路军一二〇师)在晋察冀边区河北省灵寿县地区,一举歼灭四千余日寇的“陈庄战斗”之后不久,指名把我从“抗大二分校文化工作团”调到了一二〇师战斗剧社担任戏剧教员,从那以后我就一直在贺老总麾下工作。

1940 年,贺龙总在“晋察冀边区”率主力挥师晋西北与顽固派阎锡山作战。成立晋绥军区出任军区司令员,我也到了军区战斗剧社任美术股长。

1945 年,日本投降后,贺老总率领晋绥野战军远征绥远(今内蒙西)、热河,我也随之参加了“绥包战役”(归绥、包头)。

1947 年,延安保卫战期间,贺老总返回西北,我也调到了第一野战军。

1949 年,贺老总率领十八兵团进军大西南,我也随贺老总进军成都。

1951 年,西南军区成立,贺老总出任军区司令员,我在军区战斗文工团担任创作室主任。

1953 年,贺老总进京出任国务院副总理兼国家体委主任时,我调进了八一电影制片厂。

整整二十八个年头,我跟随贺老总转战南北,从未离开过他的领导。在这二十八个年头中,政治上得到他的帮助、艺术上得到他的教诲,生活上得到他的关怀。我对他无限崇敬,有着深厚的感情。

在那史无前例的“文化大革命”中,江青在人民大会堂召集文艺界造反派的一次讲话中,捎带了对我的一句评语:“严寄洲是贺龙的人。”这次提到我,我非但不感到沉重,反而感到骄傲。你们说贺龙是大军阀、大土匪,我觉得贺龙是大英雄,我作为贺龙元帅的老部下,觉得无比光荣。

贺老总走了,走得那样凄惨,走得那样冤屈。江青“四人帮”污蔑贺老总是个十恶不赦的“坏蛋”,我却永远崇敬这位勇敢无畏、品质高尚、正直不阿的革命家。贺老总的音容笑貌,谈吐举止一直萦绕在我的脑海里。

“四人帮”垮台后,周总理把老总的夫人薛明从贵州一个偏僻的山区茶场找了回来。人民艺术剧院的欧阳山尊打电话约我一块去看望她。那天薛明给我们两人叙述当年贺老总和她一块儿被关押期间的苦难生活。贺老总那时患有多种疾病,真叫“病不得医,治不得药,饥不得食。”每顿饭两人只给一碗玉米面糊,睡觉睡的是一块光木板铺,连个枕头都没有,一直到贺老总病危住进解放军总医院含冤离开人世。这是一段血泪的控拆,我和欧阳山尊听薛明讲了一个上午,几乎是哭了一个上午。

从那以后,我发誓要把贺老总的一生和“文革”中的遭遇拍一部电影连续剧,不管前面有多少困难,我决心不后退。

1994年春,北京音像公司和宁夏回族自治区文化厅,准备联合筹拍21集电视连续剧《贺龙》,剧本由高平、李乐和魏风执笔,我出任策划兼总导演,我还选中了曾长期和我合作的白夫今担任导演,准备作为纪念“贺龙一百周年诞辰”献上我们的一片真情。

贺老总去世距当年拍摄时已相隔二十五年了,岁月虽已遥远,但历史怎能割断。今天我们重温“文革”十年浩劫给共和国带来的灾难和血泪,一定会加深人们对这段荒谬历史的认识,从而汲取教训,使这类大悲剧永远永远不要再重演。

这么说,我所要拍摄的这部《贺龙》就应当是一部极为严肃的、史诗式的“正剧”。但板起面孔说教不是我创作的风格。我要拍的应当是一部“戏”,而不是“史”。严肃的主题不排斥观赏性,生活的真实不等于即是艺术的真实。我要拍的这部《贺龙》是艺术作品,应该允许虚构、增删、取舍、挪动和浓缩。

古人有言,对艺术创作应该“大事不虚,小事不拘。”这两个“事”字指的是“史实”。就是大的方面要尊重历史,小的方面就不必拘泥。我要拍摄的不是文献纪录片,而是电视连续剧。剧者戏也,只要不违背历史,就可以发

拍摄《贺龙》时与演员张勇汉合影

挥创作中合乎情理,合乎人物性格发展的丰富加工。使人物更加丰满,更加有个性,典型,使之更有戏可看。说得再透明一点儿,就是要"好看"。不但要雅俗共赏,还要老少皆宜。不但要使国内的观众爱看,还要争取国外的观众也能接受。

我还确定这部电影连续剧不应该拍成"战斗剧",仗打得再大,场面再宏伟,群众演员再众多,如果没有写出有血有肉、有个性和立体感的"人",那就必然失败无疑,这方面我们是有教训的。

良好的愿望,良好的剧本主题,并不等于就会有良好的结果。这一次我所遇到的困难可说是空前未遇的。虽则"四人帮"早已被扔进了历史的垃圾堆,可是他们的余毒尚在作祟。首先我们找不到足够的摄制经费,承拍单位区区几十万块钱,对于要拍的这二十一集电视连续剧经费上可谓"捉襟见肘"。我没敢想去和动辄几千万、上亿元经费拍片的优越条件去攀比,可是"巧媳妇难做无米之炊",这点儿塞牙缝的拍摄经费,真是"杯水车薪"把我们难住了。为了节约经费只好东拼西凑组建了一个很不理想的杂牌摄制组,要用担任群众演员的部队也遇到了困难,我只好老着脸皮到当地驻军求助,可是没有总参命令只能动用一个连的兵力,没有骑兵只好杂凑老乡的骡马。服装部门做不了红军和八路军穿的草鞋。道具部门弄不到"七九"式步枪,老套筒步枪,还有日军的"三八大盖"和歪把子机枪。烟火部门造不出应有的战斗氛围，甚至拍摄中还炸伤了人。这真叫困难重重。可是只要一想到我今天是为了拍贺龙，再困难也要咬牙闯过去。有时候不得不违心穷凑合着拍。幸好我们几个主要创作骨干团结一致，懂得拍《贺龙》的重要意义，再困难也得挺过去。

更令人气愤的是外界的干涉，我们正在紧张拍摄之际，有人说什么《贺龙》的剧本不真实。还有人反对在剧中把“文化大革命”中对贺老总的迫害情节编进去。

在这种“四面楚歌”的逆境中，我只有一个坚定的信念，《贺龙》非拍出来不可，再大的困难，再大的阻力也不能动摇我们的信心。带着对贺老总的深厚革命情感和崇高的敬意，我们在创作中始终一丝不苟，全身心投入了这场伟大的战斗。

再谈谈我创作这部电视连续剧时的一些设想：我追求的是“传奇”，写贺龙的传奇故事，透过他的传奇故事写他的人情、人性和命运。我想告诉观众，贺龙的遭遇、结局，是一段历史的悲剧，也是历史的惨痛教训。

1993 年 11 月 1 日，江泽民同志在《贺龙传》首发式及贺龙诞辰九十七周年纪念会上讲：“……‘文化大革命’中，他被诬陷、监禁、受尽折磨，但仍然一如既往坚持真理，坚持与林彪、‘四人帮’反革命集团进行斗争，并为受迫害的同志仗仪执言，表现了共产党人威武不屈的铮铮铁骨。”因之不反映十年灾难中他所遭遇的历史真实，贺龙这个人物就不完整。林彪、江青、康生等一批败类，对贺龙的迫害是全中国，甚至全世界众所周知的真实，如果不反映这段事实，将无法使广大观众信服。我们是历史唯物论者，我们有责任去揭露那些伤天害理之徒的丑恶面孔。

在整部二十一集电视连续剧中，有关“文革”中迫害贺龙的章节前后共占四分之一。我在写这部分的分镜头剧本时，好多次都是流着热泪写下来的。我为这位被迫害的元勋心头滴血，我定要对那些令人发指的败类无情揭露。

可是天有不测风云，竟会有人出来从中作梗，强令我把所有有关“文革”的章节全部删除。我当然不能同意这种无理的要求，可是胳臂扭不过大腿，最后，此剧只能在地方台播出。可告慰的是驻军浙江的原贺龙部队第一军官兵连看两遍，还写信来要我寄材料以作教育部队的资料，总算使我感到一些安慰。

七十三、“金鸡奖”与“脑梗塞”

1996年9月中旬，我被邀请作为这年“金鸡奖”的评委，来到了西郊山沟沟里的一个疗养区，住进了一幢灰色的小楼。小楼共两层，有一间放映厅，这就是我们评委工作的地方。在放映厅的墙壁上贴着一幅“会议守则”，其中有四个字尤为醒目，这四个大字写的是“六亲不认”。我看到之后觉得很诧异，但仔细一想，觉得这四个字很贴切，很有针对性而且公正。这是提醒我们每一个评委不要带私情，要大公无私，要公正评选，就是亲娘老子也不允许有偏心眼儿，更不用说“七姑八姨”那种关系了。我还发现连卧室里的电话也被处理了，只能往外打出去，外边却打不进来，这是为了杜绝那些走后门的人打电话给我们拉近乎干扰评委们的评选工作。

据电影家协会同志介绍：国际上很重视我们每年举办的“金鸡奖”，因其

1996年在“金鸡奖”评委会上（左二为严寄洲）

乃是电影专家们对影片权威性的评选,因而评选出来的影片和个人才真正具有代表性。

评委的工作异常紧张,经常一天里要观摩六部待选影片。那些日子天气特别的热,工作人员怕评委们疲劳犯困,不断送来冰镇西瓜,冰棍之类的冷饮提神醒脑。

经过了若干紧张的日日夜夜,最后初选出"最佳影片"、"最佳编剧"、"最佳导演"、"最佳男主角"、"最佳女主角"、"最佳男配角"、"最佳女配角"、"最佳摄影"、"最佳美工"、"最佳纪录片"、"最佳科教片"和"最佳动画片",入围名单,等待下一阶段去云南昆明,进行最后一轮评选和举行颁奖晚会。

我回到家中后,一直兴致勃勃等待着前往昆明参加颁奖晚会。在家时我每天傍晚有散步的习惯,这一天饭后,我照例到大院内散步,走了一阵突然感觉到右臂沉重麻木抬不起来,脑袋也有点儿晕眩,双目昏花看不清楚前面的景物,我心中明白出问题了,冷静地站停不动,闭眼不使自己摔倒,过了大约二十几秒钟,自我感觉稍有好转,想挪动到不远处树底下的长椅子歇一会儿,谁知刚抬腿一挪脚时发现右腿也不听使唤了。我勉强一步步地挪动着来到长椅边坐下。过了大约一刻钟左右,感到一切有所好转,才趔趄而归,回到家里连每日必看的新闻联播都懒得看便躺下睡了。妻子王荣华见状不放心请医生前来问了我的病情,二话没说就马上派救护车把我送到解放军总医院急诊。我还认为小题大做没这个必要,谁知做完检查立即安排住进脑科病房。此时我除了感到还有一点儿疲劳之外,一切都好像已经恢复正常,心中牵挂着去昆明参加"金鸡奖"的最后评选工作。我对医生说:"今儿个能不能不住院,等我去昆明参加'金鸡奖'评选活动之后再来住院。"医生笑对我说:"严导演,除非院方派两个大夫跟你一块儿去,不然你就老老实实住下,马上要输液。不是吓唬你,你这病治疗及时啥事也没有,要是耽误了,那就麻烦了。"我问:"会怎么样了?"医生说:"不是植物人,就是终身瘫痪。"我一听吓了一跳,只得乖乖儿地住院治疗。

这一住院就住了将近两个月,经"核磁共振"等项目的检查结果,查出我的左脑有两处两厘米的梗塞,经治疗已经基本上恢复,但要特别注意防止复发。

临出院时,主管我的医生说:"严导演,今后你可不能再去外地拍电影了,尤其是山区交通不便的地方。"另一位主任医生说:"我看你的性格闲不住,不让你去拍电影你受不了。这样吧,你如果实在要去拍电影,有一个先决条件,你拍摄的地点离我们医院的距离坐汽车必须一个半小时能够赶到,否则不行。”我开玩笑说：“哪有这么近的地方拍外景呀！除非拍一部医院为背景的戏，就在你们这儿整天在病房和院子里转悠，一犯病马上送去抢救。”说得大伙儿哈哈大笑起来。

七十四、最后的遗憾

医生的嘱咐我哪敢违抗，出院之后基本上呆在家里“安分守己”不敢盲动。有时候当一些音像公司或电视制作中心等单位来邀请我出山拍电视剧时，都被我老伴王荣华婉言谢绝了。可是我是一个劳碌命，一辈子养成了工作的习惯，如今整天蹲在家里，这种养尊处优的生活实在过不惯。别人说这是享清福，我却感到这是活受罪。

赋闲两年，自我感觉还算良好，于是我的“贼”心不死，又想重操旧业干点儿什么。常言道：“流水不腐、户枢不蠹”，整天关在家里吃饭睡觉看电视，这会把人变为废物的。

恰好这时中国美术家协会和河北影像公司找上门来邀请我出山，老伴也觉着出去散散心比憋在家里强。

邀请我的是我的老熟人，他告诉我，除了我之外，还邀请了北京电影制片厂的导演凌子风，他知道我们两人是好朋友，由我们两个人联合拍摄一部百集专题片《百名中国著名书画家》。凌子风是我六十年以来的老战友。抗日战争年代，我在抗日军政大学二分校的文化工作团，他在丁玲领导的西北战地服务团，我们两个单位经常同台演出，我和凌子风性格相近，志趣相投，成了莫逆之交。我们虽然在两个电影厂，却常在一块儿切磋琢磨一些电影艺术创作问题。凌子风前几年曾患喉癌，经手术治疗之后已经基本上恢复了健康。我们两个人真可谓同病相怜，大难不死，都愿意再干上几年。

这次任务意义重大，担子不轻，我对凌子风说：“风子呀！你本人就是个画家，这回你来挑头，我当助手。”凌子风说：“别瞎扯，咱俩人共同负责，把片子拍好。老严！这一百位书画大师都是国际国内有影响的人物，我们和下属的八个摄制小分队应当订个规矩，每次和一个书画家接触，不许随便要他们的字画。”我说：“我完全同意，不过你得赶紧给我画上一幅画。”凌子风说：“干吗这么急？”我说：“1962年底，我请郭老（郭沫若）写条幅的时候，曾提出请他的夫人于立群也给我写一幅，她满口答应，结果没写成便走了。后来我有一次和赵丹一块儿出国访问期间，我看到他天天画画作为礼品送人。我说：‘阿丹，给我也来一幅。’赵丹说：‘好，回国后等我情绪最佳状态时一定画一幅送你’。结果他也驾鹤西归了，这一回你得赶快给我画，不然又遗憾了。”凌子风大笑打了我一拳：“你这家伙，说这不吉利的话。”不料我言中了，他没有给我画成也匆匆走了。

与凌子风（左一）在一起

5月，我们在人民大会堂和石家庄帝豪大酒店两次召开新闻发布会，会上凌子风代表我俩讲话：“这一次，我和严寄洲两个老家伙今年都八十一岁，加起来一百六十二岁。我们一定拼老命把这部宏伟的专题片拍好。”他的讲话引起了全场一阵阵热烈的掌声。谁知道天有不测风云，过了不久，他突然打电话给我说：“我现在住在空军总医院，整天闷得慌，你快来聊聊，顺便商量一下拍片子的事情。”在电话里我听到他的嗓音嘶哑，还不断咳嗽，说话有气无力，而且断断续续语不成句。我听了不免有点儿担心，本想早去探视，不料我也突患肠胃病住了院。谁知道这一次失掉了见面的机会，这次电话也成了永诀。而这部专题片未拍成，成了我最后的遗憾。

噩耗传来，我呆在空荡荡的病房里，望着窗外白云浮想联翩。

记得有一次，我和北京电影制片厂的老导演成荫一块儿到凌子风家中串门，我们三个同龄人又同为电影导演，彼此相见甚为高兴，凌子风亲自下厨房掌勺三人共进晚餐。席间，凌子风兴高采烈地谈起他艺术创作上未来的心愿，他说：“今后我别的什么戏都不想拍了，我只想把《红楼梦》搬上银幕拍成若干部连续电影，那才叫过瘾呢。”成荫也说他也想拍神话片《西游记》。我也凑热闹说：“被你们这么一说，我是军队厂的，那我就拍《水浒》了。”说得三个人哈哈大笑起来。

我们这次畅谈创作设想，出发点都是很好的愿望，若是在改革之后，这都是非常良好的计划。可是在那个时代却是大逆不道，是越轨的和非分的修正主义或封建主义文艺思潮。果然，凌子风由于多次在不同场合高谈自己这个心愿而受到了批评。我突然感到他的遭遇和我是如此相似，他的命运也是一生劳碌，一生坎坷，他拍片号称为“拼命三郎”，他一生导演了不少经典传世佳作，因而风头出尽，名声在外，难免被有些人嫉妒，难免“流言蜚语”，难免被“枪打出头鸟”。

本想这一次我和凌子风联合导演这部百集专题片中，我能和这位既是电影导演，又是画家和老友在一起共同切磋影艺，谁知道这个愿望成了泡影，成了我最后的遗憾。

七十五、《流金岁月》专业户

自打“脑栓塞”痊愈出院后，几乎有八年时间和影视行业成了绝缘体，本想最后拍摄一部专题片也流产了，大概是命中注定，这次大病和专题片的流产是为我几十年从影工作画的句号。

我自从1938年参军入党(二十二岁)直到1988年离休(七十二岁)在这整整五十个年头里，我一直从事的是艺术业务工作，从来没有当过什么官儿，自个儿也从来没有当官的瘾头。可是没想到离休下来进了干休所，却突然官运亨通被大伙儿选上个“管理委员会”主任，还兼着个党委副书记。你说我这官儿小吧，恐怕连一个九品芝麻官也够不上，可是你说这官儿大吧，真也够大的，干休所有百十来号师职干部和军职干部，全所的离休干部加到一块儿总共有七千多岁，快称万岁了。

我还被解放军总医院聘为“监督员”，还当上了丰台区“计划生育委员会”的顾问，“北京爱犬协会”的顾问，全国电影电视化妆协会的顾问。真可谓“官运亨通”。我心想既然大伙儿信任我，那就得好好儿干，为大家办点儿实事，这对大家有益，对我个人多活动也是一种有益的锻炼。

近年来，我最为忙碌的是为电视台录专题节目，中央台、北京台、外地省

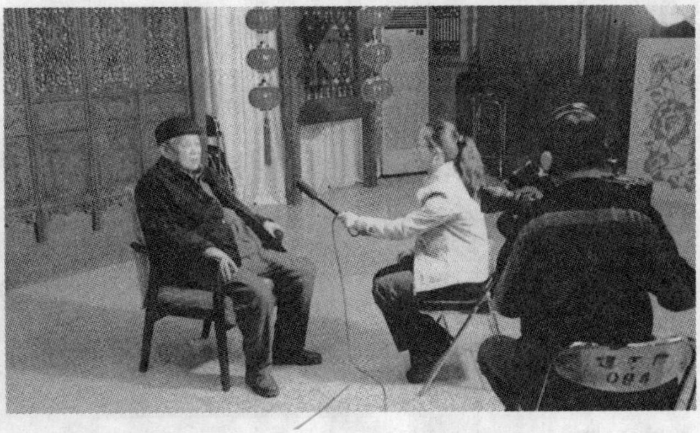
接受中央电视台采访

台、香港凤凰中文台都找上门来采访。其中最为多的是中央第六频道《流金岁月》栏目,他们找到我采录过去我导演的老片子,这项工作比较吃力,我这儿说的不是录制的过程,而是准备工作。由于我过去拍摄的片子多,因而《流金岁月》也就流得多,而每放一部片子都要找到我《流金岁月》一番。而且除了六频道,还有其他频道也找我录制专题。一时间可谓门庭若市,热闹非凡。故而每当碰上老战友见面时问我:"近来你干什么?"我的回答是:"我如今是《流金岁月》专业户。"

每一次录制专题的时间虽然不长,可是我都必须做好准备工作。总不能到时候对着摄像机信口开河吧。所以在每一次到了采访录制之前,我必须要认真思索一番,展开回忆的翅膀重温当年拍摄的甘苦,有一些什么样的经验教训,花絮轶闻,这样一来我逐渐好像感觉到自个儿的思维比往常清晰了,敏捷了,活跃了。这对我的脑子起到了意想不到的保健作用。

七十六、家有贤内助

写到这里,我必须加上一章不可缺少的内容。在我这风风雨雨,历经磨难的坎坷人生之中,如果说我个人在事业上尚有点滴成就的话,那么除了领导的支持和培养,个人的勤奋和努力之外还有一条至关重要的因素,那就是我得益于相濡以沫的贤内助,我的妻子王荣华。

王荣华幼年丧父,青年丧母。全国解放后孤身一人从东北沈阳来到北

妻子王荣华

京投身革命，她先是考上了华北革命大学，继又考入了我所在的第一野战军战斗剧社，我就是她的主考官，那时她才十八岁。

我们战斗剧社在北平演出《女英雄刘胡兰》后，于1949年9月30日奉命全体返回西安。后又随贺龙部队挺进大西南。我与王荣华在成都结婚，婚后她对我的事业始终是默默奉献，鼎力相助。那时我是战斗剧社的创作室主任，她担任剧社图书馆的资料员，这正好吻合了她爱好读书的愿望。

1953年，我奉命调到八一电影制片厂做导演工作，她则当了剪辑师，这工作对她来说是非常适合的，因为她出身书香门第，具有较好的文学基础。她本可以在剪辑专业上有更大的成就，但为了我的事业做出了很大牺牲。因为我经常要到外地拍摄外景，家中两个孩子要她抚养照顾，因而牺牲了剪辑大片、故事片的机会，只能选择不出外景的新闻片和短纪录片的剪辑任务，对此她从无半句怨言。她一贯低调本分，淡泊名利，不因为是我妻子去沾光。

“文化大革命”中我被打成“反革命”，她的处境和压力更是十分艰难困苦，除了整天背着“黑帮老婆”的“罪名”，在歧视和鄙视的环境下工作外，还要照顾好两个少不更事的孩子。一次造反派来找她谈话：“严寄洲是现行反革命修正主义分子。这是铁板钉了钉的了，你如果愿意划清界线同意跟他离婚，组织上支持你的革命行动。”面对压力她没有妥协，因为她了解我不是反革命，心甘情愿戴上“黑老婆”这顶帽子。

在那人妖颠倒的日子里，那些造反派为了利用她诬陷我和其他被揪出的“反革命”，使出各种伎俩，不断对她施加压力，但她不管压力多大，都坚持实事求是的原则从不胡说八道，因而她在厂里被半专政的时间最长，分配她干的重活、累活、脏活也最多。去郊区挖沙搬砖，还经常派她深夜去市区张贴最新指示一直贴到翌日上午，被关在家里的两个孩子女儿严小秋饿得直掉眼泪，大她两岁的哥哥严可，找到一点面煮了一锅面糊，两人饥不择食地吃了起来，还不忘给妈妈留上一碗，直到王荣华又饿又累，拖着疲惫的身躯回到“牛棚”，喝着女儿捧上来还留有余温的面糊，不禁咻咻嗦嗦掉下眼泪，这样的事后来还发生过几次。而这一切她都默默地咬牙挺了下去。

我从被“专政”后就停发了薪金，每月只发给二十五元生活费，儿子和女儿的生活费、学费靠王荣华的七十二点五元微薄薪金支撑，她还要替我每个月寄给住在上海的老母亲二十元生活费。因之生活十分拮据，她忍受着政治上和生活上的煎熬，还要为正在成长的子女补充营养，自己舍不得吃，经常以酱油泡饭充饥。

由于长期的精神压力和营养不良，她原本非常健壮的身体被折磨得百病缠身，直到今天也未能恢复过来。

人生中能有这样的妻子相伴相依是我的福气，我为有这样的好妻子骄傲、自豪。

七十七、神安才能延寿

2000年，我被评为“第五届全国健康老人奖”荣获了一只精美的奖杯。

2001年，我又被评为“全军十七位健康老人”之一，又荣获了一只精美的奖杯。

一些专门刊登健康保健一类内容的期刊纷纷派编辑或记者来采访我，要我谈谈“保健的秘诀”和“养生之道”。我一时回答不出来，因为我从来没考虑过什么养生保健之类的学问。1996年，即八十岁之前，我几乎基本上没上过医院去看病，也很少吃药，尤其是没吃过什么保健营养药品，与人参鹿茸和蜂王浆一概无缘。我只相信吃好饭，特别爱吃鸡鸭鱼肉和螃蟹，我的座右铭是“想吃啥就吃啥”。医生和我爱人王荣华常常批评我“不讲究饮食卫生，不科学。”不过我也有碰对了的，比如我爱吃玉米面窝窝头，莜面、荞麦之类杂粮却是对人体非常有益的食品。

今年我八十八岁，已是耄耋之人，但幸好耳不聋，眼不花，走路背不驼腰不弯，能吃能睡，晚上九点钟上床，脑袋一沾枕头就着，早上五点钟起床，因之平时大家看不出我有那种病怏怏的老态。实际上，我有二十五年的糖尿病史，七年前查出患左脑栓塞，前年又查出脑萎缩、高血压、前列腺肥大、脂肪肝等疾病，我把这些病看得很淡。当然有病要治疗，要吃药，但不能对此精神负担太大。人总有一死，这是自然规律，一个婴儿呱呱坠地就意味着他的前途是死亡，谁也逃不脱这个规律，这有什么可怕的，你越怕心理负担也越大，死得越快。

我的一生是坎坷的一生，遭受坎坷不可怕，只要敢于面对人世，才能快乐逍遥。只有经历过坎坷之后，才能感到超脱的喜悦，我的这一生，因为坎坷才显得丰富。我每遇到坎坷遭遇，在鼓足勇气挣扎过去之后，就会升华为一种"泰然"。一个人只有超越痛苦才能获得乐趣，对人生的坎坷看开些，才能摆脱生活压在心头的重负。比如看到有的同志比我资格浅、工作也不如我，可是他如今待遇比我强，级别比我高、住房条件比我好，怎么对待？生气又能解决什么问题？我就想想他们后来居上么。你为什么不想想你有的老战友、老上级，他们的待遇还不如自己，故宫的万岁爷，他拥有九千多间房屋，可是他晚上睡觉的床铺和你的一样大，皇帝睡的是木板床，你睡得却是软床，比皇帝还强，这样一想，思想疙瘩便解开了。总之，在各种各样的磨难面前看开些，看淡些，才能泰然自若。这种"泰然"的心态在某种意义上讲，就是"神安"，只有"神安"才能延寿。古人云："积忧不已则魂神伤矣，愤怒不已则魂神散也，喜怒过多，神不归室，憎爱无定，魂不守形，汲汲而欲，神则烦，切切所思，神则败。"神伤甚于体伤，体伤好治，神伤难医。要真正达到"神安"的境界是需要锤炼的。

本书脱稿时作者严寄洲还在住院、时年87岁

八一厂有一位作曲家巩志伟，他跟我合作过不少部片子，几年前他得了痴呆病，见了面根本不认识我，纪录片著名导演张加毅，由于长期受到不公

正待遇,思想疙瘩长期解不开,结果也弄成了近乎痴呆,直到去世。简直太可怕了,我宁愿猝死也不愿这样活着,于是我制订了几条自我养生的要求:

一是不再去回忆那些倒霉的伤心往事,不再为之而生气、苦恼、埋怨和愤怒。把它统统扔到东洋大海见鬼去吧。这是因为:“怒伤肝,悲伤肺,忧伤心,虑伤脾,喜伤腰(指狂喜),恐伤肾”。前人总结之经验不能不听。

二是每天都要找谈得来的老朋友聊天侃大山。天南地北,从国际到国内到鸡毛蒜皮无所不聊,我们把这种闲侃叫“话疗”,一话疗什么愁事都忘到九霄云外去了。

三是每天要多动动脑筋,我采取的方法是除了读书看报之外,主要是写作,写杂文、写回忆录、写剧本。由于年迈忘性大,写作时必要搜尽枯肠去回忆,还必须去找资料核实,这样脑瓜子便自然而然地运转起来,润滑起来。几年来我一共发表拙作十几万字,这也算是修身养性的副产品。

四是每天出门散步时,一跨出大门有两句口诀潜台词必须牢记:一曰脸带微笑,二曰意念青春。这脸带的微笑不是假笑强笑皮笑肉不笑,而是真正发自内心的欣喜,生活得很好,家庭幸福,社会前途乐观,国际形势好转……如此等等,自然就在脸上露出笑容来了。而意念青春,就是不要去想我已经老了,太老了。如果这样一想就必然弯腰驼背,真成了老朽之辈了。如果你想的是我还不老,我还年轻,岁数没什么了不起。这么一想,你就马上本能地挺起胸,昂起头,直起腰板高高兴兴去散步了。

结束语

书,总算疙里疙瘩诌出来了。我只是一个上过初中,没有文学艺术基础的“半瓶子醋”,干了六十年艺术工作,到头来还是个半瓶子醋。

拙文不过是我的生活回顾和学习心得,是一盘摆不上酒宴的小菜,我腼腆地写了出来,难说有什么价值,不过我所叙述的是我这一生的真实生活、真实经历、真实感受,是从内心掏出来的肺腑之言。

我一生中创作了话剧和秧歌剧 8 部、集体创作九部。(大部分已经出版)创作和与人合写电影文学剧本8部,导演故事片二十四部,艺术指导两部,导演及艺术指导电视连续剧将近一百集,在各种报刊上发表文章约二十余万字,数量不少,却无上乘之作。

我的一生中获得的荣誉也不算少,除了国务院特殊贡献津贴,还得了多次军功章,荣誉章以及奖章奖状。

我的一生中所遭受的打击也不算少,几十年中四次开除党藉,挨批斗,挨关押,挨打骂不计其数。人称我为"老运动员"。只要运动一来,总有我的份儿。

总之,一生劳碌,一生坎坷,我真不能想象我是怎么活过来的。

"老冉冉其将至兮,恐修名之不立。"

我以屈原《离骚》中的两句词收笔。

附录：

严寄洲工作简历

（一）

1939—1953 年 （十五年）

导演话剧、秧歌剧三十余部。

创作五幕话剧	《甄家庄战斗》	吕梁出版社出版
创作秧歌剧	《开荒一日》	吕梁出版社出版
创作三幕话剧	《两兄弟》	战斗出版社出版
创作五幕话剧	《第四十一》	（根据苏联小说改编）
创作秧歌剧	《口袋》	战斗出版社出版
创作秧歌剧	《一把锉》	战斗出版社出版
创作五幕话剧	《把敌人挤出去》	（与刘五、林杨合写）
创作秧歌剧	《全家福》	战斗出版社出版（与成荫合成）
创作五幕歌剧	《女英雄刘胡兰》	新华书店出版（参加集体创作）
创作四幕话剧	《龙股山的英雄》	新华书店出版（与刘莲池、林杨合写）
创作五幕话剧	《前进！中国的青年》	（与石丁合写）
创作五幕话剧	《第二次攻击》	国防出版社出版（与顾工合写）
创作七场话剧	《罪恶》	
创作独幕话剧	《水》	解放军文艺发表（与郑洪合写）
创作独幕话剧	《枪》	剧本月刊发表（与郑洪合写）
出版戏剧集	《边疆小戏》	新文艺出版社出版（与郑洪合写）
创作独幕话剧	《道班之夜》	甘肃文艺发表

（二）

1954—1966 年 （十三年）

导演电影十二部

1954 年	《祖国的海疆》	导演、编剧之一

1955年	《脚印》	导演、编剧
1956年	《这决不是小事情》	导演、编剧之一
1957年	《战斗里成长》	导演
	《五更寒》	导演
1958年	《英雄虎胆》	导演
	《一日千里》	导演、编剧之一
1959年	《海鹰》	导演
	《赤峰号》	导演
1962年	《哥俩好》	导演
1963年	《野火春风斗古城》	导演、编剧之一
1964年	《带兵的人》	导演、编剧之一
1966年	《南海长城》	导演(未完成)

1967—1976年 （十年）

无工作

1977—1988年(十二年)

导演电影十三部。艺术指导两部

1976年	《映山红》	导演(未完成)
1977年	《万水千山》(上集)	导演
	《万水千山》(下集)	导演
1978年	《猎字九十九号》	导演
1979年	《二泉映月》	导演
1980年	《三个失踪的人》	导演、编剧之一
	《不该凋谢的玫瑰》	艺术指导(广西电影制片厂)
1981年	《贺龙军长》	艺术指导(潇湘电影制片厂)
	《破雾》	导演
1982年	《琵琶魂》	导演、编剧之一
1983年	《再生之地》	导演、编剧之一
1984年	《陈赓蒙难》	导演
	《陈赓脱险》	导演
1985年	《柳菲的遗书》	导演
1986年	《死亡集中营》	导演、编剧之一

1988年　　《猎豹出击》　　导演(香港三羊影业公司、青年电影制片厂)

(三)

晋绥边区《七七七》文艺奖金(五幕话剧《甄家庄战斗》)乙等奖。
晋绥边区《七七七》文艺奖金(秧歌剧《开荒一日》)乙等奖。
云南军区《国防文艺奖》(五幕话剧《第二次攻击》)甲等奖。
西南军区《文艺奖》(独幕话剧《水》)乙等奖。

电影《二泉映月》中央文化部影片奖。
电影《带兵的人》总政治部创作奖。
电影《哥俩好》"百花奖"单项奖。
电影《再生之地》"金鸡奖"五个单项奖。
电影《再生之地》1993年"人道主义"优秀影片奖。

三级独立自由勋章。
三级解放勋章。
独立功勋荣誉章。
三等军功章(两次)。
1987年新时期导演荣誉奖。
1991年国务院特殊贡献奖金。
1995年中宣部《抗日战争五十周年老作家奖》。

(四)

中国文联四届全国委员
中国电影家协会名誉理事
中国电影基金会名誉理事
中国作家协会会员
中国戏剧家协会会员
中国电影导演协会荣誉会员

图书在版编目(CIP)数据

往事如烟:严寄洲自传/严寄洲著.—北京:中国电影出版社,2005.7

(中国电影家传记丛书)

ISBN 7-106-02330-2

Ⅰ.往… Ⅱ.严… Ⅲ.严寄洲—自传 Ⅳ.K825.78

中国版本图书馆 CIP 数据核字(2005)第 069623 号

责任编辑:李 丹

装帧设计:赵子航

责任印制:刘继海

往事如烟——严寄洲自传

严寄洲 著

出版发行	中国电影出版社(北京北三环东路 22 号)邮编 100013 电话:64299917(总编室) 64216278(发行部) E-mail: Jsja@netchina.com.cn 如有印装质量问题 请与邮购部联系 电话 64210862
经 销	新华书店
印 刷	北京鑫丰华彩印有限公司
版 次	2005 年 10 月第 1 版 2005 年 12 月北京第 2 次印刷
规 格	开本/787×1000 毫米 1/16 印张/14.5 插页/4 字数/240 千字
印 数	1001—3000 册
书 号	ISBN 7-106-02330-2/K·0061
定 价	28.00 元